Waihui Shichang yu
Jiaoyi Xitong

外汇
市场与交易系统

许再越　程晓松 / 主　编

邬　桐　佟　珺　赵俊锋　茅　廷　刘国强 / 副主编

ZHEJIANG UNIVERSITY PRESS
浙江大学出版社

图书在版编目(CIP)数据

外汇市场与交易系统 / 许再越,程晓松主编. —杭州:浙江大学出版社,2017.8(2025.1重印)
ISBN 978-7-308-16935-6

Ⅰ.①外… Ⅱ.①许… ②程… Ⅲ.①外汇交易
Ⅳ.①F830.92

中国版本图书馆 CIP 数据核字(2017)第 109988 号

外汇市场与交易系统

主　编　许再越　程晓松
副主编　邬　桐　佟　珺　赵俊锋　茅　廷　刘国强

责任编辑	王元新	
责任校对	陈静毅　刘　郡	
封面设计	春天书装	
出版发行	浙江大学出版社	
	(杭州市天目山路 148 号　邮政编码 310007)	
	(网址:http://www.zjupress.com)	
排　　版	杭州青翊图文设计有限公司	
印　　刷	广东虎彩云印刷有限公司绍兴分公司	
开　　本	787mm×1092mm　1/16	
印　　张	10.5	
字　　数	262 千	
版 印 次	2017 年 8 月第 1 版　2025 年 1 月第 3 次印刷	
书　　号	ISBN 978-7-308-16935-6	
定　　价	29.00 元	

序

我很荣幸,也很高兴为《外汇市场与交易系统》写序。

我和再越是多年的老朋友。这些年来,在对中国金融市场的理解上,他让我获益良多。再越是那种既深谙中国市场,又兼具国际视野的难得的人才;他是既懂理论,又行实务的专家。这一特点,也充分体现在本书的内容安排上。

本书的前半部分,视角由远及近,引领读者从宏观的金融体系、中观的市场结构到微观的外汇产品;从国际外汇市场的洋洋大观,到中国市场的突飞猛进,做了一次全景式的探索。而本书最具特色的后半部分,则几乎是手把手地让读者经历了一次真实外汇交易系统设计的全过程。这在一般的教材中是非常难得一见的。这样的安排,让学生既观森林,又见树木。特别值得一提的是,本书的末尾,与时俱进地展示了相关领域的最新进展,例如,被认为对金融业有革命性影响的区块链技术。

本书还结合了中国银行间市场的标准体系,以及结合银行间外汇市场最重要的参与者——做市商银行内部交易系统的构建,较为完整地描述了整个银行间市场的运作机制以及 IT 生态体系。

除了给大学生作为教材,丰富其对具体金融领域知识外,本书也可以为广大银行间外汇市场参与者、金融机构内部从事外汇业务系统建设的 IT 从业人员以及服务于金融机构的第三方 IT 供应商了解银行间外汇市场的业务、技术及标准体系提供参考。

十年来,再越和我为中国外汇交易中心与道富银行之间架设了一道沟通的桥梁,加深了彼此对中国和国际外汇市场的理解。这本书很好地连接了学校的理论学习和业界实践,定能为中国金融市场的发展和人才的培养起到巨大的推动作用。本书的出版定能进一步带动更多专家、学者和从业人员对银行间市场技术生态圈和产业链的关注与讨论,共同推动中国银行间市场的业务、技术发展与进步。

美国道富银行

执行副总裁兼首席技术官

中国外汇交易中心高级顾问

柯杰瑞

2016 年 5 月 3 日

自　序

光阴荏苒，日月如梭。1993 年底，国务院决定进一步改革外汇管理体制，建立银行间外汇市场。次年 4 月，银行间外汇市场——中国外汇交易中心在上海成立，联通全国所有分中心，同时外汇交易系统正式运行。系统采用会员制、实行撮合成交集中清算制度，并体现价格优先、时间优先原则。银行间外汇市场的建立，改变了市场分割、汇率"双轨制"的状况，逐步向以市场供求为中心的、单一的、有管理的浮动汇率性体质迈进。

在交易规模方面，经过 20 多年的发展，银行间外汇市场 1994 年成交量为 400.59 亿美元，到 2015 年成交量已达 13.70 万亿美元，约是 1994 年的 342 倍。

在参与主体方面，由最初的银行单一主体发展到包括境内银行、非银行金融机构和非金融企业、境外人民币清算行、境外央行类机构和境外人民币参加行等各类金融机构。尤其是近年来境外机构的加入，使得中国银行间外汇市场走出国门，成为全球资金参与国内市场的一个主要渠道。

在交易品种方面，从最初的外汇即期交易发展到目前人民币对 14 个外币的即期，人民币对 12 个外币的远期、掉期，人民币对 5 个外币的货币掉期和期权交易，9 组外币对的即期、远期和掉期交易，3 个币种的外币拆借交易，以及与上海黄金交易所合作的银行间黄金询价即期、远期和掉期。

交易中心从成立伊始就采用电子化平台提供高效、透明的交易服务。20 多年来，交易中心坚持"多种技术手段、多种交易方式，满足不同层次市场需求"的业务方针，以建设"全球人民币及相关产品交易主平台和定价中心"为目标，利用先进的电子信息技术，依托专线网和互联网，目前已建成了境内"人民币及相关产品交易主平台和定价中心"。推动银行间市场的快速可持续发展系统建设尤其是交易系统建设，对我国金融市场业务发展起到关键性的支撑作用。工程化、标准化和产业化始终贯穿于系统建设。

多年来，交易中心始终以工程化为系统建设的指导思想，通过基于领域模型的软件产品线实践，对组织形式、开发流程、技术复用等多个方面进行不断优化，逐步实现了从技术构件复用到业务构件复用的跨越，形成了领域资产库，各系统同类型业务开发可共享资产库资源，极大地规范了系统结构，降低了重复开发工作量，提升了软件开发效率和质量。

建设"全球人民币及相关产品交易主平台和定价中心"这一目标的实现有两个基准作为基础：一是利率；一是汇率。交易中心要成为定价主平台，需要完整的产品序列、多样化的参与主体以及充沛的流动性，而将这三个要素联系在一起的核心之一就是标准化，即通过标准来表达定价权，通过培育和建设银行间市场产业链来增强国际竞争力。近年来，交易中心发布了三项中国金融行业标准：《银行间市场基础数据元》(JR/T 0065—2011)、《银行间市场业务数据交换协议(以下简称"行间协议")》(JR/T 0066—2011)和《银行间市场数据接口标准》(JR/T 0078—2014)。这三项标准共同组成了银行间市场统一业务数据交换体系设计与实现的理论基础，形成一个有机结合的数据标准体系。

金融标准的制定不仅是市场高效运行的客观要求，在国际竞争中的作用也愈加凸显。推动银行间市场标准化建设，对于全面提高银行间市场的整体服务水平、规范金融秩序、降低金融风险、提高行业竞争力、提升国际话语权具有重要意义。通过积极参与国际标准化组织 ISO 20022RMG 下设的 FX SEG 外汇类标准评估组的相关工作，2016 年交易中心开发的 ISO 20022 外汇交易后确认和交易获取的报文正式注册发布。这两组报文是国际标准组织(ISO)首次发布中国金融领域的相关报文，是中国银行间市场参与国际标准制订工作的一个重大突破，标志着中国金融标准国际化进程又向前迈出了一大步。

交易中心作为银行间市场的组织者和交易平台的提供者，在整个银行间市场产业链中占据中心位置。这个地位决定了交易中心不仅仅关注自身的发展，也放眼于整个产业链的健康发展，通过构建由监管机构、银行间市场中介机构、会员机构、银行间市场开发商共同组成的生态圈，实现多方共赢，有序、健康发展的目标。近年来，通过建立行业秩序和体系规范、为会员机构提供更优质和专业的服务、培育和规范专业化的软件开发商等多种举措，银行间市场的生态圈建设已经初见成效。

2012 年应浙江大学软件学院之邀，为学院软件工程专业本科生开设"外汇交易系统"课程，作为金融信息方向的专业选修课，至今已有四个年头。当年的学生毕业后有的加入了交易中心成为银行间系统建设的工程师，有的在银行、券商、基金等各大金融机构从事对接交易中心系统的开发工作，有的以交易员的角色参与到银行间市场，他们不也是银行间市场生态圈的重要一环吗？通过他们的学习、工作与实践，银行间市场的产品、标准又不断得到传播、推广与发展，每每想到此，甚感欣慰。

本书的雏形和主要内容来自于授课时的讲义，分别从外汇市场、产品、交易系统设计等方面进行了较为系统性的阐述，第 1 章至第 3 章由佟珺编写，第 4 和第 5 章由程晓松编写，第 6 章由赵俊锋、邬桐编写，第 7 章由刘国强编写，第 8 章由茅廷编写，第 9 章由程晓松、邬桐编写，范嘉君、刘旻为本书提供了插图设计，全书由许再越和程晓松负责统稿。

在本书付梓之际，谨以数言为序。

作　者

2016 年 11 月

目　录

第1章 导 言

外汇市场,是金融市场体系的重要组成部分。外汇可以指以外国货币表示的、为各国普遍接受的、可用于国际债权债务结算的各种支付手段,也可以动态地理解为国际汇兑(foreign exchange)的简称。国际贸易、国际投资等活动中对于货币兑换的需求,推动了外汇市场的产生。目前,外汇市场已经成为一个由银行等金融机构、自营交易商、大型跨国企业参与的,通过中介机构或电信系统联结的,以各种货币为买卖对象的大型交易市场。全球外汇市场日均交易规模超过5万亿美元。本章将对金融市场的基础知识以及外汇和外汇市场的基本概念进行简要介绍。

1.1 金融市场体系下的外汇市场

1.1.1 要素市场、产品市场和金融市场

在现代经济系统中,有三类重要的市场对经济的运行起主导作用,即要素市场、产品市场和金融市场。要素市场分配土地、劳动与资本等生产要素;产品市场是商品和服务进行交易的场所;而金融市场的主要功能,是在经济系统中引导资金的流向,沟通资金由盈余部门向短缺部门转移。

三个市场的区别除了前述交易对象的不同之外,交易场所以及市场参与者之间的关系也存在一定差异。金融市场交易的对象是一种特殊的商品,即货币资金,市场交易的场所在大部分情况下是无形的——通过电信及计算机网络等进行交易的方式已越来越普遍,这是与要素和产品市场所在的实体经济之间存在的显著差异。此外,在金融市场上,市场参与者之间的关系已不是一种单纯的买卖关系,而是一种借贷关系或委托代理关系,是以信用为基础的资金的使用权和所有权的暂时分离或有条件的让渡。

金融市场是资金供求双方运用各种金融工具、通过各种途径实现货币借贷和资金融通的交易活动的总称,是各种金融工具买卖的场所,其主要功能包括:

(1)资金融通。这是金融市场的基本功能。它提供了一个场所,使得资金提供者手中的富余资金能够转移到资金需求者手中。

(2)风险分配。这是金融市场的另一项基本功能,即在转移资金的同时,将实际资产预期现金流的风险重新分配给资金提供者和资金需求者。集聚了大量资金的金融机构可以通过资金的多元化配置来分散风险。金融市场的风险分配功能,大多数时候需要通过金融中介机构的参与来实现。金融机构创造出风险不同的金融工具,可以满足风险偏好不同的

资金提供者。

（3）价格发现。在一个充满竞争的金融市场上，买方和卖方的相互作用决定了资金价格，引导着资金流向效率高的部门和企业，促进了社会稀缺资源的合理配置和有效利用。股票市场是一个非常明显的例子——股票价格的高低，可以反映发行人的经营状况和预期发展前景。

（4）调节经济。各国央行通过实施货币政策调节经济，而货币政策的有效传导离不开发达和完善的金融市场。央行的货币政策工具既有数量型的，如公开市场操作和存款准备金率；也有价格型的，如存贷款利率。货币政策的传导从中央银行到商业银行等金融机构和金融市场，通常也有利率和信贷两种渠道，商业银行等金融机构根据中央银行的政策操作调整自己的行为，从而对各类经济行为主体的消费、储蓄、投资等经济活动产生影响。

（5）节约信息成本。如果没有金融市场，每一个资金提供者寻找适宜的资金需求者，每一个资金需求者寻找适宜的资金供应者，其信息成本是非常高的。金融市场使资金提供者和资金需求者更便捷地达成交易。

理想的、有效的金融市场需要具备两个条件：一是完整、准确和及时的信息；二是市场价格完全由供求关系决定而不受其他力量干预。

1.1.2　金融市场的架构

金融市场是由许多子市场、众多的参与主体、中介机构以及交易对象（即金融工具）等组成的庞大而复杂的体系（见图 1-1）。

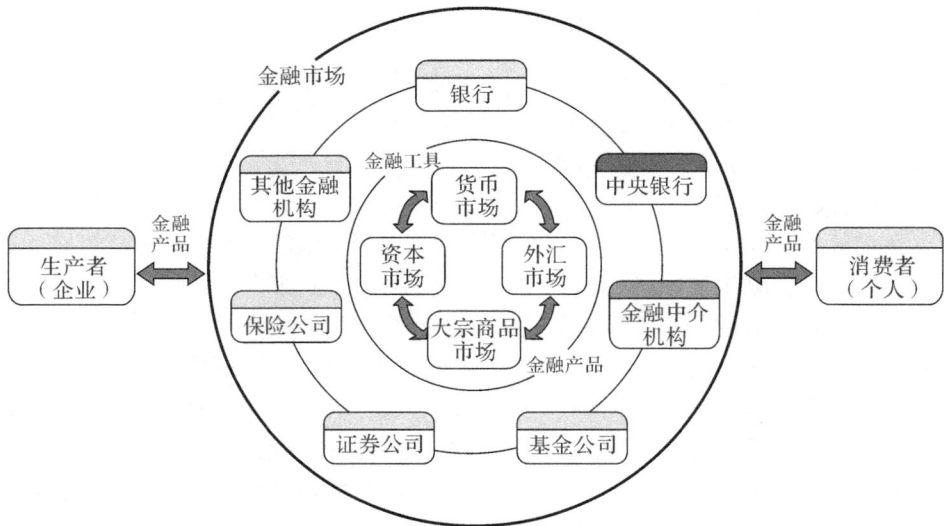

图 1-1　金融市场体系

1. 参与者

金融市场的参与者即参加金融市场交易和促成交易顺利达成的组织和个人，包括金融市场主体和金融市场媒体两个基本组成部分。

金融市场主体即金融市场的交易者。这些交易者或是资金的供给者，或是资金的需求者,或者以双重身份出现。如企业(生产者)、家庭或个人(消费者)、各种金融机构、中央银行等。

金融市场媒体是指那些在金融市场上充当交易媒介,参与交易并促使交易完成的组织、机构或个人,也就是金融市场中介。如证券交易所、货币经纪公司、期货交易所。中国外汇交易中心也是金融中介机构。

从所参与的金融活动特点来看,金融市场的参与者可以分为筹资者、投资者(投机者)、套期保值者、套利者和监管者几个大类。

2.金融工具

金融工具即金融市场上交易的对象,如外汇、黄金、股票、债券以及各类衍生产品等。它们通常具有一些重要的特性,即期限性、收益性、流动性和安全性(或风险性)。

(1)期限性是指债务人在特定期限之内必须清偿特定金融工具的债务余额的约定。

(2)收益性是指金融工具能够定期或不定期地给持有人带来价值增值的特性。

(3)流动性是指金融工具一定时间内转变为现金而不遭受价值损失的能力。

(4)安全性(或风险性)是指投资于金融工具的本金和收益能够安全收回而不遭受损失的可能性。

任何金融工具都是以上四种特性的组合,也是四种特性相互之间矛盾的平衡体。一般来说,期限性与收益性正向相关,即期限越长,收益越高,反之亦然。流动性、安全性则与收益性成反向相关,安全性、流动性越高的金融工具,其收益性越低。反过来也一样,收益性高的金融工具,其流动性和安全性就相对要差些。

3.组织形式与交易方式

金融市场的组织形式,指的是进行金融交易所采用的方式,主要有三种:一是在固定场所进行的有组织的集中交易方式,也即场内交易,通过双边拍卖的方式成交,代表性的如证券交易所。二是场外交易方式。与场内交易相反,场外交易是分散的交易,更多地借助现代通信技术和通信网络,而许多交易依然依赖着直接协商交易的原则,国际市场上债券交易以及外汇交易通常都通过场外交易的方式进行。我国的银行间市场也是场外交易市场。三是柜台交易,即通过金融机构的柜台进行,也称为店头交易。若从更为广义的划分方法出发也可以被归为场外交易。

1.1.3 金融市场的分类

金融市场的构成十分复杂,它是由许多不同的市场组成的一个庞大体系。按照不同的分类方式,金融市场可以有多种划分方法。

(1)按融资方式分,可分为直接金融市场与间接金融市场。

直接金融市场是指资金供给者和资金需求者不通过任何金融中介机构而直接进行融资的金融市场;间接金融市场是指资金供给者和资金需求者通过金融中介机构进行融资的金融市场。更通俗地说,直接融资通常指股票和债券融资,以及企业间的赊销和预付;间接融资通常指银行贷款。

直接融资和间接融资的比例关系,既反映一国的金融结构,也反映一国中两种金融组织方式对实体经济的支持和贡献程度。过去的 20 多年里,G20 国家直接融资比重(以存量计)总体呈上升态势,目前大多集中在 65%～75%,美国显著高于其他国家,超过 80%。相比之下,中国的直接融资比重尽管自 2002 年以来一直呈上升趋势,但较发达国家仍有一定差距。2015 年,我国直接融资比重(增量法①)达到 23.4%。

(2)按交易期限分,可分为货币市场与资本市场。

货币市场是融资期限在一年以内的短期资金交易市场,这种资金主要用于短期生产周转需要,如国库券、商业票据、银行票据、可转让存单、回购协议、同业拆借及短期证券市场等。

资本市场是融资期限在一年以上或未规定期限的资金市场,这种资金主要用于中长期投资。资本市场包括狭义证券市场(股票和债券)和中长期信贷市场。其中证券市场是公开市场,中长期信贷市场是协议市场,狭义的资本市场就是指证券市场。

(3)按交易程序分,可分为发行市场(一级市场)和流通市场(二级市场)。

资金需求者将金融资产首次出售给公众时所形成的交易市场称为初级市场、发行市场或一级市场。证券发行后,各种证券在不同的投资者之间买卖流通所形成的市场称为二级市场。

(4)按照金融资产的形式不同,金融市场包含股票市场、票据市场、债券市场、外汇市场、大宗商品市场等众多子市场,这种分类法也是最常见、最普遍的划分方法。

(5)按交易场所分,可分为场内市场与场外市场。

场内交易,又称交易所交易,是指所有的供求方集中在交易所进行竞价交易的交易方式。而其他在交易所之外进行的交易,统称为场外交易,柜台交易或店头交易就是其中一种形式。场外交易方式有许多形态,可以根据每个使用者的不同需求设计出不同内容的产品。

场内市场与场外市场最大的区别在于,场内市场是有标准的合约并被监管的,而场外交易往往只是交易双方私下的协定,其透明性要低于场内市场,也正是因此,2008 年金融危机之后各国对于场外市场的监管都明显加强。

随着监管手段的不断完善以及电子交易平台的持续发展,场内市场与场外市场的边界也不再泾渭分明,两种市场的交易方式也互可借鉴。代表性的场内市场如交易所,场外市场如中国银行间市场。外汇市场是典型的场外市场,也有部分产品在场内交易,主要是外汇期货等衍生产品。

(6)按交割时间分,可分为现货市场和衍生品市场。

现货市场是指以一切基础金融工具为交易对象的金融市场,也是货币市场、债券市场、股票市场和外汇市场等的总和。金融衍生品市场是指以衍生金融工具为交易对象的金融市场。它以杠杆或信用交易为特征,以在传统的金融产品如货币、债券、股票等基础上派生出来的具有新的价值的金融工具为交易对象,这些金融工具包括远期、掉期、期货、期权等。

(7)按照金融交易的管辖权范围分,可分为在岸金融市场和离岸金融市场。

在岸金融市场(onshore financial market)是指本国的居民间利用本国货币进行交易的金融市场,受到本国法规的制约。离岸金融市场(offshore financial market)是指主要为非

---

① 我国常用的直接融资比重指标是增量法,是指每年新增非金融企业直接融资(股票和债券)占新增社会融资规模的比重。

居民提供境外货币借贷或投资、贸易结算、外汇黄金买卖、保险服务及证券交易等金融业务和服务的一种国际金融市场,亦称境外金融市场。这种市场交易以非居民为主,基本不受所在国法规和税制限制。

离岸金融市场上,非本国居民利用外国货币进行交易,比如美国的银行和英国的银行利用美元作为结算货币在我国香港特别行政区进行交易,这时香港就是离岸金融市场。而如果汇丰银行和渣打银行利用港币作为结算货币在我国香港特别行政区进行交易的话,那香港就是在岸金融市场。

在不同的划分标准下,某一市场可以有多个属性。例如,拆借市场和票据市场通常被归入货币市场范畴;又例如,外汇市场既包括外汇现货市场(即期市场),也包括外汇衍生品市场,根据所交易的产品不同,既有场外交易方式也有场内交易方式,但总体以场外交易为主。

1.2　外汇的基本概念

1.2.1　外　汇

外汇具有双重含义,即有动态和静态之分。外汇的静态概念,又分为狭义的外汇概念和广义的外汇概念。狭义的外汇指的是以外国货币表示的、为各国普遍接受的、可用于国际债权债务结算的各种支付手段。广义的外汇指的是一国拥有的一切以外币表示的资产。外汇的动态概念,是指货币在各国间的流动,以及把一个国家的货币兑换成另一个国家的货币,借以清偿国际债权债务关系的一种专门性的经营活动。它是国际汇兑的简称。

我国2008年修订的《外汇管理条例》第三条规定:"本条例所称外汇,是指下列以外币表示的可以用作国际清偿的支付手段和资产:①外币现钞,包括纸币、铸币;②外币支付凭证或者支付工具,包括票据、银行存款凭证、银行卡等;③外币有价证券,包括债券、股票等;④特别提款权;⑤其他外汇资产。"

1.2.2　汇　率

汇率,又称汇价,是指一国货币以另一国货币表示的价格,或者说是两国货币间的比价。在外汇市场上,汇率一般显示至小数点后第四位,如图1-2所示。汇率的最小变化单位为一点,即最后一位数的一个数字变化。按国际惯例,通常用三个英文字母来表示货币的名称,例如,以下中文名称后的英文即为该货币的英文代码:欧元 EUR,日元 JPY,英镑 GBP,瑞郎 CHF。

1.汇率的分类

汇率有多种形式和分类,具体如下:

(1)按外汇交易交割期限长短分,可分为即期汇率和远期汇率。即期汇率是指外汇买卖成交后,买卖双方在当天或在两个营业日内进行交割所使用的汇率。远期汇率是指在未来一定时期进行交割,而事先由买卖双方签订合同、达成协议的汇率。到了交割日期,由协议双方按预订的汇率、金额进行交割。

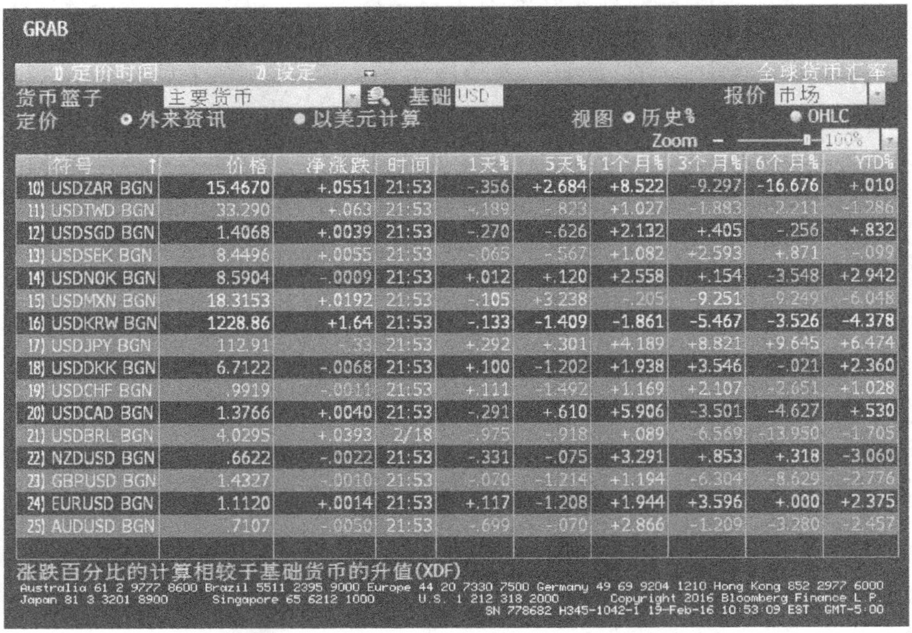
GRAB

1) 定价时间 2) 设定 全球货币汇率

货币篮子 主要货币 基础 USD 报价 市场

定价 外来资讯 以美元计算 视图 历史% OHLC

Zoom 100%

符号	价格	净涨跌	时间	1天%	5天%	1个月%	3个月%	6个月%	YTD%
10) USDZAR BGN	15.4670	+.0551	21:53	-.356	+2.684	+8.522	-9.297	-16.676	+.010
11) USDTWD BGN	33.290	+.063	21:53	-.189	-.823	+1.027	-1.883	-2.211	-1.286
12) USDSGD BGN	1.4068	+.0039	21:53	-.270	-.626	+2.132	+.405	-.256	+.832
13) USDSEK BGN	8.4496	+.0055	21:53	-.065	-.567	+1.082	+2.593	+.871	-.099
14) USDNOK BGN	8.5904	-.0009	21:53	+.012	+.120	+2.558	+.154	-3.548	+2.942
15) USDMXN BGN	18.3153	+.0192	21:53	-.105	+3.238	-.205	-9.251	-9.249	-6.048
16) USDKRW BGN	1228.86	+1.64	21:53	-.133	-1.409	-1.861	-5.467	-3.526	-4.378
17) USDJPY BGN	112.91	-.33	21:53	+.292	+.301	+4.189	+8.821	+9.645	+6.474
18) USDDKK BGN	6.7122	-.0068	21:53	+.100	-1.202	+1.938	+3.546	-.021	+2.360
19) USDCHF BGN	.9919	-.0011	21:53	+.111	-1.492	+1.169	+2.107	-2.651	+1.028
20) USDCAD BGN	1.3766	+.0040	21:53	-.291	+.610	+5.906	-3.501	-4.627	+.530
21) USDBRL BGN	4.0295	+.0393	2/18	-.975	-.918	+.089	-6.569	-13.950	-1.705
22) NZDUSD BGN	.6622	-.0022	21:53	-.331	-.075	+3.291	+.853	+.318	-3.060
23) GBPUSD BGN	1.4327	-.0010	21:53	-.070	-1.214	+1.194	-6.304	-8.629	-2.776
24) EURUSD BGN	1.1120	+.0014	21:53	+.117	-1.208	+1.944	+3.596	+.000	+2.375
25) AUDUSD BGN	.7107	-.0050	21:53	-.699	-.070	+2.866	-1.209	-3.280	-2.457

涨跌百分比的计算相较于基础货币的升值(XDF)

Australia 61 2 9777 8600 Brazil 5511 2395 9000 Europe 44 20 7330 7500 Germany 49 69 9204 1210 Hong Kong 852 2977 6000
Japan 81 3 3201 8900 Singapore 65 6212 1000 U.S. 1 212 318 2000 Copyright 2016 Bloomberg Finance L.P.
SN 778682 H345-1042-1 19-Feb-16 10:53:09 EST GMT-5:00

图 1-2 外汇市场的报价

(2)从银行买卖外汇的角度分,可分为买入汇率和卖出汇率。买入汇率又叫作买入价,是银行向客户买进外汇时使用的价格。卖出汇率又称卖出价,是指银行向客户卖出外汇时所使用的汇率。买入价和卖出价的平均价就是中间价。

(3)按制定汇率的不同方法分,可分为基本汇率和套算汇率。通常选择一种国际经济交易中最常使用、在外汇储备中所占比重最大的可自由兑换的关键货币作为主要对象,与本国货币对比,制定出汇率,这种汇率就是基本汇率。套算汇率又叫作交叉汇率,是指两种货币都通过各自对第三国的汇率算出来的汇率。

(4)按国际汇率制度的不同分,可分为固定汇率和浮动汇率等。固定汇率是指一国货币同另一国货币的汇率基本固定,波动幅度很小。浮动汇率是指一国货币当局不规定本国货币对其他货币的官方汇率,也无任何汇率波动幅度的上下限,本币听任外汇市场的供求关系决定,自由涨落。

(5)按是否经过通货膨胀调整分,可分为名义汇率和实际汇率。

2. 汇率的影响因素

外汇市场上的实际汇率是由现实的外汇供求状况所决定的。而影响外汇供求的因素错综复杂,既包括经济因素,又包括政治因素和心理因素,并且各种因素之间又相互联系、相互制约。

(1)国民经济发展状况。这是影响一国国际收支,乃至该国货币汇率的重要因素。国民经济发展状况主要从劳动生产率、经济增长率和经济结构三个方面对汇率产生影响。

如果一国劳动生产率的增长率在较长时期内持续高于别国,则会使该国单位货币所包含的价值相对增加,从而使本国货币的对外价值相应上升。如果一国的经济结构比较合理,能够适应世界市场的需求,那么,该国的贸易收支乃至经常项目收支就能够持续保持平衡或维持顺差,该国货币在国际外汇市场上就会保持较强的地位。国内外经济增长率的差异对汇率变动的影响是错综复杂的。从贸易收支的角度出发,一国经济增长率较高,意味着收入上升,在短期内会引起更多的进口,造成本国货币汇率下降的压力,但长期来看有相反的作用。从资本流动的角度出发,一国经济增长率较高,意味着该国投资利润率也较高,由此吸引国外资金流入本国进行直接投资,从而增加本国国际收支中资本项下的收入,导致该国货币需求旺盛,汇率上升。

(2)相对通货膨胀率。国内外通货膨胀率的差异是决定汇率长期趋势的主导因素。一般而言,如果一国的通货膨胀率超过另一个国家,则该国货币对另一国货币的汇率就要下跌;反之,则上涨。

(3)相对利率。利率作为资金的"价格",一国利率的变动必然会影响到该国的资金输出与输入,进而影响到该国货币的汇率。如果一国的利率水平相对较高,就会刺激国外资金流入增加,本国资金流出减少,由此改善资本账户收支,提高本国货币的汇价。但在考察利率对汇率的影响作用时,应注意两个问题:一是要比较两国利率的差异;二是要考察扣除通货膨胀因素后的实际利率。

(4)宏观经济政策。其可分为紧缩性的经济政策和扩张性的经济政策,它们对国际收支乃至汇率的作用结果正好相反。以扩张性的财政政策和货币政策为例,它们会刺激投资需求和消费需求,促进经济的发展,从而增加进口需求,使该国的贸易收支发生不利的变化,由此导致该国货币汇率的下跌。而且,扩张性的货币政策还会降低利率,从而引起国际短期资本的大量流出,抑制短期资本的流入,从而可能引起资本项目的逆差,增加汇率下跌的压力。

(5)国际储备。一国政府持有较多的国际储备,表明政府干预外汇市场、稳定汇率的能力较强,因此,储备增加能加强外汇市场对本国货币的信心,从而有助于本国货币汇率的上升。反之,储备下降则会引起本国货币汇率的下跌。

1.2.3　外汇储备

外汇储备是指一国政府所持有的国际储备资产中的外汇部分,即一国政府保有的以外币表示的债权,是一个国家货币当局持有并可以随时兑换外国货币的资产。狭义而言,外汇储备是一个国家经济实力的重要组成部分,是一国用于平衡国际收支、稳定汇率、偿还对外债务的外汇积累。广义而言,外汇储备是指以外汇计价的资产,包括现钞、国外银行存款、国外有价证券等。外汇储备是一个国家的国际清偿力的重要组成部分,同时对于平衡国际收支、稳定汇率有重要的影响。如图 1-3 所示为中国的外汇储备,在 2015 年以前一直处于增长状态。2014 年末,国家外汇储备 3.84 万亿美元,比上年末增加 217 亿美元;但 2015 年,在经济减速和股市重挫之际,我国政府为了抑制人民币贬值而消耗了部分外汇储备,2015 年末中国外汇储备为 3.33 万亿美元,较同年 11 月下降 1079 亿美元。

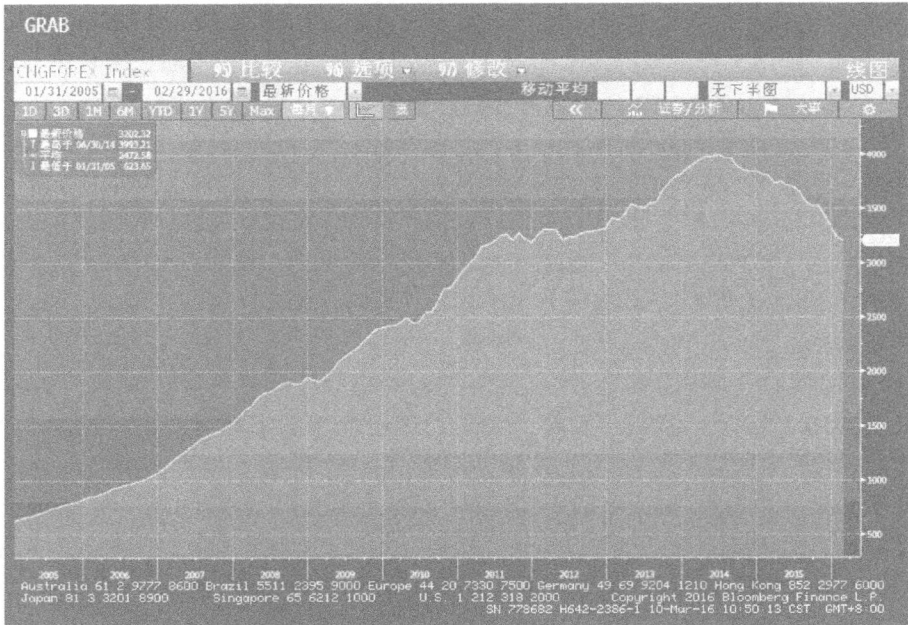

图 1-3 中国的外汇储备(2005—2015 年)

1.2.4 外汇相关产品

在外汇市场上,由于交易的动机和目的不同、技术手段不同、政府管制程度不同,从而产生了许多不同的交易品种,其中最主要、最典型的交易品种有即期、远期、掉期、期权等。

1. 即期外汇交易

即期外汇交易(FX spot)是指交易双方以当天的外汇市场交易价格成交以后,根据事先约定的价格、金额,原则上在两个营业日内进行交割的交易行为。它是市场上最常见的一种外汇交易形式,是其他外汇交易的基础。进行即期外汇交易的市场就是即期外汇市场,是外汇市场最重要的组成部分,其基本功能是进行货币兑换,即在最短时间内实现购买力的国际转移。即期外汇市场习惯上被称为现汇市场。

即期外汇市场没有固定的交易场所,通常是在大公司和外汇经纪人、客户之间通过电话、电传、电报进行交易的。由于现代化通信工具的发展,尽管交易双方距离很远,但交易对市场的影响却能够迅速反映出来。即期汇率是构成所有外汇买卖活动的基础,其他交易汇价都是在此基础上计算得出的。

在即期外汇市场上,通常汇率采用双向报价方式,即报价者同时报出买入价格和卖出价格。如 USD/JPY108.10/30,第一个数字(108.10)表示报价者愿意买入被报价币的价格,这就是所谓的买入汇率;第二个数字(108.30)表示报价者愿意卖出被报价币的价格,这就是所谓的卖出汇率。在国际外汇市场上,外汇交易通常只会报出 10/30,一旦成交后,再确认全部的汇率是 108.10。依外汇市场上的惯例,汇率的价格共有 5 个位数(含小数位数),如 GBP/USD1.4850 或 USD/JPY108.10。一般而言,汇率价格的最后一位数,称为基本点。这些皆是汇率变动的最小基本单位。而外汇交易员在报价时,未曾报出的数字(GBP/USD1.4850 中的 1.48),我们称之为大数。交易员未报出大数的原因是:在短短数秒的询价、报价及成交的过程中,汇率通常不会如此快速地变动,于是大数便可省略不说。

2. 远期外汇交易

远期外汇交易(FX forward)又称期汇交易,是指在外汇买卖成交时,双方并未支付外汇或本币,而是先签订合约,规定交易的货币、数额及适用的汇率,并于将来某个约定的时间进行交割的外汇业务活动。

相对于即期外汇交易而言,远期外汇交易有如下特点:①买卖双方签订合约时,无须立即支付外汇或本币,而是按合同约定延至将来某个时间交割;②买卖外汇的主要目的,不是为了取得国际支付手段和流通手段,而是为了保值和避免汇率变动带来的风险;③买卖的数额较大,一般都为整数交易,有比较规范的合同;④外汇银行与客户签订的合同必须有外汇经纪人担保,客户需缴存一定数额的押金或抵押品。

远期外汇交易的报价方式有两种:一是直接报出远期外汇的具体数字,采用这种方法的有日本、瑞士等少数国家。例如,银行直接报出美元兑日元的三个月汇率是 123.33/124.33。二是只报出远期外汇与即期外汇的点数差,即报出远期外汇的升水、贴水、平价。远期外汇升水是指远期外汇比即期外汇溢价;贴水是指远期外汇比即期外汇折价;平价是指远期外汇与即期外汇相等。

在银行的远期实际业务中,银行的报价有时说明是升水或贴水,有时仅报出即期汇率和银行的汇水数字,这时就需要计算远期汇率的实际数字。计算远期的实际汇率的步骤如下:

(1)列出即期外汇的全部数字,将远期汇水数字对准即期汇率的买入价和卖出价相应的部位。

(2)判断远期升水还是贴水:在直接标价法下,前面的点大于后面的点是贴水,前面的点小于后面的点是升水;在间接标价法下,前面的点大于后面的点是升水,前面的点小于后面的点是贴水。

(3)计算远期汇率。在直接标价法下,远期汇率等于即期汇率加上升水,减去贴水;在间接标价法下,远期汇率等于即期汇率减去升水,加上贴水。

远期汇率和即期汇率的计算还可以进一步简化:已知远期汇率两个数字,前面的点和后面的点相比"前小后大往上加""前大后小往下减"。另外要注意:实际汇率两个数字前小后大,则无论何种标价法,即无论最后算出的结果是买入价在前还是卖出价在前,永远都是前面的数字小于后面的数字。如果前面的数字大于后面的数字,说明计算错误。

远期外汇是升水还是贴水,受利率水平的制约。在其他条件不变的情况下,利率低的国家的远期汇率会升水,利率高的国家远期货币汇率会贴水。这是因为银行买卖一方面要遵守买卖平衡的原则,即买进多少外汇应相应卖出多少外汇;同样地,卖出一定外汇也要补进相应的外汇。另一方面是银行必须盈利,其由经营活动需要而买卖远期外汇引起汇率损失,应由客户来承担。

3. 掉期外汇交易

掉期外汇交易(FX swap)是指买进或卖出某种货币的同时,卖出或买进不同交割期限的同种货币的一种外汇交易。掉期外汇交易实际上由两笔外汇交易组成,一般是一笔为即期外汇交易,一笔为远期外汇交易。这两笔交易人买卖的金额相同、货币相同,只是买卖的方向相反。进行掉期外汇交易的目的在于避免汇率变动的风险。

掉期交易主要在银行同业之间进行,一些大公司也利用掉期交易进行套利活动。掉期外汇交易通常具有以下特点:①买与卖是有意识地同时进行的;②买与卖的货币种类相同,金额相等;③买与卖的交割期限不相同。

根据交割日的不同,掉期外汇交易可分为以下三种形式:

(1)即期对远期:买进或卖出现汇的同时,卖出或买进一笔期汇。

(2)远期对远期:对不同交割期限的期汇双方做货币金额相同而方向相反的两个交易。这种掉期形式多为转口贸易中的中间商所使用。

(3)明日对次日(即期对即期):成交后的第二个营业日交割、第三个营业日做反向交割的一种交易。这种交易主要用于银行同业的隔夜资金拆借。

掉期外汇交易的作用主要体现:一是可以改变外汇的币种,避开汇率变动的风险,掉期外汇交易可以将闲置在投资者手中的货币转换成投资者所需要的货币,并加以运用,从中获益;二是进口商可以运用掉期外汇交易进行套期保值;三是有利于银行消除与客户进行单独远期交易所承受的汇率风险,平衡银行即期外汇交易和远期交易的交割日期结构,使银行资产结构合理化。

4.期权交易

外汇期权(FX option)也称为货币期权,是指合约购买方在向出售方支付一定期权费后,所获得的在未来约定日期或一定时间内,按照规定汇率买进或者卖出一定数量外汇资产的选择权。外汇期权是期权的一种,相对于股票期权、指数期权等其他种类的期权来说,外汇期权买卖的是外汇,是指期权买方在向期权卖方支付相应期权费后获得一项权利,即期权买方在支付一定数额的期权费后,有权在约定的到期日按照双方事先约定的协定汇率和金额同期权卖方买卖约定的货币,同时期权的买方也有权不执行上述买卖合约。

外汇期权按期权持有者的交易目的分,可以分为买入期权(也称为看涨期权)和卖出期权(也称为看跌期权);按产生期权合约的原生金融产品分,可以分为现汇期权(即以外汇现货为期权合约的基础资产)和外汇期货期权(即以货币期货合约为期权合约的基础资产);按期权持有者可行使交割权利的时间分,可以分为欧式期权(指期权的持有者只能在期权到期日当天纽约时间上午9时30分前,决定执行或不执行期权合约)和美式期权(指期权持有者可以在期权到期日之前的任何一个工作日纽约时间上午9时30分前,选择执行或不执行期权合约),美式期权较欧式期权的灵活性更大,因而期权价格也高一些。

1.3 外汇市场与外汇交易

1.3.1 全球外汇市场

外汇市场是指由银行等金融机构、自营交易商、大型跨国企业参与的,通过中介机构或电信系统联结的,以各种货币为买卖对象的交易市场。它可以是有形的,如外汇交易所;也可以是无形的,如通过电信系统交易的银行间外汇交易。国际清算银行(BIS)对外汇市场的调查(每三年一次)显示,2010 年 4 月,国际外汇市场每日平均交易额为 4 万亿美元,而至 2013 年 4 月,这一数字已经增长至 5.3 万亿美元。

目前,世界上大约有 30 多个主要的外汇市场,它们遍布于世界各大洲的不同国家和地区。根据传统的地域划分,可分为亚洲、欧洲、北美洲三大部分,其中,最重要的有欧洲的伦敦、法兰克福、苏黎世和巴黎,美洲的纽约和洛杉矶,大洋洲的悉尼,亚洲的东京、新加坡和香港等。

每个市场都有其固定和特有的特点,但所有市场都有共性。各市场虽被距离和时间所隔,但它们敏感地相互影响又各自独立。一个中心每天营业结束后,就把订单传递到别的中心,有时就为下一市场的开盘定下了基调。这些外汇市场以其所在的城市为中心,辐射周边的其他国家和地区。由于所处的时区不同,各外汇市场在营业时间上此开彼关,相继跟着挂牌营业,它们相互之间通过先进的通信设备和计算机网络连成一体,市场的参与者可以在世界各地进行交易,外汇资金流动顺畅,市场间的汇率差异极小,形成了全球一体化运作、全天候运行的统一的全球外汇市场(见图 1-4)。

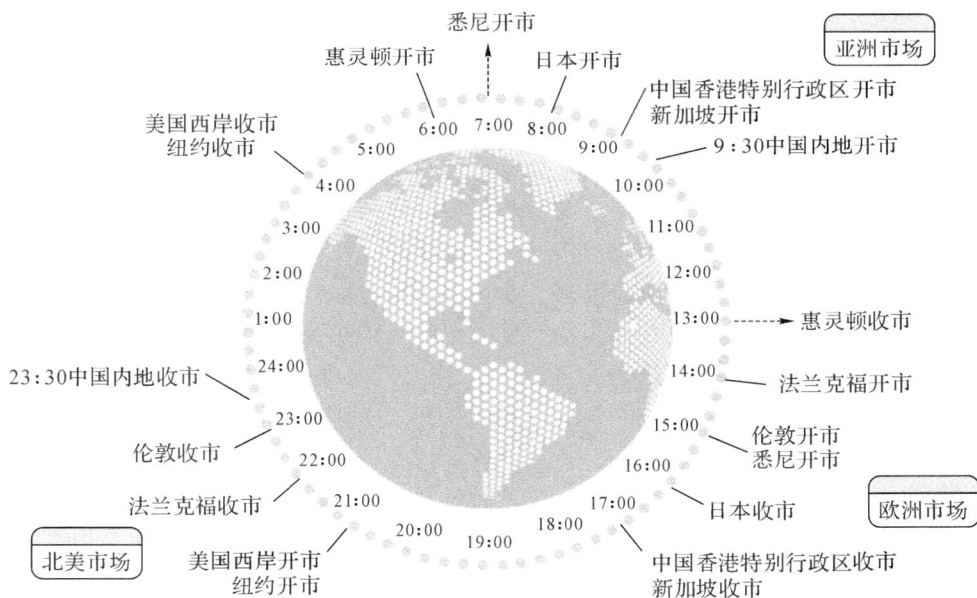

图 1-4 世界主要汇市交易时间情况(北京时间)

1.3.2　外汇市场的参与者

外汇市场的参与者,主要包括外汇银行、外汇银行的客户、中央银行、外汇交易商及外汇经纪商(Foreign Exchange Broker)等。通常而言,外汇交易商之间的交易占了外汇市场整体交易量的大部分。不过,这一局面从2010年开始有所改变,交易商与"其他金融机构"(包括中小银行、机构投资者、对冲基金、自营机构、官方机构等)之间的交易量逐渐增长,至2013年已经超过整个市场交易量的50%,表明外汇市场交易主体更加多元化。

1. 外汇银行

外汇银行又叫外汇指定银行,由各国中央银行或货币当局指定或授权经营外汇业务的银行。外汇银行通常是商业银行,可以是专门经营外汇的本国银行,也可以是兼营外汇业务的本国银行,或者是在本国的外国银行分行。外汇银行是外汇市场的交易主体和外汇业务的中介。外汇银行不仅收买外汇供给者的外汇,并将外汇卖给外汇需求者,充当外汇供求的主要中介人,出于平衡头寸、保值或赢利的需要,也自行对客户买卖外汇,参与外汇市场投机活动。

2. 外汇交易商

外汇交易商是指买卖外汇的交易公司或个人。外汇交易商利用自己的资金买卖外汇,从中取得买卖价差。外汇交易商多数是信托公司、银行等兼营机构,也有专门经营这种业务的公司和个人。

3. 外汇经纪商

外汇经纪商是指介于外汇银行之间、外汇银行和其他外汇市场参与者之间,为买卖双方接洽外汇交易而赚取佣金的中间商。许多国家规定,外汇经纪人必须经过当地中央银行批准,才能取得经营业务的资格。有的国家还规定,外汇买卖必须通过外汇银行和外汇经纪人才能进行。

代理商的作用是促成买卖、收取佣金。外汇做市商作为交易的一方,须动用自己公司的资本,作外汇交易的买方或卖方;而代理商(经纪商)则是中间人,在交易中代理一方或双方,一般来说,无须出资。做市商希望找到交易的对手,并在随后与另一方的交易中结清自己的持仓,赚取价差;而代理商只收取服务佣金,并不持仓,因而不承担因汇率变动所带来的风险。在柜台交易中,代理商的业务局限于做市市场。

场外市场中,中介业务取决于以下因素:市场状况、交易的货币、交易性质以及其他众多的因素,其中交易规模是一个重要因素。在场外市场,单笔交易金额比较大,使用代理商省时又省力,且信息传播快,报价能够及时更新。另外,代理商会为买卖双方保密。代理商市场与众多银行保持联系,因而市场的流动性很强。外汇中介业务竞争非常激烈,代理商为了盈利必须提供高质量服务,因为不仅代理商互相之间有竞争,而且还要同银行和其他机构争夺业务。

4. 中央银行

中央银行在外汇市场上的活动主要有:①作为普通参加者,参加外汇交易活动。中央银行作为政府的银行参加外汇市场,为政府和重要的国有企业进行外汇交易。②通过中央银行对外汇市场进行干预,实现一国的货币政策。当某些因素导致一国汇率发生剧烈变动,或者一国宏观经济政策需要汇率调整的配合,或者为了管理和控制本国的货币供应量等原因需要中央银行参与外汇市场时,中央银行就会大量抛售或购进某种外汇,使外汇汇率或本币朝着有利于中央银行管理的方向变化。从这个意义上讲,中央银行不仅是外汇市场的参与者,而且是外汇市场的实际操纵者或领导者。③中央银行还是外汇市场的管理者,监督和管理整个金融市场。

所有的中央银行都不同程度地参与本国外汇市场,其操作对市场的影响很大。例如,在 2000 年第二季度至 2004 年第一季度期间,日本中央银行动用了 440122 亿日元干预汇市,主要是买入美元抛售日元,也有小部分资金用于买入欧元抛售日元。不同国家中央银行的参与程度以及入市的方式和目标均有不同。

外汇市场干预是央行买卖外币的主要原因之一。许多中央银行代理政府的主要国际业务,并为政府和其他公共部门及企业处理大部分外汇交易。这些部门包括邮局、电力公司、国营航空或铁路。即使中央银行不进行干预业务,中央银行也会入市为政府采购或为了投资目的买入或卖出外币。中央银行有可能增购外汇、调整持币或减少外汇储备存量。中央银行也有可能作为另一家中央银行的代理行入市,利用别国中央银行的资源影响该国的汇率。另外,中央银行也可能帮助另一家中央银行购入其业务或业务费用所需的外币。

以美国联邦储备银行纽约分行的外汇操作室为例,该交易室偶尔进行外汇干预操作,在日常交易中入市金额不大,为其客户(其他中央银行、美国政府部门和国际机构)买入或卖出数量不多的外币。代理客户业务既可为其他中央银行或机构提供有用的服务,又能使美国联邦储备银行的交易室熟悉与掌握货币市场的变化。

5. 非银行客户

在外汇市场中,凡是与外汇银行有外汇交易关系的公司和个人都是外汇银行的客户,他们是外汇市场上的主要供求者。实际外汇供求者主要包括:进出口商、跨国企业、政府机构。他们参与外汇市场主要是为了进行债权与债务的结算、进出口收付款或是为未来的一笔账款的结算规避风险等。而外汇投机者,则通过对汇率的涨跌趋势的预测,利用外汇汇率和时间的差异,低买高卖,赚取市场投机差异利润。

金融和非金融机构客户包括规模较小的、不具备做市商条件的商业银行和投资银行,还包括因业务需要(买卖产品服务、金融资产)进行外汇买卖的公司、企业货币基金、共同基金、对冲基金和养老基金的基金管理公司以及非常富有的个人客户。对这些中间机构和最终客户而言,外汇交易是支付过程的一部分,也就是为完成一些商业、投资、投机或保值活动的一种选择。

近年来,境内外投资(如资本流动、跨国界银行金融资产以及证券交易)的增长速度远远超过国际贸易。机构投资者、保险公司、养老基金、对冲基金和其他基金已成为外汇市场的主要参与者。许多基金已开始用全球眼光管理投资组合。尽管用于外汇投资的资金总量仅占基金的很少一部分,通常为 5%～10%,但基金所控制的雄厚资本足以使它们成为外汇市场的主角。只要这些基金把少量的资金转投外汇市场,外汇市场的交易额就会大幅增加。

1.3.3　外汇市场的分类

1.按市场的组织方式不同,外汇市场可分为交易所市场和柜台市场

交易所市场是指外汇交易的形式采用具体的、固定的交易所,有固定的营业日和开盘/收盘时间,外汇交易的参加者于每个营业日规定的营业时间集中在交易所进行交易。如巴黎外汇市场、米兰外汇市场等欧洲大陆的德、法、荷、意等国的固定外汇交易所。

柜台交易市场是指没有固定场所,没有一定的开盘/收盘时间,交易双方不必面对面地交易,只靠电传、电报、电话等通信设备和计算机网络相互接触和联系,协商达成交易。英国、美国、加拿大及瑞士等均采用此种方式。

2.按市场参与者不同,外汇市场可分为外汇零售市场和外汇批发市场

外汇零售市场是由外汇银行与公司及个人客户之间的交易构成的外汇市场,也称银行与客户间外汇市场,是外汇市场存在的基础。该市场的基本特点是:没有最小交易金额限制,每笔交易较为零散,银行所报买卖差价较大。

外汇批发市场是指银行同业之间买卖外汇形成的市场,每天成交金额巨大。银行间的外汇交易多是为了调整自身的外汇头寸,以减少和防止由汇率变动所产生的风险。

3.按政府干预的程度不同,外汇市场可分为官方外汇市场和自由外汇市场

自由外汇市场是指不受所在国政府控制,汇率由外汇市场供求关系决定的外汇市场。官方外汇市场是指受所在国政府控制,按照中央银行或外汇管理机构规定的官方汇率进行交易的外汇市场。

4.按外汇买卖交割期的不同,外汇市场可分为外汇现货市场和外汇期货市场

在外汇现货市场交易的货币是可以兑换的,交易协议成立后可以立即交割,或在极短的时间内交割。在外汇现货市场上进行外汇交易的汇率风险较小。

外汇期货市场是指外汇交易的双方购买或出售一种标准的外汇买卖契约,约定在将来某一规定的日期进行交割的市场,交割时按协议的汇率进行,而不是按交割时的汇率。外汇期货市场的形成是为了规避浮动汇率下的汇率风险,进行套期保值而形成的。

1.3.4　外汇市场的交易机制

外汇市场有几个非常明显的制度上的特征:其一,其是一个庞大的具有两层结构的分散市场,即客户与银行、银行与银行的交易市场。其二,在这个市场中,巨大交易量是经过多个做市商机制来完成的。而且,交易者除了选择银行间的直接交易形式外,还可以选择利用经纪人中介的间接交易形式。其三,没有对交易价格和交易量等信息随时披露的要求,透明度明显低于其他的金融市场。其四,缺乏清算机制,信用风险较大。

外汇市场的交易制度有广义与狭义之分。广义的外汇交易制度泛指与外汇交易有关的运作规则,包括交易形式、市场层次、参与者行为规范和清算机制等。狭义的外汇交易制度是指外汇交易机制,是指使外汇买卖双方报价及订单匹配成交的方式和方法,其核心是价格形成机制。

外汇市场交易机制按照价格形成方式的不同可以分为指令驱动和报价驱动两种类型,也就是通常所说的竞价交易和做市商制度。前者是指订单(即外汇买卖指令)被发往同一个中心场所,由指令之间交互作用而形成外汇市场价格,包括集合竞价和连续竞价两种交易模式;后者是指由做市商报出买卖外汇的双向价格,其他市场参与者如果接受即可成交,因此市场价格就是做市商报价。竞价制和做市商制不同的运作原理决定了在这两种价格形成机制下相应的市场绩效(即市场的流动性、稳定性、透明度和交易成本)也是不同的。

1.做市商制度

做市商制度是成熟金融市场普遍存在的一种报价驱动交易机制,其显著特点是做市商同时进行买卖双向报价,并按这一价格接受其他交易者的交易需求进行交易。做市商通过这种不断的买进卖出为市场提供流动性,并通过低买高卖的适当差额来补偿所提供服务的成本费用,以期实现一定的利润。在外汇市场上,做市商制度一般是指多元做市商制度,即每一个交易品种同时由很多个做市商负责维持市场流动性。

做市商通常由具备一定实力和信誉的大银行或其他金融机构(如投资银行或保险公司)担任,持续向投资者提供外汇的买卖价格(即双向报价),并在该价位上接受投资者的买卖要求。以美国为例,联邦储备银行对做市商的入选标准没有硬性规定,但入选的银行必须积极参与外汇交易,有一定的知名度,并有良好的融资渠道。

做市商制度是随着外汇市场的逐渐发展才产生和完善的。起初,美国的少数大型商业银行代客户买卖外汇,承担着中间商和做市商的双重身份。同时,美国大银行还与许多其他商业银行以代理行的身份进行外汇交易,也有部分自营业务。大银行之间的交易日益频繁,于是外汇同业市场逐渐形成。

随后,一些投资银行和其他金融机构步大银行的后尘,纷纷加入外汇同业市场,这些机构既是外汇交易做市商,同时也为不同的客户提供外汇服务。因此,典型的做市商市场有两个层次:第一个层次是做市商和投资者之间的零售市场;第二个层次是做市商和做市商之间的批发市场。

正常交易时,做市商愿意在一定范围内动用公司资本按报价完成买卖交易,并期望利用差价获利。外汇做市商有助于市场运行,有利于提高市场的流动性,减少短期价格波动;能提供有效的价格信息,平稳外汇交易业务,保持市场交易的连续性。

2.竞价交易

集中竞价交易机制,即交易系统对金融机构录入的买入报价和卖出报价分别排序,然后按照价格优先、时间优先的原则撮合成交。竞价交易的基本特征是:成交价格的形成由买卖双方直接决定,交易者买卖外汇的对象是其他交易者。交易订单之间在一定的时间或时点按照一定的撮合原则进行交易。经纪商仅仅起中介作用,自身并不参与交易。

竞价交易可分为集合竞价和连续竞价。集合竞价是在交易时间的特定时间点对交易者的买卖需求集中进行撮合;连续竞价则是在交易时间的任何时间点均可对交易者买卖需求进行撮合。在集合竞价市场,外汇买卖具有分时段性,即交易者进行买卖委托后,不能立即执行并成交,而是在某一规定的时间,按照一定规则,由有关机构将在不同时点收到的订单集中起来,进行匹配成交。在连续竞价市场,外汇交易是在交易日的各个时点连续不断地进行的,只要根据订单匹配规则,存在两个相匹配的订单,交易就会发生。在连续竞价市场,汇率的相关信息连续提供,交易在订单匹配的瞬间进行。

竞价交易与做市商制度的对比如表1-1所示。

表 1-1　竞价交易与做市商制度的对比

交易机制	竞价交易		做市商制度
	集合竞价	连续竞价	
是否直接交易	是	是	否
交易双方的市场地位	平等	平等	做市商需要申请并经批准
定价者	交易双方	交易双方	做市商
价格连续性	差	好	很好
成交及时性	差	好	很好
信息传递速度	定期、间断	实时	实时
信息传递效率	低	高	高
交易双方信息是否对称	是	是	否,做市商有信息优势
结算价格	一个	多个	多个
市场平均交易成本	最低	较低	高

　　除了按照价格形成机制分类外,外汇市场的交易方式还有其他多种分法。例如,零售交易与批发交易、直接交易与通过经纪人的交易等。综合来看,现有的外汇交易主要是通过三个渠道进行的:一是顾客与银行间的交易;二是国际市场上银行之间的交易;三是通过经纪人交易。后两者占据了绝大部分的外汇交易量。通过经纪人交易的成本通常来说高于银行间交易,但这一交易方式仍有市场,原因大致可以归纳为四点:一是交易规模较小,因为小额买卖无法进行银行间交易;二是为了获取更多的私有信息;三是为了保护自己的投资战略不被竞争对手察觉;四是为了减少搜索成本,因为不知道哪家银行可能给出最优报价。从价格形成机制的角度看,经纪人交易可以归类为指令驱动型交易,主要原因在于价格和数量是同时设定的,而且交易完全依靠经纪人作为中间媒介撮合成交。

　　近年来,随着电子交易方式的不断进步,外汇市场交易今后是否朝着有组织化的交易方式(如证券那样的场内交易)的方向发展,成为近年人们最为关心的问题之一。电子交易系统(如 EBS 和 Reuters Dealing)的发展在一定程度上缓解了外汇市场的透明度问题,加快了外汇市场有组织化的进程(至少是价格信息的有组织化)。

1.4　货币体系与外汇市场

　　近几十年来外汇市场的繁荣兴盛,离不开外汇市场体系的建立和变更。在一百多年的演变进程中,国际货币体系的每次变迁都伴随着严重影响世界的重大经济危机和政治变革,客观反映经济霸权力量转移和世界经济政治格局变化。

　　第二次世界大战后布雷顿森林体系奠定了美元的国际地位,随着之后二十余年美欧各国国力的此消彼长以及凯恩斯主义主导下美国国内长期的积极财政/货币政策,美元的内在价值一直处于下降通道中,美国从第二次世界大战后的债权国变为 20 世纪 70 年代的债务国。布雷顿森林体系崩溃。国际货币中英镑、马克、日元的地位跃升。20 世纪 90 年代欧洲经济一体化的进程催生了欧元。外汇市场逐渐形成了今天的格局。

在全球化的大趋势下,国际资本流动和国际财富转移无不有赖于外汇市场,外汇市场的重要性不容置疑。

1.4.1 国际货币体系的演变

历史上,出现过各种不同类型的国际货币体系。确定一种货币体系的类型主要依据三条标准:①货币体系的基础,即本位币是什么;②参与国际流通、支付和交换媒介的主要货币是什么;③主要流通、支付和交换媒介的货币与本位币的关系是什么,包括双方之间的比价如何确定、价格是否在法律上固定以及相互之间在多大程度上自由兑换。依据这些标准,逐渐产生出多种类型的国际货币体系(见图1-5),从20世纪40年代"双挂钩"的布雷顿森林体系,到今天的牙买加体系。这些体系与国际市场的变迁紧密地联系在一起,汇率制度也随国际货币体系变化。

国际金本位		布雷顿森林体系		牙买加体系		当前国际货币新特征
●1880—1914年 ●金本位—金块本位—金汇兑本位	>>>>>	●1944—1973年 ●美元与黄金的可兑换	>>>>>	●1976至今 ●美元作为信用货币与黄金脱钩	>>>>>	●储备货币多元化与国际化竞争

图 1-5 国际货币体系的演变

1. 金本位制

金本位制是以黄金为本位币的货币制度。在金本位制下,每单位的货币价值等同于若干重量的黄金(即货币含金量);当不同国家使用金本位时,国家之间的汇率由它们各自货币的含金量之比——黄金平价(Gold Parity)来决定。金本位制于19世纪中期开始盛行。在历史上,曾有过三种形式的金本位制:金币本位制、金块本位制、金汇兑本位制。其中,金币本位制是最典型的形式,就狭义来说,金本位制即指该种货币制度。

金币本位制的基本特征包括:①以一定量的黄金为货币单位铸造金币,作为本位币;②金币可以自由铸造,自由熔化,具有无限法偿能力,同时限制其他铸币的铸造和偿付能力;③辅币和银行券可以自由兑换金币或等量黄金;④黄金可以自由出入国境;⑤以黄金为唯一准备金。

在历史上,自从英国于1816年率先实行金本位制以后,到1914年第一次世界大战以前,主要资本主义国家都实行了金本位制,而且是典型的金本位制——金币本位制。

1914年第一次世界大战爆发后,各国为了筹集庞大的军费,纷纷发行不兑现的纸币,禁止黄金自由输出,金本位制随之告终。在1929—1933年的世界性经济大危机的冲击下,各国逐渐放弃金块本位制和金汇兑本位制,都纷纷实行了不兑现信用货币制度。

金本位制度的崩溃,对国际金融和世界经济产生了巨大的影响:①为各国普遍货币贬值、推行通货膨胀政策打开了方便之门。这是因为废除金本位制后,各国为了弥补财政赤字或扩军备战,会滥发不兑换的纸币,加速经常性的通货膨胀,不仅使各国货币流通和信用制度遭到破坏,而且加剧了各国出口贸易的萎缩及国际收支的恶化。②导致汇价的剧烈波动,冲击着世界汇率制度。在金本位制度下,各国货币的对内价值和对外价值大体上是一致的,货币之间的比价比较稳定,汇率制度也有较为坚实的基础。但各国流通纸币后,汇率的决定过程变得复杂了,国际收支状况和通货膨胀引起的供求变化,对汇率起着决定性的作用,从而影响了汇率制度和国际货币金融关系。

2. 布雷顿森林体系

布雷顿森林协定(Bretton Woods Agreements)是第二次世界大战后以美元为中心的国际货币体系协定。布雷顿森林体系(Bretton Woods System)是该协定对各国就货币的兑换、国际收支的调节、国际储备资产的构成等问题共同做出的安排、所确定的规则、采取的措施及相应的组织机构形式的总和。

该体系核心内容包括:①成立国际货币基金组织(International Monetary Fund,IMF),在国际上就货币事务进行共同商议,为成员国的短期国际收支逆差提供信贷支持;②美元与黄金挂钩,成员国货币和美元挂钩,实行可调整的固定汇率制度(即 35 美元兑换 1 盎司黄金);③取消经常账户交易的外汇管制等。"布雷顿森林体系"建立了两大国际金融机构,即国际货币基金组织(IMF)和世界银行(World Bank,WB)。前者负责向成员国提供短期资金借贷,目的是保障国际货币体系的稳定;后者提供中长期信贷来促进成员国经济复苏。

布雷顿森林体系建立了以美元和黄金挂钩及固定汇率制度,结束了混乱的国际金融秩序,为国际贸易的扩大和世界经济增长创造了有利的外部条件。在该体系下,美元作为储备货币和国际清偿手段,弥补了黄金的不足,提高了全球的购买力,促进了国际贸易和跨国投资。

然而,美元的清偿能力和对美元的信心构成矛盾,表现为美元的国际货币储备地位和国际清偿力的矛盾、储备货币发行国与非储备货币发行国之间政策协调的不对称性以及固定汇率制下内外部目标之间的两难选择等;汇率体制僵硬,无法通过汇率浮动自动实现国际收支平衡,而调节国际收支失衡的责任主要落在非储备货币发行国一方,牺牲了它们的经济发展目标。

20 世纪五六十年代,欧洲多国经济渐渐复苏,并认为这种固定汇率对国家不利,于是开始利用体系换取较为保值的黄金,自此美国的黄金储备开始流失。20 世纪六七十年代,爆发多次美元危机,其后以 1971 年 12 月《史密森协定》(Smithsonian Agreement)为标志美元对黄金贬值,同时美国联邦储备系统拒绝向国外中央银行出售黄金,至此美元与黄金挂钩的体制名存实亡。1973 年 2 月美元进一步贬值,世界各主要货币由于受投机商冲击被迫实行浮动汇率制,至此布雷顿森林体系完全崩溃。

3. 牙买加体系

牙买加协定(Jamaica Agreement)是指布雷顿森林体系和史密森协定相继崩溃之后,1976 年国际货币基金组织的"国际货币制度临时委员会"在牙买加首都金斯敦的会议上达成的国际货币制度的新协定,于 1978 年 4 月生效。

协定的主要内容有:①取消汇率平价和美元中心汇率,确认浮动汇率制,成员国自行选择汇率制度;②取消黄金官价,黄金非货币化,按照市价自由交易,取消各成员国与国际货币基金组织的各方之间用黄金清算的义务;③增加成员国的基金缴纳份额,由 292 亿美元特别提款权提高到 390 亿美元特别提款权,主要指石油输出国组织的成员国;④特别提款权(Special Drawing Right,SDR)可以在成员国之间自由交易,国际货币基金组织的账户资产一律用特别提款权表示。

在牙买加体系下,多元化的储备结构摆脱了布雷顿森林体系下各国货币间的僵硬关系,为国际经济提供了多种清偿货币,在较大程度上解决了储备货币供不应求的矛盾;多样化的汇率安排适应了多样化的、不同发展水平的各国经济,为各国维持经济发展与稳定提供了灵活性与独立性,同时有助于保持国内经济政策的连续性与稳定性;多种渠道并行,使国际收支的调节更为有效与及时。

但是,这一货币体系也存在诸多缺陷:一是在多元化国际储备格局下,储备货币发行国仍享有"铸币税"等多种好处,同时,在多元化国际储备下,缺乏统一的稳定的货币标准,这本身就可能造成国际金融的不稳定。二是汇率大起大落,变动不定,汇率体系极不稳定。其消极影响之一是增大了外汇风险,从而在一定程度上抑制了国际贸易与国际投资活动,对发展中国家而言,这种负面影响尤为突出。三是国际收支调节机制并不健全,各种现有的渠道都有各自的局限,并没有消除全球性的国际收支失衡问题。

4.国际货币体系的新趋势与新特征

在牙买加体系下,国际金融危机时有发生,现行的国际货币体系也因其存在下列缺陷而受到诟病:

(1)全球国际收支失衡加剧。进入 21 世纪以来,全球国际收支失衡加剧日益成为困扰美元本位制的突出问题。随着经济全球化的深入发展,对储备货币的需求日益增加,而除美国以外的其他国家只能通过商品与服务贸易顺差来获得全球储备货币,这就造成新兴市场国家与发展中国家形成了持续的经常账户盈余,而美国则形成了持续的经常账户赤字。

(2)美元面临"特里芬两难"。为满足世界经济对国际储备货币的需求,美国通过持续的经常账户赤字输出美元;持续的经常账户赤字会造成美国对外净负债的不断上升。一旦其他国家投资者对美国在不制造通货膨胀前提下的偿债能力失去信心,则这些投资者会抛售美元与美元资产,造成美元本位制崩溃。实际上,但凡以一国货币充当世界货币的国际货币体系,均不能克服"特里芬两难",这是因为储备货币发行国不能平衡国内政策需要与世界经济发展需要。

(3)以浮动汇率制为主的汇率制度存在内在不稳定性。在现行国际货币体系下,各国根据本国利益自由选择汇率制度,各国政府也根据自身需要对本国汇率进行干预管理。这种多种汇率制度并存的体制加剧了汇率运行的复杂性,存在很大的不稳定性。

(4)缺乏系统的跨境全球金融监管。尽管有些国际金融机构与组织提出了一些国际金融监管的标准和措施,但事实上,国际金融活动的监管依然是各个国家各自独立进行。在缺乏统一监管体系的情况下,全球经济一体化和各国的独自监管形式形成矛盾。

总之,现有的国际货币体系被人们普遍认为是一种过渡性的不健全的体系,需要进行彻底的改革。而改革的趋势,主要体现在对特别提款权的改革和促进储备货币的多元化。

SDR 最早发行于 1970 年,是国际货币基金组织根据成员国认缴的份额分配的,可用于偿还国际货币基金组织债务、弥补会员国政府之间国际收支逆差的一种账面资产,很少被用于 IMF 范围内各国货币当局之间交易以外的领域。全球各国央行外汇储备中的一部分以 SDR 货币持有,但占比仅约 3%。

SDR 改革的方向:第一,加强 SDR 分配的均衡性。增加新兴市场国家和发展中国家的代表性和发言权,均衡 SDR 在发达国家和发展中国家的分配。第二,改变 SDR 定值的货币篮子构成。综合考虑有关国家的经济实力、外贸情况等因素,选择有代表性的货币加入货币篮子,提高特别提款权定值的代表性、权威性与稳定性。第三,扩大 SDR 的使用范围,进一步发挥其在国际贸易、大宗商品、金融资产中的定价作用,完善 SDR 作为国际货币的职能。

2015 年 12 月 1 日,国际货币基金组织正式宣布,人民币于 2016 年 10 月 1 日加入 SDR,权重为 10.92%,此外,美元权重为 41.73%,欧元为 30.93%,日元为 8.33%,英镑为 8.09%。人民币在国际货币舞台重要性提升的同时,也助推了 SDR 的进一步改革,有利于解决现行国际货币体系的弊端。

在未来国际货币体系下,可能出现多种储备货币的局面,美元将继续在全球范围内充当重要的国际性货币,但其势力范围及其影响力将会减弱。欧元和日元也承担了一定的储备货币、支付货币和交易货币的职能。伴随着人民币国际化的不断推进,人民币将成为在全世界更为广泛使用的货币。

1.4.2　汇率制度

汇率制度与国际货币体系密不可分。汇率制度可以看作各国在特定的国际货币体系下所确定的有关货币问题的规则安排,因而随着国际货币体系的变动,汇率制度的理论与实践都在不断地调整。经常被提起的,是以固定汇率制度和浮动汇率制度为代表的"两极"以及处于两者之间的中间汇率制度。

2005 年,国际货币基金组织对其成员的汇率制度做了如下分类:①无独立法定货币的汇率安排(41 个成员),主要有美元化汇率和货币联盟汇率;②货币局安排汇率(7 个成员);③其他传统的固定钉住安排(42 个成员);④水平带内钉住汇率(5 个成员);⑤爬行钉住汇率（5 个成员);⑥爬行带内浮动汇率(1 个成员);⑦不事先公布干预方式的管理浮动制(52 个成员);⑧独立浮动汇率(34 个成员)。如果将上述汇率制度划分为硬钉住汇率制、中间汇率制和浮动汇率制,那么硬钉住汇率制包括①和②,中间汇率制包括③至⑥,浮动汇率制包括⑦和⑧。按照 IMF 的分类,自 20 世纪 90 年代以来,中间汇率制度的比重在不断缩减,并不断向硬钉住和浮动集聚。但是,中间汇率制仍然没有消失。

1.4.3　外汇市场的风险

外汇市场瞬息万变,其风险正是源于汇率变动的不确定性。随着全球一体化程度的加深,各经济体之间的联系日益紧密,汇率变动对经济体的影响也日益凸显,因其不仅影响到直接从事国际贸易的企业,也因金融市场的紧密联系而由外汇市场传导至其他市场,影响到本地企业的经营环境和整个金融环境。在这种情况下,外汇市场的风险以及风险控制的手段越来越引起人们的重视。

通常,外汇风险表现为如下几种类型:一是经济风险,指企业或个人的未来预期收益因汇率变化而可能受到的风险。经济风险暴露产生于实际经营活动中的货币波动和价格变动及预期到的汇率变动,已经反映在公司的预期现金流量和市场价值中。二是外汇交易风险,指企业或个人未了的债权债务因汇率变动后进行外汇交割清算时所出现的风险。它不仅存在于涉外企业的应收款项和所有货币负债项目,也存在于一些表外业务。三是外汇折算风险,指企业或个人会计报表中的外汇项目,因汇率变动而引起的转换为本币时价值跌落的风险。由于汇率不断变动,按不同汇率折算的财务状况大不相同,企业的折算风险在会计上暴露无遗,因而折算风险是涉外企业最明显的一种风险。四是外汇结算风险,指企业或个人已发生的债券债务因汇率变动而造成的结算过程中受损失的风险。从表面上看,外汇结算涉及的只是结算工具、结算程序、结算机构、结算准则等具体事项,与汇率变动关系不大,但是汇率变动实际上极大地影响着企业或个人的结算行为。因为汇率变动影响着企业的成本和收益,增加了外汇收支的难度,企业在选择结算工具、结算方式时就会更加注意结算的安全性及成本。所有这些活动,都使结算的双方处于结算风险之中。结算风险还有因为非汇率因素造成的,比如外汇管制、银行倒闭等。

第2章　国际外汇市场

国际外汇市场是典型的场外市场,在市场结构上分成交易商市场和交易商—客户市场两个层次。做市商在外汇市场发挥着巨大的作用,经纪公司在交易中扮演重要的角色。从最早的电话货币经纪交易开始,外汇电子交易经历了仅仅查看报价到订单撮合交易、单银行交易平台、多银行交易平台以及聚合交易平台等发展阶段。从交易流程看,整个交易由交易前、交易和交易后三部分组成。国际外汇市场的电子化交易从20世纪80年代开始迅猛发展。本章将对国际外汇交易方式的演进进行介绍。

2.1　国际外汇市场的形成与发展

2.1.1　外汇市场的由来

外汇市场确定了每一(本国)货币以其他(外国)货币表示的价格。一般说来,我们将每种货币与一个国家联系在一起,并且假设在国内交易中,交易双方仅接受本国的货币。这一惯例是外汇市场存在的必要而非充分条件。

在国际经济活动中,由于各国的货币和货币制度都是互相独立的,一国货币不能在另一国流通。这样,在国际经济活动中的对外债权、债务清偿和结算及国际投资时,人们就需要将外国货币兑换成本国货币,或将本国货币兑换成外国货币,外汇交易就成为必然和必要的了。

可以说,国际经济贸易的发生,以及随之而产生的国际结算、国际投资、外汇融资和外汇保值等业务的需要,促成了外汇交易的产生和外汇市场的发展。此外,从资产角度考虑的持有不同货币的动机,是外汇交易产生的更为深刻的根源。不同的货币持有动机促成了不同类型的外汇交易。

1. 国际贸易结算的需要

从事对外贸易需要进行外汇交易,这是外汇交易最初的动因和最早的类型。据统计,在现代贸易结算中,美元作为国际结算货币的比例超过40%,其他如欧元、日元、英镑等,亦占有相当大的比例。一般而言,出口商在交易伙伴支付货款后都会将其兑换成本币或其他种类的外币,从而产生外汇交易的需要;进口商从国外进口货物,通常也要将本币(或其持有的非结算货币的外币)兑换成结算所需外汇,从而产生外汇交易。

国际贸易的结算问题,需要依靠外汇交易解决。外汇交易商是随时准备买入或者卖出剩余的货币,并且计划对其承受的费用和风险获取合理回报的代理人。外汇交易商这个中介能够使不定期和在不能预测的时间进入市场的国际贸易买卖双方的交易顺利进行。

2. 对外投融资的需要

对外投资包括直接投资和间接投资。直接投资是指一国企业和个人直接到另一国企业或机构进行投资,这可以通过创办新企业、收购国外企业股权、以利润再投资的方式进行;间接投资又称证券投资,通过在国际债券市场购买债券或在国际股票市场上购买外国公司股票来实现。无论直接投资还是间接投资,都需要将本国货币或他国货币(外汇)转换成投资所在国的货币(外汇),这样就形成了为进行对外投资而产生的外汇交易。

例如,20 世纪 80 年代中期,美国由世界上最大的债权国变为最大的债务国,美国发行的国库券约 70% 被日本人购买,日本还在美国进行大量的房地产业及实业投资,收购美国企业、购买美国企业股票等。这些投资,需要将日元兑换成美元,而所获得的美元收益也需要兑换回日元,这都是通过参与国际市场的外汇交易来实现的。

除了对外投资,对外融资的需要也离不开外汇市场。如果借入的外汇与进口付汇所计价的货币不同,就产生了货币转换问题,外汇交易的需求也就随之产生了。例如,一家企业在日本发行日元债券、在伦敦发行英镑债券,得到的分别是日元和英镑;但如果进口付汇需用美元,则需要进行外汇交易,把融资获得的货币转换成付汇所需要的货币。再例如,如果海外融资成本较低,企业可以到海外发行债券,融到的资金用于国内,也必须通过外汇市场进行货币转换。

3. 资产保值的需要

在浮动汇率制下,汇率波动是常态。货币的升值和贬值会给货币的持有者带来收益或者损失。为了使资产保值,全世界的银行(包括中央银行)、其他金融机构、企业甚至一般居民都在不同程度地参与外汇交易。

首先,外汇可以作为一种保值的资产配置。在通胀率较高的国家,比如阿根廷、俄罗斯、越南等国,本国货币是一种较差的价值贮藏手段,因此,这些国家的居民通常期望持有以外币计价的资产,以保持他们的实际财富。其次,外币余额可以抵消某些金融风险。对于与预期的外币负债有关的汇率风险,以外币计价的资产可能会起到直接的防范作用。而且,即使没有计划任何外国购买行为,外国资产(如普通股或者债券)也可以降低一项投资组合的回报(以本币计价)的整体变动性。再次,买方和投资者可能发现金融债权的某些特征(如到期日或者税收状况)只能在外国市场中体现出来,这就使得外币交易成为必要。最后,本国居民也许仅仅是认为外币资产被低估,因此他们可能只是为了纯粹的投机目的而要求持有外汇,从而赚取更高额的回报。

因此,虽然本币通常是本国交易的交换媒介,但是本国居民仍然希望持有外币作为一项资产,或作为一种价值贮藏手段。外汇保值交易(卖出汇率趋跌的货币,买入汇率趋升的货币)如果做得好,不仅能使外汇保值,而且还能盈利,实现外汇增值。

4. 投机性交易的需要

投机性的外汇交易一般没有真实的商品交易或资本流动作基础,仅仅希望从汇价的变动中获取利润,通过低买高卖的转换来获利。这种交易在外汇交易中所占地位越来越重要,投机商们在外汇市场上频繁地买进卖出,推波助澜,使外汇市场的变化更加神秘莫测。在世界各个角落里都有银行、企业及个人在进行货币投机交易。在我国,货币投机交易已开始兴起,一些金融机构已获准开展自营或代客外汇交易,成为投机者追逐的新目标。

外汇交易已经被广泛用作金融投机工具,并由此产生了许多金融衍生产品。

2.1.2　国际外汇市场的发展

国际外汇市场的发展与货币体系的演变密不可分。20 世纪 30 年代的全球金融危机,使得国际经济贸易关系也遭到破坏,金本位的统治时期成为过去。30 年代中期,伦敦成为世界金融中心,英镑成为外汇交易和建立外币储备的主要货币。当时俚语中把英镑以及英镑兑美元的汇率称为"电缆",这主要是因为当时进行交易的通信方式为通过电缆传送电报和信息。

1930 年,国际清算银行在瑞士巴塞尔成立。最初的创办目的是为了处理第一次世界大战后德国的赔偿支付及其有关的清算等业务问题。第二次世界大战后,它成为经济合作与发展组织成员国之间的结算机构,该行的宗旨也逐渐转变为促进各国中央银行之间的合作,为国际金融业务提供便利,并接受委托或作为代理人办理国际清算业务等。

20 世纪 30 到 60 年代,外汇市场发展相对缓慢。

现代意义上的外汇交易市场起源于 20 世纪 70 年代自由汇率制度的普及。布雷顿森林体系崩溃后,美元不再能被兑换成黄金。到 1973 年,各主要工业国的货币汇率浮动更加自由了,主要由外汇市场上的货币供给量和需求量调控。随着交易量、交易速度以及价格易变性在 20 世纪 70 年代中的全面增长,比价天天浮动,全新金融工具逐渐问世,市场自由化和贸易自由化得以实现。

20 世纪 80 年代,随着计算器及相关技术的问世,跨国资本流动加速,将亚、欧、美等洲时区市场连成一片,80 年代后外汇交易呈爆发式增长。80 年代中期,全球外汇交易量日均约 700 亿美元,到 2001 年已经达到 1.2 万亿美元,而根据国际清算银行(BIS)2013 年三年一度的全球外汇市场调查报告显示,全球外汇市场日均交易达到了 5.3 万亿美元。

20 世纪 90 年代以来,主要货币的变动与其他货币的变动不再关联。任何希望进行货币交易的人都可以进行货币交易。因此,引起了银行、避险基金、中间商等投机机构的进入,个人资本也开始积极参与到外汇市场。政府的中央银行偶尔会出来干预,使汇率移动或尝试使汇率向他们希望的水平移动。

从 20 世纪 80 年代中期至今的 30 多年间,全球外汇市场的日均交易量增长了近 75 倍。外汇交易规模膨胀的背后,浮动汇率实施以来经济全球化与国际资本流动的加强是基础性推动力量。而外汇交易方式的变迁,尤其是 20 世纪 90 年代电子化交易技术的广泛应用无疑起到了重要的促进作用,我们将在本章 2.3 节中加以介绍。

2.1.3　国际外汇市场的运行特点

20 世纪 70 年代以来,随着国际货币制度的改革以及信息技术的发展,国际外汇市场更加迅猛地发展,新的交易工具和交易方式不断涌现,呈现出以下几个典型特征:

1. 外汇市场与宏观经济的关联影响日趋显著

尽管外汇市场的参与者大多是出于微观经济目的来进行外汇买卖的,但是外汇市场的交易总量及交易价格(汇率)对一国的国民收入、就业量、物价指数和利率水平等宏观经济变量却有着重大作用;同时,外汇交易及本国货币汇率也受上述种种宏观经济变量的影响。外汇市场不仅对本国经济的宏观变量极为敏感,而且还容易受别国经济盛衰的影响。

2. 外汇市场汇率波动剧烈

自 1973 年布雷顿森林体系瓦解,西方国家普遍开始实行浮动汇率制后,外汇市场就呈现动荡不安的特征,美元大多数时候也都处于贬值通道中。尤其是 20 世纪 80 年代以来,世界经济发展不平衡加剧以及国际资本流动进一步趋向自由化,世界外汇市场上各国货币的汇率更加涨落不定,动荡剧烈。多种货币都经历过汇率的大涨和大跌。其中,美元与日元的汇率更是大起大落。外汇市场变化跌宕,必然会给各国的对外经济贸易活动带来极大的风险。

3. 各国政府对外汇市场的联合干预加强

20 世纪 80 年代以来,由于全球经济的一体化和外汇市场的同步化发展,一国外汇市场汇率的变化往往迅速波及全球,对待外汇市场的剧烈波动,仅靠一国中央银行干预外汇市场就显得势单力薄了。在目前浮动汇率制下,中央银行干预外汇市场的一个重要特征是多国"联合干预"。

4. 金融创新层出不穷

自 1973 年国际货币体系进入浮动汇率制后,汇率频繁波动,外汇风险增大,各种防范汇率风险的金融创新不断应运而生,如货币互换及其与利率互换相结合的混合互换、货币期货交易、货币期权交易等,并且这些外汇交易与资本市场交易日益结合,使金融创新更加深入,从而使外汇市场交易更加丰富多彩。

5. 近年来呈现集中化趋势

近年来,国际外汇市场发展迅猛,交易规模已超过危机前水平。据 BIS 统计,2013 年 4 月全球外汇市场日均交易量已达 5.34 万亿美元,较 2010 年同期上涨 35%。在交易规模增长的同时,全球外汇市场在地理位置、交易货币、交易方式等方面均呈现出集中化的趋势。

(1)地理集中趋势显著。据 BIS 统计,目前全球交易量排名前十的国家(或地区)分别为英国、美国、新加坡、日本、中国香港、瑞士、法国、澳大利亚、荷兰和德国。其中,英国和美国外汇市场日均交易量分别为 2.73 和 1.26 万亿美元,在全球外汇市场上占比分别为 40.86% 和 18.93%。近年来,地理集中趋势更加明显,2010 年前五位国家(或地区)的交易量占比为 71.18%,2013 年该比例则提高至 75.26%。

(2)交易货币集中度高。据 BIS 统计,2013 年外汇交易最活跃的 5 个币种为美元、欧元、日元、英镑和澳元,其市场份额之和超过 80%。其中,美元和欧元两个币种的市场份额之和达 60.23%。交易货币在不同交易平台上也存在相对集中趋势,如路透(FXall/Dealing/Matching)在英镑、澳元等英联邦货币方面具有传统优势,EBS 则长期以来汇聚了欧元、日元等非英联邦货币的流动性。

(3)交易方式集中化,电子交易成为主流。2013 年,电子交易市场份额达 55.37%,即期市场上电子交易占比为 63.84%。此前,非交易商金融机构主要通过声讯或单银行平台直接达成交易,但近年来该类机构越来越多地转向流动性更高的 EBS、Reuters Matching、FXall 和 Currenex 等电子交易平台。

2.2 国际外汇市场的产品与结构

2.2.1 全球外汇市场交易概况

2001年以来,全球外汇OTC产品交易量持续快速增长,2013年4月日均交易量较2001年增长了3倍。国际外汇市场上产品结构基本保持稳定,即期和掉期占主要市场地位;2013年4月全球外汇市场超过50%的交易通过电子平台达成,声讯交易在货币掉期和期权产品上仍具有一定优势;从交易参与主体来看,外汇市场交易量的提高主要由非交易商金融机构推动,2013年其市场份额达到52.57%。

1.OTC市场产品结构

据BIS调查,2001年以来全球外汇OTC产品交易量持续快速增长,2013年4月日均交易量达5.3万亿美元,较2001年增长了3倍。国际外汇市场上产品结构基本保持稳定,即期和掉期占主要市场地位,占比分别为37%和44%;远期、货币掉期和期权占比分别约为12%、1%和6%(见图2-1)。

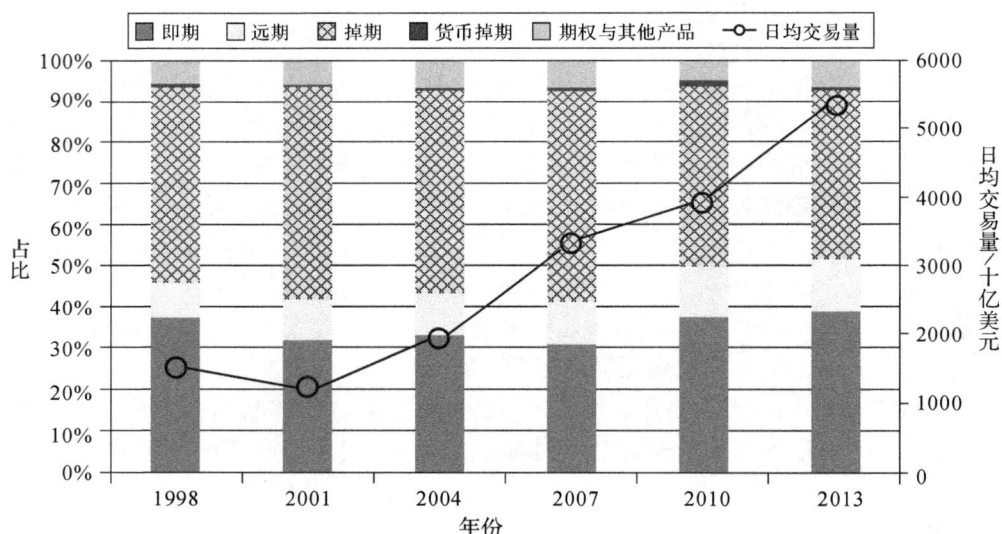

图 2-1 OTC外汇市场产品分布

外汇衍生品交易在整个外汇市场中占有较大比重,同时也是OTC衍生品市场重要的一类交易品种。2014年12月,外汇衍生品名义持有金额达到75.9万亿美元,占OTC衍生品市场总名义持有金额的12.04%。

国际OTC外汇衍生品主要包括:外汇远期与互换(FX forwards and swaps)、货币互换(currency swaps)、场外期权(OTC options)三种。据BIS最新数据显示,2014年12月外汇远期与互换的持有名义金额达到37.1万亿美元,占据总体外汇OTC市场份额的48.9%,成为最重要的场外衍生工具;接着是货币互换,持有名义金额为24.2万亿美元,占国际

OTC 外汇衍生品持有名义总金额的 31.9%;场外期权规模最小,仅占据 19.2% 的市场份额,持有名义金额为 14.6 万亿美元。国际 OTC 外汇衍生品市场中的远期、互换和期权的期限主要分为:1 年以内(含 1 年),1~5 年(含 5 年)和 5 年以上。从历年持有名义金额数据看,期限在 1 年以内(含 1 年)的 OTC 外汇衍生品规模都是最大的,平均占到 OTC 外汇衍生品总规模的 74.9%。

BIS 将国际 OTC 市场中以不同币种为单位的单币种外汇衍生品统一折算成以美元为单位,并且每半年公布一次持有名义金额和总市值。2014 年 12 月,在国际 OTC 外汇衍生品市场中,以美元为单位的单币种外汇衍生品持有名义金额最大,达到 33.6 万亿美元,占整个外汇衍生品名义持有金额的 44.1%;以欧元为单位的单币种外汇衍生品持有名义金额次之,为 12.8 万亿美元,占整个外汇衍生品名义持有金额的 16.8%;占比最小的是以瑞典克朗为单位的单币种外汇衍生品,持有名义金额仅为 0.6 万亿美元。

2. OTC 市场交易方式

2013 年 4 月,全球外汇市场超过 50% 的交易通过电子平台达成,其中通过直接电子平台(单银行平台和 Reuters Conversational Dealing、Bloomberg 等直接交易系统)以 RFQ 方式达成的交易占比约为 30.46%;电子经纪系统和多银行平台等间接交易平台的市场份额约为 26.24%;声讯交易在货币掉期和期权产品上仍具有一定优势,占比分别为 52.11% 和 63.43%。

3. OTC 市场参与者结构

2010—2013 年,外汇市场交易量的提高主要由非交易商金融机构推动。2013 年其市场份额达到 52.57%,非金融客户的市场占比持续下降至 8.7%。分产品看,掉期和货币掉期交易中,交易商之间的市场份额高于其他金融机构参与的交易;在即期、远期和期权交易中,其他金融机构参与的交易占比则高于交易商之间的交易。2013 年 4 月全球外汇市场日均交易量如表 2-1 所示。

表 2-1　2013 年 4 月全球外汇市场日均交易量　　　　(单位:十亿美元)

交易工具	合　计	申报交易商		其他金融机构		非金融业客户	
		交易量	占　比	交易量	占　比	交易量	占　比
即期	2046	675	33%	1183	58%	188	9%
远期	680	182	27%	402	59%	96	14%
掉期	2227	1085	49%	999	45%	143	6%
货币掉期	54	29	54%	19	35%	6	11%
期权	337	99	29%	207	62%	31	9%

在"其他金融机构"类别中,不同市场主体的交易偏好不同。其中,小型银行主要以短期流动性管理为目的,倾向于进行一周以内的短期限外汇掉期交易。如表 2-2 所示,包括共同基金、养老基金、保险和再保险公司、捐助机构等在内的机构投资者通常被称为"真实投资者(Real Money Investors)",其进行外汇交易的目的主要是对冲、投资和风险管理,主要通过远期交易动态调整核心资产组合,其在远期市场上的份额约为 19%。对冲基金在期权市场中尤其活跃,市场份额占期权交易总量的 21%;央行和主权财富基金等官方部门的外

汇交易量对全球外汇市场的贡献率较低,占比仅为 1%。

表 2-2　2013 年 4 月非交易商日均交易量市场份额　　　　　　（单位:%）

交易产品	其他金融机构	其他金融机构(按类别)				
		非申报银行	机构投资者	对冲基金	官方部门	其　他
即期	59	25	13	14	1	6
远期	59	14	19	17	1	8
掉期	45	27	7	5	1	5
期权	62	19	16	21	0	6

4. 交易所市场产品结构

2014 年,全球 75 个主要交易所的外汇衍生品交易量约为 21 亿手,在所有场内衍生品中占比约为 9.7%。CME 作为外汇期货的发源地,在场内外汇衍生品交易方面处于领先地位。近年来,俄罗斯、巴西、印度等金砖国家的外汇期货发展较为突出。2014 年,莫斯科交易所的美元/卢布期货交易量达到 6.6 亿手,成为全球交易活跃度第一的外汇期货合约;此外美元/卢布期权和欧元/卢布期货交易活跃度也较高,均成为跻身全球交易量前 20 的外汇场内产品[①]。

2.2.2　发达国家外汇市场产品结构

1. 美国外汇市场产品结构

美国的外汇市场包括场外(OTC)外汇市场和场内(交易所)外汇市场两部分。其中,OTC 外汇市场产品包括即期、远期、外汇掉期、货币掉期和期权;交易所外汇市场产品包括期货和期权两大类。交易所外汇衍生品交易量远低于 OTC 市场。

数据显示:2015 年 4 月美国 OTC 外汇日均交易量[②]为 8812 亿美元。其中,即期日均 4270 亿美元,占比约 48%;远期日均 1897 亿美元,占比约 22%;掉期日均 2177 亿美元,占比约 25%;期权日均 468 亿美元,占比约 5%。交易所外汇市场上,2014 年北美地区外汇期货、期权日均交易量分别约为 880 亿美元和 90 亿美元[③]。

目前,美国外汇交易主要通过电子交易平台或声讯方式进行。2015 年 4 月,美国外汇市场上,FXall、Currenex 和 FXConnect 等单银行和多银行平台的市场份额为 39.86%,EBS 和 Reuters Matching 等电子经纪系统的市场份额为 9.89%,声讯经纪商的市场份额为 16.37%,另外约 34% 的交易由双方直接达成[④]。

分产品看:即期市场上,电子交易系统市场份额为 56.7%,其中电子经纪系统占 10.4%,单银行和多银行平台占 46.3%;掉期市场上电子交易系统的市场份额也接近 40%,其中电子经纪系统占 15.4%,单银行和多银行平台占 23.9%;期权等相对复杂的产品则主

---

① FIA 2014 年度交易量调查。
② 2015 年 7 月,纽约外汇交易委员会(Foreign Exchange Committee,FXC)发布的第 22 期北美外汇交易量调查。
③ FIA 调查统计中北美的交易所主要分布在美国,加拿大蒙特利尔交易所和墨西哥衍生品交易所的外汇衍生品市场份额较低。
④ FXC 发布的第 22 期北美外汇交易量调查数据。

要通过声讯经纪商或交易双方直接达成,市场份额分别约为 37.75％和 23.73％。

2. 英国外汇市场产品结构

英国 OTC 外汇市场上的产品主要包括即期、远期、掉期、货币掉期和期权,其中超过 50％的即期交易通过电子经纪系统(如 EBS 和路透)和电子交易平台(单银行和多银行平台)达成,而远期、掉期及期权等衍生品多通过双边询价达成。

数据显示[①]:伦敦外汇市场日均交易量达 24810 亿美元,位居全球第一。其中即期产品占比约为 39％,掉期占比约为 42％,远期、NDF、期权、货币掉期占比分别为 9.31％、2.58％、5.48％和 1.49％。

20 世纪 80 年代初,英国筹建了伦敦国际金融期货期权交易所(London International Financial Futures and Options Exchange,LIFFE),并先后推出了英镑、美元、瑞士法郎、欧元和日元的外汇期货和期权产品。随后一系列的并购使 LIFFE 的外汇期货和期权业务转移到 ICE Futures 上。目前,ICE(洲际交易所)提供约 60 个货币对和 ICE 美元指数合约的交易。2015 年 11 月,外汇期货(包括美元指数合约)交易量为 69 万手;外汇期权(仅美元指数合约有交易)交易量 634 手。

2015 年 4 月,英国外汇市场上直接交易、电子经纪系统、电子交易平台(包括单银行平台和多银行平台)和声讯经纪的市场份额分别为 38.8％、17.6％、23.2％和 20.4％。分产品看,即期交易主要通过电子交易系统达成,其中电子经纪系统占比 21.8％,单银行和多银行平台占比 29.6％;外汇远期和外汇掉期交易主要由电子交易系统达成,占比分别达到 42.2％和 34.4％;货币掉期和期权则主要通过直接交易达成,占比分别为 64.6％和 58.9％,电子交易的市场份额分别只有为 11.5％和 20.6％。

2.2.3 新兴经济体外汇市场产品结构

1. 巴西外汇市场产品结构

巴西外汇市场的独特之处在于,其场内市场规模较 OTC 市场大。巴西证券期货交易所(BM&F Bovespa)是巴西场内市场的主导机构,其外汇衍生品主要包括外汇期货、美元远期点、美元波动率等结构型产品和期货期权等,并以外汇期货为主。2015 年 11 月,外汇场内日均交易量约为 257 亿美元,其中期货日均交易量约为 205 亿美元。

2013 年 4 月,巴西 OTC 外汇市场日均交易量 172 亿美元。其中即期日均 76 亿美元,占比 44.2％;远期日均 64 亿美元,占比 37.2％;货币掉期日均 26 亿美元,占比 15.1％;外汇掉期日均 5 亿美元,占比 2.9％;期权日均 0.85 亿美元,占比 0.5％。

2. 南非外汇市场产品结构

南非 OTC 外汇市场具有即期、远期、外汇掉期、货币掉期和期权的产品序列;南非场内市场主要场所是约翰内斯堡证券交易所(JSE),现已具备丰富的币种和产品种类。

2013 年 4 月,南非 OTC 外汇市场日均交易量达到 210 亿美元。其中即期日均 48 亿美元,占比 23％;衍生品以外汇掉期为主,日均交易量达 140 亿美元,占比 67％;远期、期权、货币掉期占比依次为 7％、2％、1％。

南非的场内交易集中在 JSE,产品以外汇期货为主。2015 年 11 月,外汇期货日均交易

---

① FXJC 发布的第 22 期英国外汇交易量调查数据。

量为 10.1 亿美元,外汇期权日均交易量为 1109 万美元。

3.印度外汇市场产品结构

印度外汇市场分为场内和场外两部分,场外市场包括即期、远期、掉期和期权;场内市场主要为印度卢比对外币的期货和期权。

2015 年 4 月,印度场外市场日均交易量为 230 亿美元。其中,即期日均交易量 180.0 亿美元,约占 51.4%;掉期日均交易量 101.8 亿美元,约占 44.3%;其余产品合计占比约 4.3%。

目前有印度国家证券交易所(NSE)等四家交易所申请到印度央行的外汇期货市场牌照。外汇期货交易均为订单驱动、匿名撮合,各交易所分别有自己的交易系统及清算系统。2015 年 10 月,NSE 美元对卢比合约总数约 2842 万手,占交易总量的 91.4%,其他币种占比合计不足 10%。

4.俄罗斯外汇市场产品结构

俄罗斯外汇市场分为场内市场和场外市场两部分,场内市场主要集中在外汇期货和期权,OTC 市场包括即期、远期、掉期、货币掉期和期权等。

2015 年 10 月,俄罗斯 OTC 外汇市场日均交易量 581.6 亿美元。其中,即期日均交易量 201.6 亿美元,占比 34.66%;掉期日均交易量 363.9 亿美元,占比 62.57%;远期和期权日均交易量分别为 6.7 亿美元和 9.1 亿美元,占比分别为 1.15% 和 1.56%。

场内交易主要集中在莫斯科交易所。2015 年前 11 个月,莫斯科交易所的外汇期货交易量约为 9 亿手,折合 56 万亿卢布,主要集中在美元对卢布期货。

2.3　国际外汇市场的交易方式与流程

外汇市场是典型的场外市场,由于交易的交割和清算程序涉及不同国家或不同时区,信用风险是一个巨大障碍。传统的外汇市场是以银行间市场为核心、客户市场为外围的两层结构。而今天的外汇市场正演变为由电子交易手段连接,以全球性银行和非银行机构为主导,各类竞技者同台角逐,银行间市场和客户市场界限变得日益模糊,市场间分隔消失的网络化结构。

2.3.1　国际外汇市场交易方式的发展

自 20 世纪 90 年代以来,随着计算机与信息技术的逐渐普及与完善,外汇市场的交易方式也相应地发生了由声讯交易到邮件、网络交易乃至电子化交易的变迁。基于计算机和网络技术的银行间电子经纪系统、服务终端客户的电子交易平台以及程序化交易等外汇交易方式创新,极大地降低了交易成本,提高了市场的开放度和透明度,刺激了外汇交易规模的持续增加,也进一步提高了外汇市场的一体化程度,外汇市场发生了结构性的变迁(见图 2-2)。传统的银行间市场与客户市场的"两层"界限日趋模糊,银行的经营策略逐渐转型,在大型交易商承担流动性主要提供者角色的同时,非交易商金融机构越来越成为外汇市场增长的主要推动力。

1.20 世纪 80 年代:声讯交易

声讯交易的形式出现于 20 世纪 70 年代,在银行间市场以及终端零售市场都曾经被广泛使用。在终端零售市场,20 世纪 80 年代中期,终端客户买卖外汇需电话联系交易商银行,银行给出报价被客户接受后,该行在银行间市场上向同行询价并执行对冲交易。银行向终端客

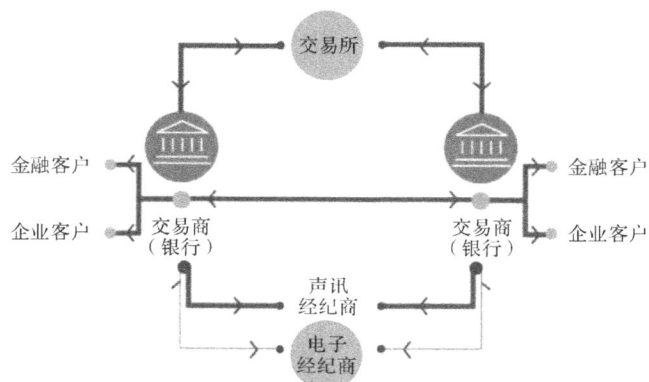

(a) 20世纪90年代外汇市场参与者与结构

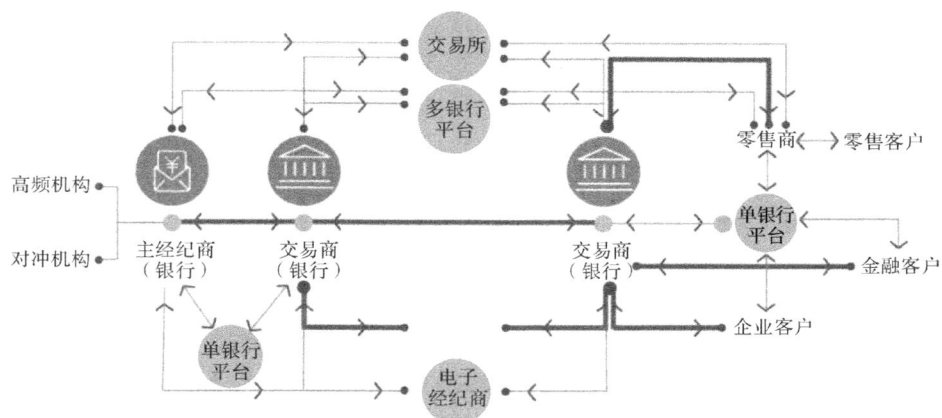

(b) 21世纪的外汇市场参与者与结构

图 2-2　外汇市场的结构变迁

户和同行报出的是双向价格,买卖价差为点差,是银行弥补交易成本和承担仓位风险的报酬。

在银行间市场,直接交易大多通过电话或电传进行。1981 年,路透采用了数据服务系统(Reuters Market Data Service,RMDS),该系统类似用电子公告板提供相关信息,但交易仍通过电话来进行。1987 年,路透又推出交易商双边交易系统,即 Thomson Reuters Dealing 2000-1。该系统仅将电话交流变成电文信息,类似于即时讯息,但速度高,交易记录和后台处理也实现了电子化,而且可以同时和多方进行交流,因而很快成为交易商之间的主要交易工具,市场透明度也因此得到提高,但对市场结构未产生根本性的影响。

交易商之间还可通过电话经纪人交易,即所谓的间接交易。自 20 世纪 60 年代开始,经纪人开通自己专有的、直接联通客户桌面的一个封闭的电话网络与客户交流,类似于对讲机。经纪人喊出实时价格,交易商可以选择接受或者拒绝。20 世纪八九十年代,直接交易和间接交易的市场份额大概各占一半。交易商之间通过经纪人交易的原因在于:一是经纪人的专业性和价格信息收集能力有助于降低交易商的价格搜寻成本;二是交易双方匿名有助于保护隐私,防止泄露交易意图和交易策略;三是可以将大额交易拆分,分散给多个交易对手,避免引起价格的不利变化。

声讯交易时代的外汇交易方式存在以下特点:首先,市场呈现银行间市场和终端市场明显的分层结构,银行间市场份额高达80%以上;其次,交易和运营成本都较高,报价点差较大,交易的执行和交易后处理还处于人工操作阶段,操作风险较高;再次,市场透明度较低,信息分散,这也是场外市场一贯的特点,交易信息只有交易双方知道;最后,市场一体化程度较低,交易商或经纪人更多面对的是本地客户,所谓的全球外汇市场只不过是一个个区域或国内市场的简单叠加,与今天全球一体化的外汇市场相差甚远。

2.20世纪90年代:银行间电子经纪系统

随着计算机技术的发展,银行间市场的电子化交易成为现实。1992年4月,路透推出电子经纪系统 D2000-2(Thomson Reuters Matching/Reuters Dealing 2000-2),该系统和 D2000-1 捆在一起,接受限价订单,采用价格优先、时间优先原则,自动撮合成交。1993年9月,12家银行联合推出电子经纪系统(Electronic Broking Service, EBS)。此后,银行间市场基本上成了一个限价订单电子化交易市场,电话经纪人市场空间被大大挤压,且主要停留在流动性差的市场。2010年,通过经纪人进行的交易仅占即期交易份额的10%,而 EBS 长久主导了欧元、日元和瑞士法郎的货币交易,Reuters 则主导了英镑、澳元、新西兰元、加拿大元以及新兴市场货币的交易。

与声讯交易相比,通过电子经纪系统的交易在许多方面促进了外汇市场的发展:一是扩大了银行间市场的边界,由于该方式下最小交易单位远远小于传统银行间市场交易单位,使一些较小规模的银行进入银行间市场成为可能;二是提高了交易效率,因为订单驱动的交易机制使得银行间不必双向报价,同时报出买卖价即可,从而加快了市场有效价格的发现速度;三是提升了市场透明度,电子交易平台实时集中所有买卖报价,并以指令簿形式显示每一买卖报价对应的数量,提升了透明度,增强了价格的发现功能,且电子化交易提升了交易报告的效率,交易后的透明度也得到大大提高;四是提升了市场一体化程度,电子经纪系统将不同国家和地区的交易商连接,因而聚合了不同区域的价格信息,消除了外汇交易的空间分隔,银行间跨境交易增加。

3.21世纪以来:基于计算机和互联网的交易方式创新

20世纪90年代末到21世纪初,互联网技术的迅猛发展对外汇市场产生了革命性的影响。对于以分散市场为特征的外汇市场而言,互联网为交易双方提供了更多的互动接口,进一步打破了业已存在的市场壁垒,外汇市场结构因此发生了结构性的变迁。

(1)多交易商平台(Multi-dealer Platform, MDP)

多交易商平台出现于20世纪90年代中期,最初是面向客户市场的终端。由于电子经纪系统的应用有效降低了银行间市场的点差,引起了终端客户市场的效仿。90年代中期,美国股票市场上出现了电子通信网络(Electronic Communication Network, ECN),作为另类交易系统(Alternative Trading System, ATS)的一种。在 ECN 上,交易双方的订单一律处于同等地位,采用匿名交易,按照价格优先、时间优先的原则由系统自动撮合成交,避免了传统经纪商的介入(ECN 的运营者不参与交易)。基于同样的考虑,外汇报价商(Currency Management Corporation, CMC)于1996年5月建立了第一个基于互联网的非银行网络平台 Deal 4 free,实现了客户与客户间的直接交易。2000年前后网络公司的发展达到顶峰,这类客户端电子交易平台如雨后春笋般出现了。由于流动性不足,这些平台的价格发现能力较弱,因而邀请多家银行提供流动性,因此这些平台基本上变成了多银行交易平台,即多交易商平台,一般属于订单驱动类型,但也有报价驱动型的。首个多交易商交易平台是由硅谷的一家高科技公司 Currenex(成立于 1999)建立的,起初 Currenex 只是吸引一些公司客户及他们的经纪人到上面交易,2004 年 Currenex 启动了一个 ECN 平台 FX Trades。其他如 IFX Markets(1999)、Matchbook FX(1999)、HOtSpot Fx(2000)、OADA(2001)、Lava(2001)以及 Choice FX(2010)等相继建立。

大银行采用各种方式来应对竞争。首先他们联合起来建立自己的交易平台,如 2001 年 5 月多家银行建立了专注服务于公司客户的 FXall;其次是利用现有的平台收购一些独立的交易平台,如 Currenex 就在 2007 年被道富银行收购,而 Lava 被 FXall 收购。根据 BIS(2013)调查数据计算,多交易商平台在全球外汇交易中占比约 8%。

(2)单一交易商交易平台(Single-dealer Platform,SDP)

大银行最重要的措施是开发自己的客户平台,为自己的客户提供交易便利。该类平台向其客户提供多个标准期限上可交易的实价,客户既可以选择标准化的点击成交,也可以采用个性化的询价方式,属于报价驱动型交易平台。最早的单一交易商平台是 1996 年道富银行启用的 FX Connect。2000 年该平台向其客户群之外的客户开放,使其成了一个多交易商交易平台。目前所有的大型交易商都有自己的电子交易平台,如瑞银 2000 年推出 FX Trade,巴克莱 2001 年启动的 Barclays' BARX,德意志银行 2002 年在其原有的 Autobahn 上增加了外汇交易,花旗 2006 年推出的 Velocity 等。单交易商平台市场呈现寡头垄断格局,根据 2012 年《欧洲货币》杂志调查,前十大单一交易商平台外汇交易额占 80%,而前三大单一交易商平台占比达 37%。从全球外汇市场交易份额看,根据 BIS(2013)调查数据计算,单一交易商平台在全球外汇交易中达占比有 13% 左右。

(3)零售整合平台(Retail Aggregator Platform)

个体投资者等小型投资者交易规模较小,因而长期无法加入批发性市场。大约在 2000 年,一些非银行公司和小型银行发起了零售整合平台,专门为小型交易账户(一般 250 美元以上),包括家庭以及小型公司、资产管理人、交易公司提供相关服务。他们可以向其客户提供高达 200% 的资金杠杆,但要求客户提供初始保证金。他们以外汇经纪人的角色运作,将交易者小额的交易自动合并为大额订单投放到银行间市场,并与来自银行的报价撮合,而另一些零售整合者兼顾自营交易商的双重身份,撮合一些交易(不直接参与)的同时又参与另一些交易。

零售交易规模在 2001 年还非常小,几乎可以忽略,但到 2010 年已经达到日均 1250 亿~1500 亿美元,占即期交易的 8%~10%。据 BIS(2013),零售交易占即期交易和所有交易的比例为 3.8% 和 3.5%,美国和日本零售交易占即期交易的比重分别是 19% 和 10%。

这些电子交易平台并非孤立运行,网络技术实现了平台的互联互通。终端客户不仅可以获得实时的价格并实时成交,而且平台的互联使得流动性可以在不同平台之间转移,交易者可以最优的价格成交。

交易商之间、交易商与客户之间以及客户之间都可能成为相互的交易对手,这不仅扩展了传统的 B2B 和 B2C,而且也实现了客户与客户之间的交易(C2C)。根据 BIS(2013),通过电子交易方式执行的交易已超过 50%,在即期交易中达到 64%,而且已普及各类外汇交易产品。电话交易方式目前主要在流动性较差的一些货币以及一些衍生品交易中(如外汇期权)使用。

(4)算法交易(Algorithmic Trading)和高频交易(High Frequency Trading)

计算机技术的应用从根本上改变了交易执行和交易后处理的过程,交易后台的会计账簿可通过直通式处理程序(Straight Through Processing,STP)来完成,而计算机的自动化功能催生了算法交易(又叫程序化交易)和高频交易。

算法交易属于自动化交易的一个分支。算法交易可细分为两类:一类是算法执行,另一类是算法决策。算法执行是指交易的指令仍然由交易员下达,但交易的执行由算法程序去完成。比如在大额交易中,可由既定的算法将大额交易自动拆分为若干小额交易去询价实现交易,更高级的算法执行则是植入交易量和时间权重等更深层次的交易逻辑。算法决策则是指交易的指令是基于预设的算法策略模型,一旦市场价格、市场关联性、经济事件等触发算法逻辑,模型自动生成交易决策并执行交易。

外汇市场上的算法交易产生于 21 世纪初,诞生于股票市场。不过,外汇市场的高度流动性和深度,以及庞大的参与者群体、便利的市场接入,很快吸引算法交易进入。2004 年是外汇市场上算法交易的一个重要节点。全球外汇市场主要的电子交易平台 EBS 发布了EBS Spot Ai,向银行用户开放了自动化交易接口,并于 2005 年向对冲基金以及其他机构投资者开放交易接口。自动化的算法交易迅速成为外汇市场的重要参与力量,EBS 平台上的算法交易在 2004 年还只占到 2% 的份额,到 2010 年这一比例已上升到 45%。算法交易在场内外汇市场也方兴未艾,CME 早在 2002 年向算法交易机构开放了其交易接口。据估计,外汇即期市场上约四分之一[①]的交易可归入算法交易的贡献;在银行间交易平台上算法交易从 2007 年的 28% 增长到了 2013 年的 68%。

高频交易是算法交易的一种。高频交易最早于 20 世纪 80 年代为欧美的大型金融机构所使用,并流行证券市场。90 年代后随着电子交易平台/ECN 的出现及银行间市场的开放,为高频交易提供了巨大的生存空间。高频交易是基于某种交易策略,由计算机以极高频率自动关注相关信息并发出交易指令和完成交易。高频交易的显著特点是交易速度极快。单笔交易的规模往往不大,但是交易的频率很高,交易执行的时间以毫秒计,头寸持仓的时间很短,往往头寸的风险暴露时间不超过 5 秒,更多时候甚至不超过 1 秒,累计交易的总量很大。因此,外汇高频交易存在于流动性较高的发达经济体货币,而且以外汇现货市场为主,新兴货币往往不能满足高频交易的时限要求。对速度和时间的苛求,使得高频交易机构往往令其交易设施在物理上尽可能接近电子交易平台的服务器。但是,高频交易对于速度的追求也是有止境的,目前外汇市场上高频交易的时滞已低于 1 毫秒,与之形成对比的是,外汇主流交易商的交易时滞在 10~30 毫秒。有市场人士认为高频交易对速度的进一步追求可能意义不大,将丧失性价比。外汇市场上的高频交易者往往是独立的、以自有账户交易的专业化机构,并且外汇高频交易领域的寡头垄断特征较为显著,少数机构即这个领域的主力,集中在纽约、伦敦和新加坡,这是由于绝大多数的外汇交易平台主机位于上述三个区域。高频交易基本依附于机构间市场,与 EBS、Reuters 这样的电子经纪平台和Currenex、Hotspot FX、FXall 这样的多交易商平台以及 CME 这样的交易所连接。诸如Currenex 交易平台甚至内置了算法交易的功能,以提高对用户的吸引力。实际上,在交易

---

① BIS 三年一度全球外汇市场调查期间,FXC 估计北美外汇市场 23.8% 的交易为算法交易,FXJSC 估计英国外汇市场 29.2% 的交易为算法交易。

过程中,高频交易机构往往并不现身,而是借助主经纪业务,以主经纪商的名义从事交易。尽管部分外汇交易商也开展高频交易,但并不意味着交易商也认同高频交易的这一发展方向,而更多的是借助高频交易保持和推动其技术进步。

目前高频交易主要活跃在多银行交易平台以及 EBS。由于缺乏严格的定义,而且在技术上也难以将其与其他算法交易区分,高频交易鲜有完善的统计数据。King 和 Rime(2010)估计高频交易大约占即期交易额的四分之一,而 EBS 估计在其平台上,30%～35%的交易都是高频交易驱动的,近些年高频交易的扩张可能是全球外汇交易额上升原因之一。

2010 年 5 月 16 日美国股市"闪电崩盘"后,针对高频交易可能导致的系统风险和市场操纵行为,欧美加强了对高频交易的监管。但由于外汇市场的特殊性,外汇市场上的高频交易几乎没有什么限制,在一般证券市场上不合规的交易策略也能大显身手,几乎所有的市场参与者(包括交易商在内)都有可能成为高频交易算计的对象。而为了使交易系统提高几微秒的速度和设计更好的交易算法,高频交易者以及大型银行一直在进行着软硬件设施的"军备竞赛"。

(5)多边、实时、净额的外汇交易清算

外汇交易包括交易前、交易和交易后处理等阶段,其中,清算是交易后处理的重要环节。外汇市场的清算系统也在随着信息技术的发展而不断创新。2002 年,持续联系结算银行(Continuous Linked Settlement Bank,CLS Bank)开始运行,它通过同时结算交易商双方的资金来减少结算风险,而且在会员银行间采用多边净额清算,仅需交易额 4%的资金转移就可完成所有交易的清算。CLS 银行已经成为当今外汇市场的重要组成部分。2010 年,它清算了大约 43%的即期交易,而且还在继续增加清算货币种类和结算会员。

21 世纪以来的交易方式创新,大大改善了外汇市场的运行质量。一是提高了市场开放度,使大量的机构投资者、自营交易公司以及个人和家庭成为市场参与者。二是电子交易平台大大增加了市场透明、降低了交易成本,电子交易平台增加了参与者之间的互联性,将分散的价格信息集合成持续的、实时的价格流,不仅提高了全球市场的一体化程度,而且也增加了市场的透明度,降低了价格搜寻成本;而交易的执行和后台订单账务处理的自动化大大提高了交易执行效率并降低了运营成本,改善了外汇市场运行质量。三是交易电子化和网络化方便了各类金融投资者在全球范围内进行资产管理,而程序化交易技术的应用也大大刺激了投机性交易,成为外汇交易规模扩张的重要因素,而目前全球市场中可能只有不到 5%的外汇交易源于国际直接贸易和投资。

交易方式的创新也深刻改变了市场结构。如果说 20 世纪 90 年代之前的外汇市场结构是一个以银行间市场为中心、客户市场为外围且两者之间明显区隔,以大型交易商为媒介连接各国(区域)市场的线性结构,今天的外汇市场正演变为电子交易手段连接、全球性银行和非银行机构主导、各类竞技者同台角逐、银行间市场和客户市场界限变得日益模糊、市场空间区隔消失的网络化结构。由于电子交易平台的互联、传统银行间市场的开放和新的市场参与者的出现,传统意义上流动性的需求者与提供者、价格接受者和价格制定者、批发交易和零售交易、银行以及其他机构投资者间界限已经变得模糊。同样,自营交易和做市交易、交易所交易与场外交易之间,以及以银行为中介的市场与非银行间的市场之间的界限也不再泾渭分明。国际外汇市场的参与者已经从原有的大型交易商为主、传统的声讯交易方式为主,转变为包括高频交易者、对冲基金、主经纪商等专业机构在内的多类型参与者,声讯经纪与单银行平台、多银行平台等多层次电子方式并存的市场结构。外汇市场参与者自身的商业模式也在不断演进,大型交易商普遍作为外汇市场的卖方机构存在,既参与多银行平台、交易商间平台,也在自身的单银行平台上提供流动性,在发挥做市功能的同时,还嵌套主经纪等复杂业务。高频机构、对冲基金等普遍作为外汇市场的买方机构存在,借助日益多样化、扁平化的参与渠道与卖方机构联系,则在很大程度上改变着外汇市场的功能。

2.3.2 国际外汇市场的交易制度和流程

在外汇市场中,交易方式直接影响着市场的交易成本、流动性、价格稳定程度、信息传递效率,从而影响着资源配置效率。根据流动性提供方式,交易方式主要分为指令驱动制度和报价驱动制度。

1. 指令驱动制度

指令驱动制度是买卖双方通过代理经纪商申报价格及数量指令,并将委托传输到证券集中交易场所,计算机按"价格优先、时间优先"原则自动撮合成交。竞价交易模式的基本特征是证券成交价格由证券买卖双方直接决定。竞价交易可以分为连续竞价和集合竞价。连续竞价表示每个交易日的证券交易时间被很多间隔很短的时点分割,连续地在每一个时点对投资者买卖双方的有效委托进行撮合;集合竞价表示每个交易日的证券交易时间被一个或若干个间隔较长的时点分割,分散地在每个时点对买卖双方的有效委托进行集中撮合。

2. 报价驱动制度

报价驱动制度是指由投资者或做市商报价,买卖双方协商确定成交价格和数量的交易方式,主要包括协议转让、报价转让和做市商交易制度等交易方式。协议转让是指交易双方在经纪商主持下通过洽谈、协商,就交易转让价格、数量达成一致后,通过报价转让系统报单确认交易达成,并进行产品份额、资金的清算和交收。报价转让是指投资者根据自身意愿,自行确定申报的价格、数量及买卖方向等,以符合规定条件委托经纪商申报,并委托经纪商代办股份的成交确认与过户。做市商交易制度是指在柜台市场中,由具备一定实力和信誉的独立证券经营法人作为特许交易商,不断向投资者报出某些上柜交易的特定产品的买卖价格(即双向报价),并在该价位上接受投资者的买卖委托,以其自有资金和持有产品与投资者进行交易。

从交易流程看,整个交易由交易前、交易和交易后几部分组成(见图 2-3),其中交易后

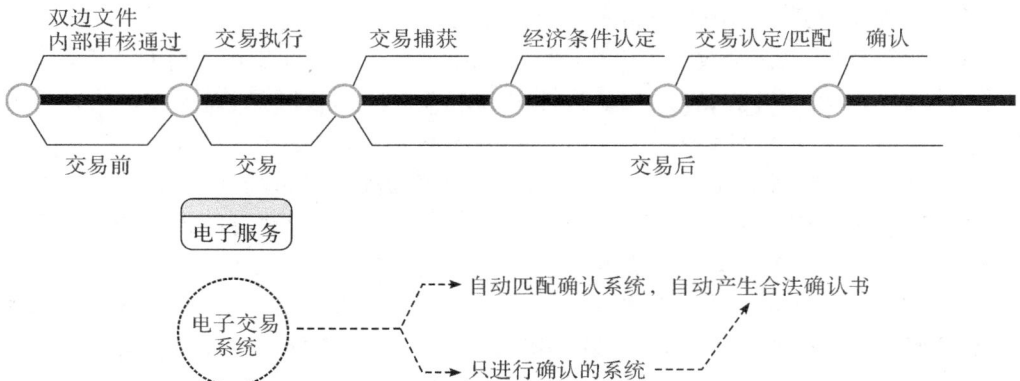

图 2-3 外汇市场交易流程

处理又可以包含三个阶段:清算准备、清算与结算。其中清算与结算工作,在许多市场上是通过专门的清算所来完成的。

2.4 国际外汇电子交易平台的发展

科技的不断进步对外汇市场发展产生了重要影响,外汇交易日益电子化和网络化。外汇市场的报价、询价、买入、卖出、交割、清算等操作已经普遍通过电子交易平台来进行。全球外汇交易的 50％以上都是通过各种电子交易系统来实现的。

2.4.1 国际外汇市场电子交易平台的变迁

外汇电子交易平台的优点显而易见:容易进入、高速、交易有效执行、透明度高、流动性强、买卖价差缩小等。随着技术的进步和市场需求的不断变化,国际外汇市场电子交易平台也在不断地发展和完善。

最早的国际外汇电子交易平台大多着重于向客户提供实时的价格信息。随着竞争的加剧,客户寻求连续、可执行价格的需求逐渐增长。为满足交易各方的需求,国际外汇市场交易服务提供商开发出一种先进的电子定价引擎,能实时向客户提供有效且实时可执行的价格。随着交易的活跃,精明的交易商不再仅仅对单个交易进行手工报价,而是通过电子方式向批量客户提供可执行价格。随着电子交易的发展,外汇交易商之间的竞争也越来越激烈,外汇交易的透明度逐渐增加,从事外汇经营应具备的条件(如对交易人员、分析人员、市场合约的要求)也越来越宽松,新的交易商更加容易进入外汇交易领域。电子交易的兴起改变了外汇交易的关系、性质和交易者行为,对外汇市场发展产生了巨大的影响。

2.4.2 国际外汇市场电子交易平台的分类

外汇市场的参与者,包括商业银行、经纪公司、中央银行、跨国公司和一些基金机构以及个人等。当前,国际外汇市场中的电子交易平台种类繁多,大致可分为两种最基本的类型:银行间外汇市场的电子交易平台,以及面向其他机构投资者和个人投资者的电子交易平台。

1.银行间外汇市场的电子交易平台

银行间市场是外汇市场中的主体,市场参与者仅为银行和少数非银行金融机构,外汇市场的其他参与者必须通过银行(交易商)进行交易(中国外汇交易中心的会员制与之类似)。具体而言,银行间外汇市场电子交易平台又可分为交易商间直接交易平台和交易商通过经纪人间接交易平台两种。2006 年 2 月,《华尔街日报欧洲版》(The Wall Street Journal Europe)的统计显示,外汇市场中 73％的交易都在最大的 10 家银行(做市商)里进行。

国际上的银行间外汇市场目前基本被 EBS(Electronic Broker System)和路透交易系统〔包括 Reuters Dealing 3000 和 RTFX(Reuters Trading for Foreign eXchange)〕所主导。据统计,85％～90％的银行间即期外汇交易是通过 EBS 或路透交易系统来进行的。除此之外,Lava FX 也在银行间外汇市场占有一席之地,并且其所占市场份额还在不断上升。

2.面向其他机构投资者和个人投资者的电子交易平台

国际外汇市场起源于银行间外汇市场。在过去,外汇交易只能由大型银行和其他金融机构独享,小型机构投资者和个人投资者基本无缘这一市场。现在,在线外汇电子交易平台的发展改变了这种状况,它降低了外汇市场的投资门槛,打破了地域限制,使得不同地域、不同规模的机构投资者和个人都能更加方便地参与到外汇市场中进行外汇投资和交易。这种交易平台主要有三类:

(1)银行与其他外汇投资者之间的交易平台

银行为方便其客户进行外汇交易,开发了各种面向其客户的电子交易平台,有些仅限于单个银行报价,有的允许多个银行共同报价。几乎每个银行都有针对客户的外汇报价和交易系统,而跨银行面对客户的交易平台则少得多,比较有代表性的是 FX Connect、FXall 和 Currenex。

(2)交易所或资讯公司提供的电子交易平台

交易所向其客户提供电子交易平台是为了能更好地和其场内交易市场相结合,而且趋势是越来越倾向于电子交易平台。CME 的 GLOBEX 平台面向机构投资者提供广泛的期货交易服务,当然也包括货币期货和期权交易的服务。CME 极力推广其 GLOBEX 平台,建议其客户尽可能使用电子平台进行交易,并设立了一个专门的电子平台教育中心。

由于有广泛的信息平台为基础,资讯公司往往也将电子交易平台整合到其信息平台之中,以增强自己的竞争优势。为挑战路透集团在外汇电子交易平台领域的领先地位,彭博(Bloomberg)目前也针对机构投资者推出了即期外汇交易电子平台 Bloomberg Tradebook FX,并将其整合到信息服务终端 Bloomberg Professional Service 之中。

(3)针对个人外汇投资者的交易平台

零售外汇市场是目前国际外汇市场发展的一个趋势,但直到 1996 年,外汇交易都只在银行、机构和高资产个人投资者之间进行,普通个人投资者难以涉足,而在线保证金交易平台的快速发展则为个人投资者参与外汇市场提供了方便的渠道。这些面对个人投资者的交易平台不需要交易商的介入,个人投资者只需和电子经纪人进行交易就能实现外汇买卖。此类电子交易平台品种繁多,比较有代表性的是 HotSpot FX、IG Markets、Dealstation、Dea 14 Free Forex、GFT's Dealbook FX、GCI、IFX Markets 和 Gain Capital 等。

2.4.3 国际外汇市场电子交易平台的发展趋势

外汇市场电子交易平台的迅猛发展,主要有以下原因:

(1)巨量外汇交易对效率的要求。外汇市场上电子交易平台的迅速发展受益于外汇市场业务量的急剧膨胀、互联网的飞速发展以及政府法制的变化。目前全球外汇市场上的日均交易量已达 5.3 万亿美元,是国际金融市场上规模最大、流动性最强的市场。高效率对于如此庞大的市场来说显得极为重要,这种高效率包括了成本效率、风险管理效率和资本信用效率。在寻求效率的过程中,电子化交易手段的广泛运用成为外汇市场的一个重要特征。

(2)互联网和信息技术的迅猛发展。互联网和信息技术的迅猛发展为外汇市场电子交易平台的发展提供了条件,不同地域的交易者也可以通过互联网联系在一起,不再受制于地理位置的约束,不同类型的交易者可以通过互联网迅速而准确地传递和获得各种报价信息,而电子计算机系统则能自动匹配交易者的交易指令。科技的发展使电子交易平台高效、低成本的特性表现得越来越明显。

(3)政策调整对外汇市场的激励。2000 年 12 月出台的美国《商品期货现代化法案》(Commodity Futures Modernization Act of 2000)一方面放松了对场外市场外汇衍生品交易的限制,另一方面则加强了对外汇期货交易商的监管,要求所有外汇期货交易商必须在美国全国期货协会(NFA)和美国商品期货交易委员会(CFTC)注册为期货佣金商(FCM),并接受上述机构的日常监管。放松交易限制的同时又加强了监管,这种一松一紧的政策调整进一步刺激了外汇场外市场的发展,促进了电子交易平台的更新换代。

未来,外汇市场电子交易平台的发展方向是将针对各种不同目标客户群的交易平台融合在一起,形成一个统一的综合电子交易平台,以最大限度地提高市场流动性、增强市场透明度,并提供给所有外汇交易者公平的交易机会。

体现这一趋势的代表性事件:2006 年 4 月底,EBS 被金融市场中介经纪服务商 ICAP 收购。ICAP 是目前世界上最大的银行间经纪商,为金融市场参与者提供利率、信贷、外汇及股票方面的服务,日均交易量超过 1 万亿美元。ICAP 在尽可能保有 EBS 现有参与者的基础上进行革新,在 EBS 上引入外汇远期交易,并且向银行以外的金融机构(如对冲基金)开放,扩大了 EBS 的目标客户群,使 EBS 朝综合外汇交易平台发展的目标更进了一步。

2007 年 3 月,路透集团和 CME 尝试合作建立面向场外外汇市场的网上外汇电子交易平台 FXMarketSpace。这是世界上第一个试图采用中央结算模式的全球性外汇电子交易平台。FXMarketSpace 尝试对用于银行间市场交易的 Reuters Dealing 3000、RTFE 以及 CME 的 Globex 平台进行整合,向外汇市场提供匿名的交易方式,并通过 CME 提供的清算服务进行集中结算。该电子平台将所有交易对象同等对待,既充当所有买方的卖方,又是所有卖方的买方,从而使所有交易方之间都可以进行交易,而无须考虑对方的规模或信用组合。通过降低平台的参与资格标准、降低最小交易量要求、减少交易平台使用费,从而增加客户数量。FXMarketSpace 能允许零售外汇交易者交易外汇现货,就像他们在 Globex 平台交易外汇期货一样。FXMarketSpace 电子交易平台的业务模式构想给未来外汇电子交易平台的发展方向提供了一个新的思路,但这种业务模式在全球范围内的实践还有待观察。

2008 年的金融危机导致外汇市场波动性的增大,这种波动性虽然一方面加大了投资者的风险,但同时也意味着更多的盈利机会。国际上主要电子交易平台的运营商并不是银行,金融危机对他们的影响比较有限,对他们来说,需要处理的交易合同越多,利润就越丰厚。出于投机需要或者风险管理需要,波动的外汇市场一般会有更多活跃的交易者出现,这对于主要电子交易平台的运营商而言都是更大收益的机会。但金融危机对主要电子交易平台的运营商而言也不是毫无影响,它增大了交易对手方的风险和运营商倒闭的风险,如果风险过大,交易者和投资者就会选择能最大限度规避这些风险的交易平台进行交易。

金融危机之下,EBS 平台的表现要优于 FXMarketSpace,CME 目前甚至暂停了 FXMarketSpace 电子交易平台的业务,这说明除了灵活性和运行效率之外,电子交易平台的抗风险能力也是影响其竞争力的关键因素。FXMarketSpace 的出现是通过设置中央对手方来解决客户之间直接交易的对手方风险,但忽视了中央对手方也有发生倒闭的风险,2008 年金融危机中雷曼兄弟的倒闭恰恰说明了大型金融集团的倒闭风险是确实存在的。

而 EBS 平台不存在中央对手方的倒闭风险,并且允许交易方随时修改赋予交易对手的授信来控制对手方风险,清算则完全交由 CLS 清算银行实时完成,合理控制了交易过程中各个环节的风险,同时还保留了客户之间直接交易的匿名性和灵活性。所以,金融危机之下,EBS 平台的表现优于 FXMarketSpace 平台就不足为奇了。金融危机下 FXMarketSpace 交易平台发展所受的冲击表明如何控制风险将是外汇市场电子交易平台今后发展中需要处理的关键问题,如果交易平台能更好地控制风险,就能赢得更多客户的青睐。

第 3 章　国内外汇市场

改革开放前,我国实行统收统支的外汇管理体制,不存在外汇市场;然后经历了外汇调剂市场的起步和发展,统一的银行间市场建立以及规范化、市场化的银行间外汇市场等阶段。对应各个阶段,外汇市场存在不同的监管要求及运作方式。目前,不考虑央行的外汇干预,中国外汇市场大体可以划分为零售市场和批发市场两个层次。本节将从时间和空间两个维度对中国外汇交易市场做一全面介绍。

3.1　中国外汇市场的建立与发展

3.1.1　中国外汇市场概貌

我国外汇市场是一个以银行间市场为核心的外汇交易体系,自 1978 年改革开放以来,其经历了外汇调剂市场阶段、银行间市场初级阶段、银行间市场发展阶段三个阶段,现正处于人民币国际化背景下的发展新阶段。

目前,我国外汇市场上的交易主体包括央行、以银行为代表的金融机构、企业和个人,其对应的交易目的分别是央行外汇干预、银行外汇结算、企业结售汇、个人用汇及外汇投资。其中,外汇投资交易占的比重非常小,这些交易往往通过银行创设的相关外汇产品及外汇经纪公司实现,而绝大部分为银行外汇结算和企业结售汇。

不考虑央行外汇干预,我国外汇市场可分为两个层次:第一个层次是银行与客户之间的零售市场,交易双方进行柜台式的外汇买卖,外汇零售市场分布广泛而且分散,企业和个人客户在零售市场办理结售汇业务;第二个层次是银行间的外汇批发市场,各家银行通过中国外汇交易中心的交易平台进行外汇交易,形成一个相对集中的外汇市场,银行在此平衡外汇资金头寸。目前,我国人民币外汇市场(含零售市场和批发市场)陆续推出人民币外汇即期、远期、掉期、货币掉期和期权等基础产品,已形成较为完善的产品序列。

银行间外汇市场规模显著大于终端零售市场。2014 年,中国银行间人民币外汇交易量8.9 万亿美元,是银行对客户市场交易量的 2 倍多;2015 年,银行间外汇市场成交量达到13.7 万亿美元(折合 86.1 万亿人民币),同比增长 54.1%。银行间市场扮演着我国外汇市场的核心角色,是连接国内与国际金融市场的重要纽带,在调节外汇供求关系、形成市场汇率方面起着重要作用。

1994 年,中国外汇交易中心成立,作为中国人民银行总行直属事业单位,其承担我国银行间外汇市场的具体组织者和运行者的责任。其牵头构建了一个较为完整的会员制外汇交易市场体系,对参与者实行强制性的集中交易模式,银行间的外汇交易必须通过中国外汇交易中心的平台进行。

3.1.2　中国外汇市场发展历程

我国外汇市场从无到有、从分散到统一、从计划到市场的不断变化,与我国汇率制度改革的步步推进密不可分。根据历次汇率制度的重大改革时间节点,我国外汇市场的发展历程可以分为四个阶段。

1. 第一阶段(1979—1993 年):外汇调剂市场

改革开放后,我国从 1979 年起实施外汇留成制度,除外资企业和部分国内企业外,企业和居民的经常账户所得的外汇收入必须售给指定银行(强制结汇),企业按一定的比例留存外汇,其余外汇归属国家。外汇留成制度是计划经济的手段,是在为扩大我国出口创汇、支持国家集中使用现汇资金、缓解外汇资金短缺困难的历史背景下的产物。

从银行层面看,当时银行结售汇头寸受监管部门管制,当日盈余或不足部分必须及时抛补,不能超限。为了实现头寸调剂,1980 年起开办银行间的外汇额度调剂,允许银行之间以一定价格抛补头寸,并对调剂价格设定波幅限制。为实现外汇调剂,1985 年深圳设立首个外汇调剂中心;1986 年在北京设立了全国外汇调剂中心,办理中央部门之间和各省市之间的外汇额度和现汇调剂业务,形成了一个初步的伞形结构外汇市场;1988 年上海创办首家外汇调剂公开市场;1992 年开通了 26 家地方调剂中心组成的联合报价网络,建立了调剂价格及成交情况的信息网络;至 1993 年底,全国外汇调剂中心多达 108 家。

1992 年开通的联合报价网络,是我国外汇调剂市场向规范化目标迈进的重要一步。在此之前,各家外汇调剂中心并不联网,外汇市场存在着市场分割、多重汇率等问题,对市场发展构成了障碍。而联网之后,公开报价、竞价成交等市场机制被更多地采用,大大提高了外汇调剂交易的透明度,完善了信息的传导机制。

在外汇调剂市场阶段,我国外汇调剂成交额逐年增加。1987 年全国外汇调剂成交额累计为 42 亿美元,1988 年增加到 62.6 亿美元,1992 年达到 251.1 亿美元。

2. 第二阶段(1994—2005 年):外汇管理体制改革,银行间市场形成

1993 年 11 月,中国共产党第十四届三中全会提出了"改革外汇管理体制,建立以市场为基础的有管理的浮动汇率制度和统一规范的外汇市场,逐步使人民币成为可兑换的货币"。1994 年,我国决定对外汇管理体制进行重大改革,实现汇率并轨,并轨后的人民币汇率实行以市场供求为基础的、单一的、有管理的浮动汇率机制,取消外汇留成、上缴和额度管理,实施银行结售汇制度并建立全国统一的银行间外汇市场。

有管理的浮动汇率制度是中国社会主义市场经济体制的重要组成部分,也是中国 1994 年以来的一贯政策。同年中国外汇交易中心联网运作,承担了银行间市场的外汇交易、资金清算及信息服务功能,标志着全国统一的银行间外汇市场建立,中国外汇市场进入了一个以单一汇率和市场配置制度为基础的新的发展时期。并轨时的人民币对美元汇率为 8.7,此后人民币对美元汇率稳中有升,1994 至 1997 年累计升值 4.8%。1997 年亚洲金融危机爆发以后,为了维护亚洲经济金融稳定,中国主动收窄了人民币汇率浮动区间,但实施有管理的浮动汇率这一改革方向并没有改变。

在这一时期,我国统一的银行间外汇市场正式建立。在交易形式上,外汇交易中心通

过计算机网络与全国各地的分中心实行联网交易,统一了以前分割的外汇市场,使全国的外汇交易通过银行结售汇体系和代理交易全部纳入全国银行间外汇市场,保证了外汇资源在全国范围内根据市场信号合理流动。在组织形式上,外汇市场实行会员制,凡经中国人民银行批准设立,国家外汇管理局准许经营外汇业务的金融机构及其分支机构,经外汇交易中心审核批准后,均可成为外汇交易中心的会员。在市场结构上,形成了两个层次的市场:一个是客户与银行之间的市场;另一个是银行间外汇市场(包括外汇市场会员银行相互之间以及会员银行与中央银行之间的外汇交易)。这种市场结构已基本上与国际上成熟的外汇市场相一致。

从银行层面看,统一的银行间外汇市场正式建立后,通过交易所集中竞价的交易方式,为各外汇指定银行相互调剂余缺和清算服务。中国人民银行通过国家外汇管理局对市场进行监督管理,所有头寸调剂都必须通过银行间外汇市场进行。定价方面,银行以中国人民银行每日公布的人民币对美元及其他主要货币的汇率为依据,在中国人民银行规定的浮动幅度之内自行挂牌公布汇率。此举形成了以市场供求为基础的汇率形成机制,规范了银行之间结售汇头寸的调剂,外汇市场因此成为单一的集中竞价交易市场,其深度和广度均得以拓展。

3. 第三阶段(2005—2015 年):人民币汇率形成机制改革,银行间市场发展

2005 年 7 月 21 日,中国启动了人民币汇率形成机制改革,实行以市场供求为基础、参考"一篮子货币"进行调节、有管理的浮动汇率制度。

对企业而言,其买卖外汇的自由度进一步提升,随着监管当局不断放宽条件,企业和个人拥有更多保留和使用外汇资金的自由,结售汇行为在一定程度上体现了市场预期和需求。2008 年 4 月,强制结售汇制度取消,企业账户限额和个人购汇额度扩大。银行层面,央行对各银行的结售汇周转头寸管理改为综合头寸管理,结售汇综合头寸限额的管理区间变成下限为零、上限为外汇局核定的限额,银行体系的结售汇综合头寸总限额有了较大幅度的提高。

在这一阶段,我国外汇市场迈入向市场化、自由化方向发展的新阶段,交易工具日益丰富,功能不断完善,多种交易方式并存、分层有序的外汇市场体系逐渐确立。2006 年 1 月,根据国家外汇管理局颁布的有关规定,银行间外汇市场引入了询价交易方式(OTC 方式),同时保留撮合方式,并引入做市商制度;询价交易模式很快代替竞价成为市场主导。同时,中国人民银行授权中国外汇交易中心于每个工作日上午 9 时 15 分对外公布当日人民币对美元中间价,作为当日银行间即期外汇市场(含 OTC 方式和撮合方式)以及银行柜台交易汇率的中间价。

随着汇率改革的进行,银行间外汇市场产品也不断增加。2005 年 8 月,推出了银行间远期外汇交易。2006 年 4 月,推出人民币对外币掉期业务。2007 年,人民币外汇货币掉期产品上线。2011 年 4 月,银行间柜台和银行间市场都推出了人民币外汇期权交易。

我国外汇市场的交易机制同时具备了指令驱动和报价驱动两大模式。此后,银行间外汇市场参与主体范围不断扩大,外资银行逐步进入,外汇市场的竞争新格局开始形成。此外,外汇市场技术层面也获得进展,电子网络和信息科技加强了市场配套设施建设,外汇市场电子交易系统成功上线,为日常交易、信息传递、监管监控等提供了便利。

4.第四阶段(2015年至今):人民币国际化背景下的发展新阶段

自2007年6月首只人民币债券登陆我国香港特别行政区以来,人民币国际化的进程已经陆续展开,2010年之后呈加速态势。人民币国际化的目标是使人民币成为能够跨越国界,为国际普遍认可的计价、结算及储备的世界货币,而一个完善、健全的外汇市场,对人民币国际化的推进有重要意义。

2015年8月,中国央行启动新一轮汇率改革。8月11日,央行宣布,将进一步完善人民币汇率中间价报价机制,中间价将参考上日银行间外汇市场收盘汇率。这意味着人民币汇率将在相当程度上与美元脱钩,汇率决定的市场化程度提高。

在此背景下,中国银行间外汇市场的对外开放也在逐渐加快。自2009年人民币跨境使用业务推进以来,银行间外汇市场陆续向境外人民币清算行开放和符合条件的人民币购售业务境外参加行开放。截至2015年底,外汇市场境外商业金融机构有15家,包括工行新加坡分行、中行法兰克福分行等,覆盖东南亚、西欧、北美、大洋洲等地。2015年9月起,境外央行、主权财富基金、国际金融组织等境外央行类机构获准直接进入中国银行间外汇市场,开展即期、远期、掉期和期权等外汇交易,无额度限制。截至2016年3月末,共计14家境外央行类机构进入银行间外汇市场。

3.2　中国外汇市场现状

3.2.1　零售与批发市场交易概况

目前,我国外汇市场大致可分为两个层次:一是企业和个人客户通过银行办理结售汇业务的银行对客结售汇市场(也称零售市场);二是银行通过中国外汇交易中心(以下简称"交易中心")平补外汇资金头寸的银行间外汇市场(也称批发市场)。目前,我国人民币外汇市场(含零售市场和批发市场,下同)陆续推出人民币外汇即期、远期、掉期、货币掉期和期权等基础产品,已形成较为完善的产品序列。

2015年,我国人民币外汇市场共成交17.8万亿美元。外汇银行对客户市场(零售市场)成交4.2万亿美元。其中,即期成交[1] 3.4万亿美元,占比81.0%;远期成交4577.6亿美元,占比10.9%;外汇和货币掉期成交2426.9亿美元,占比5.8%;期权成交1159.2亿美元,占比2.8%。银行间外汇市场(批发市场)成交13.6万亿美元。其中,即期成交4.9万亿美元,占比36.0%;远期成交372亿美元,占比0.3%;外汇和货币掉期成交8.4万亿美元,占比61.8%;期权成交2887.6亿美元,占比2.1%。从两个层次市场的规模对比来看,银行对客户市场和银行间市场成交量占比分别为23.6%和76.4%,批发市场规模约为零售市场的3倍。

我国外汇市场近年来的交易情况如图3-1和图3-2所示。

---

[1]　含银行自身,不含远期履约。

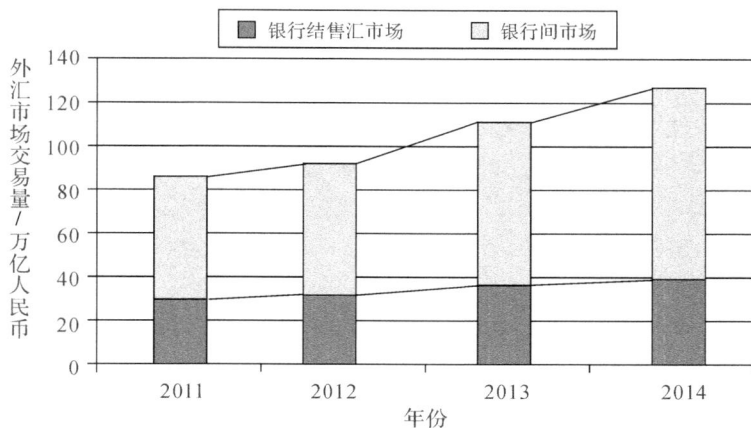

图 3-1　我国外汇市场交易量逐年增长（2011—2014 年）

数据来源：国家外汇管理局、中国外汇交易中心

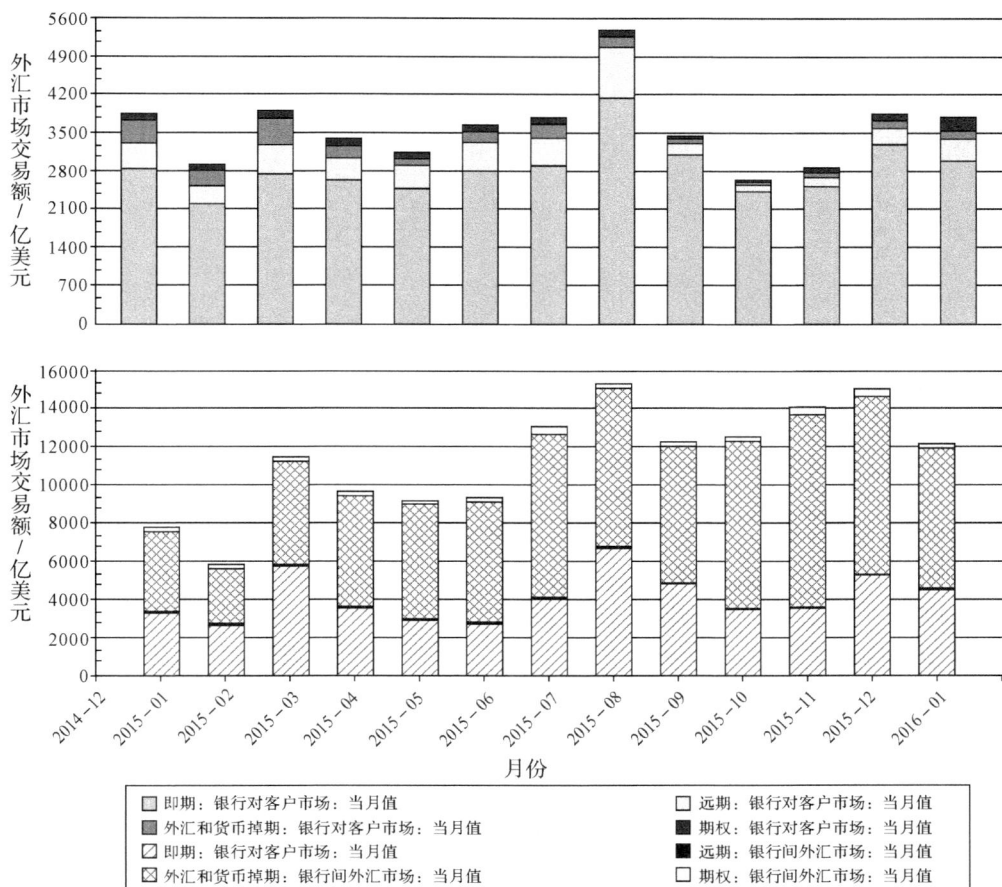

图 3-2　2015 年中国银行间外汇和外汇零售市场成交情况

数据来源：Wind 资讯

3.2.2　银行间外汇市场运行概况

我国银行间外汇市场处于快速发展之中。我国外汇市场成交金额与成交笔数呈逐年上升态势。2015年,银行间外汇市场共成交86.1万亿元人民币(13.7万亿美元),同比增长57.7%,增速较上年提高40个百分点。其中,人民币外汇市场成交85.4万亿元人民币(13.6万亿美元),外币对市场成交1202.1亿美元。银行间外汇市场在完善汇率形成机制、支持政府宏观政策调控等方面发挥了重要作用。

1.交易品种与币种

我国外汇市场建立之初,市场上仅有即期交易和部分银行试点的远期交易两类产品。之后,市场交易品种经过了从单一到多样化的发展变化。目前,我国银行间外汇市场包括人民币外汇市场、外币对市场与外币拆借市场三个子市场,交易品种包括人民币外汇即期、人民币外汇远期、人民币外汇掉期、人民币外汇货币掉期、人民币外汇期权、外币对即期、外币对远期、外币对掉期以及外币拆借等。丰富的交易品种,有利于为投资者提供多样化的服务,满足差异性的汇率风险管理需求。银行间外汇市场产品概况如表3-1所示。

表 3-1　银行间外汇市场产品概况

银行间市场	产品	竞价	询价	基于双边授信的点击成交	做市商	可交易货币对数量	交易时间
人民币外汇市场	即期	√	√		√	14	北京时间 9:30至 23:30
	远期		√		√	12	
	掉期		√	√	√	12	
	货币掉期		√		√	5	
	期权		√			5	
外币对市场	即期	√	√		√	9	北京时间 7:00至 23:30
	远期		√		√	9	
	掉期		√		√	9	
外币拆借市场	外币拆借		√			5	北京时间 7:00至23:00

从产品结构来看,与国际外汇市场类似,即期和掉期是最为活跃的品种。2015年,银行间汇率衍生品共成交55.0万亿元人民币(8.8万亿美元),同比增长90.1%;即期成交31.1万亿元人民币(4.9万亿美元),同比增长21.1%。自2009年以来,汇率衍生品增幅始终快于即期交易,占比进一步上升。汇率衍生品成交在整个银行间外汇市场中的占比从上年的53.0%提升至63.9%,连续7年加速增长,如图3-3所示。

从交易币种来看,银行间市场覆盖人民币对14个货币的外汇交易。如表3-2所示,银行间外汇市场目前支持人民币对14个外币的即期交易,人民币对12个外币的远期和掉期交易,人民币对5个外币的货币掉期和期权交易。银行间外汇市场还开展了9组外币对的即期、远期和掉期交易,包括美元对8个外币以及欧元对日元外汇交易。

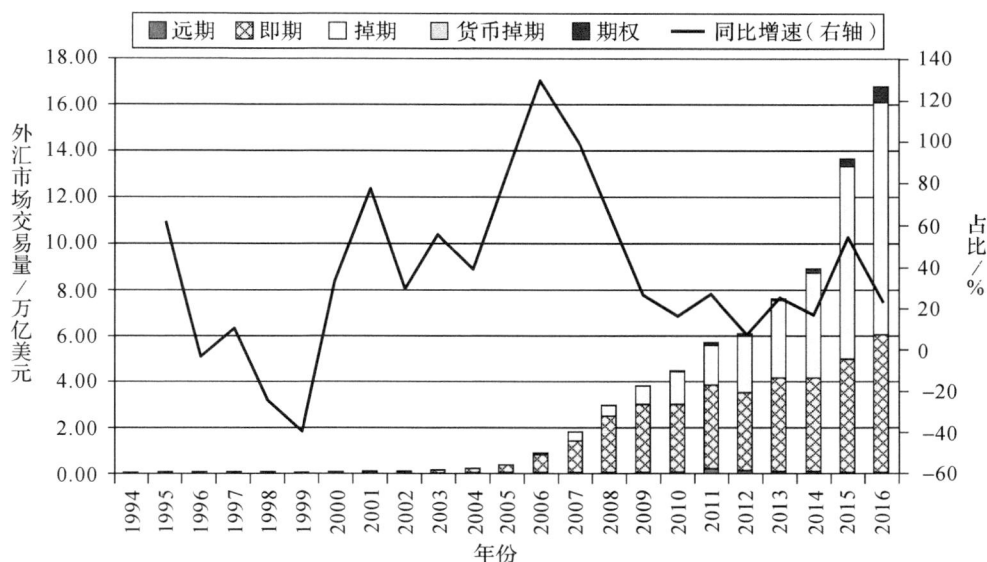

图 3-3　银行间外汇市场交易量与品种结构

表 3-2　银行间外汇市场币种与产品

货　币		即　期	远期、掉期	货币掉期和期权
美元	USD	√	√	√
欧元	EUR	√	√	√
日元	JPY	√	√	√
港元	HKD	√	√	√
英镑	GBP	√	√	√
澳元	AUD	√	√	
新西兰元	NZD	√	√	
新加坡元	SGD	√	√	
瑞士法郎	CHF	√	√	
加元	CAD	√	√	
马来西亚林吉特	MYR		√	
俄罗斯卢布	RUB	√	√	
泰铢	THB	区域交易		
坚戈	KZT	区域交易		

　　美元是银行间外汇市场交易的最主要的外币,2014 年人民币外汇即期交易中,人民币对美元交易量占 94.9%,人民币对日元、欧元交易量分别占 1.8%、1.2%,人民币对其余外币交易量合计占比不足 2%;2015 年人民币外汇即期交易中,人民币对美元交易量占到 98%(见图 3-4)。

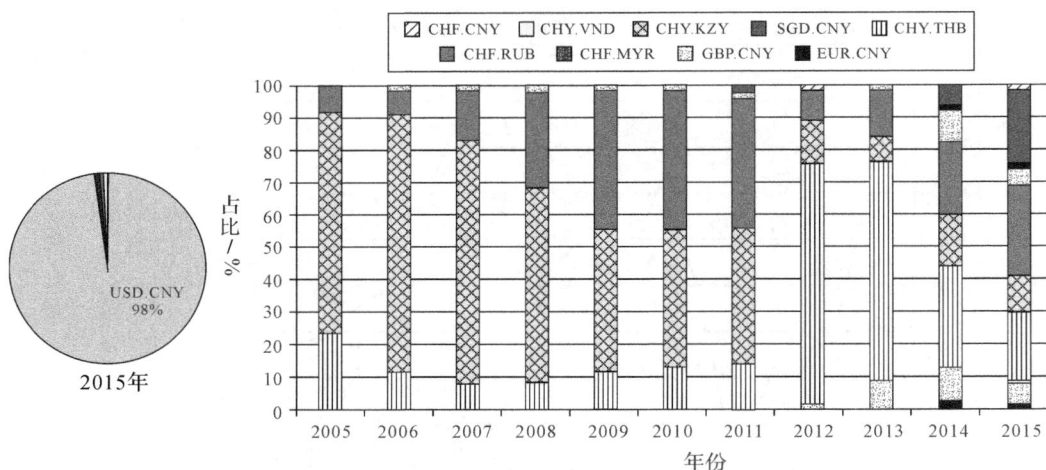

图 3-4　银行间外汇市场的货币结构

2.参与主体

我国银行间外汇市场采取会员制。银行间外汇市场的参与者主要是银行和非银行金融机构,包括商业银行、政策性银行、外资银行、境外银行、农联社、财务公司等,一些从事涉外业务的企业集团作为非金融机构也可以进入银行间外汇市场。参与即期外汇交易的机构数量远多于进行外汇衍生品交易的机构数量。截至 2016 年 2 月末,银行间外汇市场共有会员 527 家,其中人民币外汇即期会员 520 家、远期会员 122 家、掉期会员 122 家、货币掉期会员 97 家、期权会员 61 家。

中国人民银行也是外汇市场的重要参与者。根据《银行间外汇市场管理暂行规定》,中国人民银行可以根据货币政策的要求,在外汇市场内买卖外汇,调节外汇供求,平抑外汇市场价格。央行资产负债表中外汇资产的变动基本上反映了央行每个月净买入或净卖出外汇的数量。

为了增加市场活力,创造良性竞争环境,我国外汇市场不断引入新的市场主体。近年来,对券商放开外汇牌照成为市场热点。投行的 FICC 部门包括固定收益、外汇和大宗商品,从国际经验看,该部门的收入占到投行业务收入的 50% 以上,而结售汇业务和外汇业务是 FICC 业务中的重要一环。由于历史原因,我国券商被排除在外汇市场之外,2014 年起这一限制被打破。2014 年底,国泰君安成为首家获得国家外汇管理局批复从而取得结售汇业务经营资格的券商。预计未来其他券商也将有序进入结售汇市场。券商进入外汇市场是利率市场化和汇率市场化进程中的一环,其目的是增加市场竞争,为企业及个人的跨境投融资业务提供更多、更优质的配套服务。

银行间外汇市场已经向境外央行类机构开放。中国人民银行 2015 年 9 月 30 日发布公告,批准境外央行(货币当局)和其他官方储备管理机构、国际金融组织、主权财富基金进入中国银行间外汇市场。这些央行类机构可以通过中国人民银行或中国银行间外汇市场会员代理,或者直接成为中国银行间外汇市场境外会员,参与中国银行间外汇市场交易,并且不设额度限制。

3.3　中国银行间市场的交易制度

广义的交易制度包括一切与外汇交易有关的法律及制度安排,狭义的交易制度也就是我们前面所讲的竞价、询价等交易机制。下面从市场准入、交易机制以及清算机制三个方面,对我国银行间市场的交易制度做一简单介绍。

3.3.1　准入制度

外汇市场准入的规定较为严格,按照申请机构的类型(金融机构/非金融企业/需集中办理集团内部成员资金入市的非银行金融机构/需集中办理集团内部成员资金入市的非金融企业)、申请加入的市场(即期/衍生品)以及申请资质(会员/做市商)的不同,具有不同的资格条件和申请程序要求。

例如,非金融企业若申请人民币外汇即期会员,须满足以下条件:①上年度经常项目跨境外汇收支 25 亿美元或者货物贸易进出口总额 20 亿美元以上;②具有 2 名以上从事外汇交易的专业人员;③具备与银行间外汇市场联网的电子交易系统;④自申请之日起前两年内没有重大违反外汇管理法规行为;⑤外汇局规定的其他条件。

更加详细的资格条件和申请流程,可以参见中国外汇交易中心官方网站——中国货币网(www.chinamoney.com.cn)上的《银行间外汇市场入市及服务指引》。

3.3.2　交易机制

银行间外汇市场允许集中竞价与双边询价两种交易方式。集中竞价是指多个交易主体同时通过外汇交易中心的交易系统,按价格优先、时间优先的竞价规则进行交易。双边询价是两个外汇交易主体直接就所要交易货币的币种、金额、汇率以及未来交割的时间进行询问、磋商,达成一致意见后确认成交的交易方式,也就是场外交易(OTC)方式。

1. 我国银行间市场的集中竞价交易方式

在 1994 年 4 月至 2007 年 3 月期间,银行间外汇交易系统实行自主报价、撮合成交的竞价交易机制。集中竞价交易系统撮合订单的具体过程:会员机构的交易员报价后,由电子系统按照价格优先、时间优先的原则对外汇买入报价和卖出报价的顺序进行组合,然后按照最低卖出价和最高买入价的顺序撮合成交,形成人民币汇率。当买入报价和卖出报价相同时,报价即为成交价;当买入报价高于卖出报价时,成交价为买入报价与卖出报价的算术平均数。当买卖双方报价数额相等时,买卖双方所报金额全部成交;当买卖双方报价数额不等时,成交金额为所报数额较小者,未成交部分可保留、变更或撤销。

在当时的汇率制度以及金融体系尚不健全的市场背景下,竞价制较好地体现了外汇交易的公平、公正和价格优化。但是,由于结售汇政策的刚性特征使外汇市场本身不能出清,市场效率相对较低。此外,中国人民银行为了保持人民币汇率的相对稳定,通过直接参与银行间外汇市场交易,吸收多余的市场供给或需求,为市场提供流动性。虽然这种状态下市场全面出清,但从操作实质上看,与汇率有关的信息变化无法真实、有效和及时地传导到汇率价格上,从而影响了人民币汇率的价格发现和形成。

2.我国银行间市场的做市商制度

2005 年 11 月 24 日,国家外汇管理局发布《关于印发银行间外汇市场做市商指引(暂行)的通知》(以下简称《通知》)。《通知》中提到,为进一步发展外汇市场,提高银行间外汇市场流动性,更好地发挥市场在资源配置中的基础作用,进一步完善人民币汇率形成机制,国家外汇管理局决定在银行间外汇市场引入做市商制度。

成为银行间外汇市场做市商,须满足以下条件:①遵守中国人民银行和外汇局的有关规定,在提交申请的前两年内,无结售汇业务和外汇市场交易违法、违规记录;②具备健全的外汇业务风险管理系统、内部控制制度和较强的本外币融资能力;③集中管理结售汇综合头寸;④取得银行间外汇市场会员资格两年以上;⑤上一半年期全行在银行间即期外汇市场人民币与外币交易规模排名在前 30 名以内;⑥上一半年期全行境内代客跨境收支规模排名在前 50 名以内;⑦上年度全行资本充足率达到 8% 或外汇资本金在等值 1 亿美元以上。凡符合上述所列条件的金融机构,可向外汇局提出申请。外汇局将根据上述基本条件和市场情况,选定和调整银行间外汇市场做市商。

交易商制度的引入提高了银行间外汇市场的流动性。做市商有义务向市场持续提供外汇买、卖的报价,并通过买卖价差盈利。引入做市商为银行间外汇市场提供了流动性,提高了交易效率。目前共有 30 家人民币外汇即期外汇做市商和 27 家人民币外汇远期掉期做市商,其中包括十多家外资银行。做市商的交易占银行间市场外汇成交量的 90% 以上。银行间外汇即期市场交易机制如图 3-5 所示。

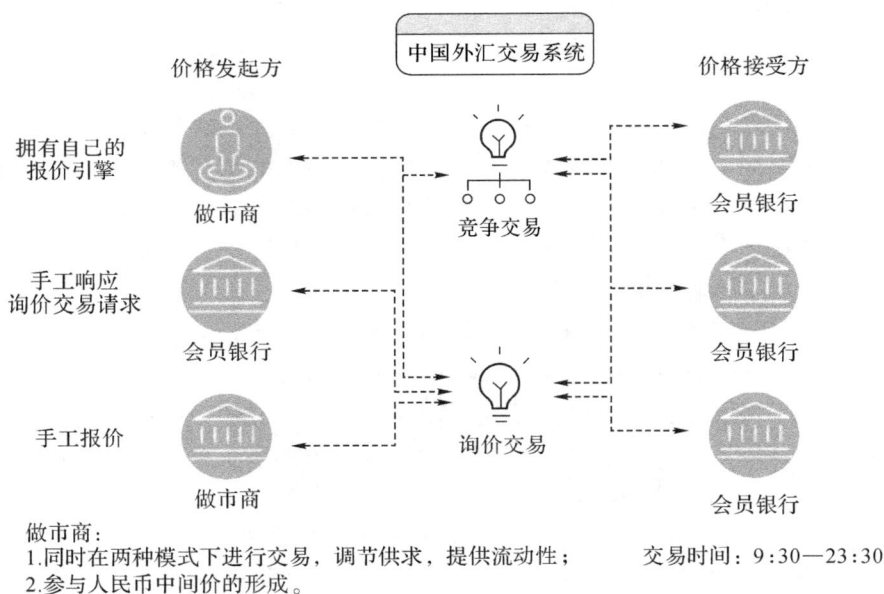

图 3-5　银行间外汇即期市场交易机制

3.3.3　清算制度

银行间市场外汇交易清算按对手方不同分为集中清算和双边清算模式,按照交割方式不同分为全额清算和净额清算模式。集中清算是指外汇交易完成后,由交易中心介入,担当中间人的角色,作为中央对手方同交易双方进行资金交割。双边清算是交易双方在交易完成后,按照约定的要素进行资金交割。全额清算是对外汇交易逐笔办理资金交割,净额清算是将清算会员同一清算日的外汇交易按币种进行轧差后办理资金交割。

银行间外汇市场清算方式经历了由集中向双边再向集中的转变。2006 年引入双边询价交易之前,银行间市场实行的是"集中交易、集中清算"。2006 年引入询价交易后,清算机制也转变为"双边交易、双边清算"。2009 年 6 月 1 日,银行间市场推出了人民币外汇即期询价交易的净额清算业务,净额清算减少了清算量和资金占用量,提高了清算效率。2011 年 7 月,净额清算范围扩大至 1 个月内的远期和掉期交易。此后,外汇清算业务逐步由外汇交易中心转移至上海清算所。2014 年 11 月 3 日,上海清算所推出了人民币外汇交易中央对手清算业务,覆盖即期、远期和掉期交易,远期、掉期交易清算期限范围由 1 个月扩大至 1 年,重新建立了外汇市场的集中清算机制。

第4章　外汇交易及产品

在前几章中,我们已经了解了什么是外汇,什么是外汇市场。本章我们将以国内银行间外汇市场为例,介绍在我国银行间市场所交易的外汇产品及外汇衍生品,从最基本的外汇即期交易到远期、掉期、货币掉期,最后介绍外汇期权产品的相关内容。

4.1　外汇交易基本概念

4.1.1　基本定义

首先我们来看一下什么是外汇交易。外汇交易是指交易双方按约定的价格和金额买入一种货币并且卖出另一种货币的交易。从定义上可以看出,外汇交易涉及两种货币,我们把外汇交易中两种货币成对交易,称为一个货币对。

根据计价标的的不同,我们可以把两种货币分为基准货币和非基准货币;根据交易标的的不同,又可以分为交易货币和对应货币。

由于外汇交易的一个货币对涉及两种货币,通常而言一个货币对中作为被计价标的的货币是基准货币,那么非基准货币也称计价货币、相对货币,是指一个货币对中用于计量一个货币单位基准货币价格的货币。通常基准货币在前,非基准货币在后,中间以"/"或"."分隔。

交易货币是指外汇交易时作为交易标的的货币。交易货币可以是基准货币,也可以是非基准货币。通常交易发起方发出交易请求时需指明交易货币及交易货币金额。

我们看一下以下几个例子就能更好地理解基准货币和交易货币的概念。

【例 4-1】

(1)在美元/人民币(USD/CNY)货币对中,假设美元/人民币汇率为 6.1576,即 1 美元兑换 6.1576 元人民币,美元是基准货币,人民币是非基准货币。

(2)在欧元/美元(EUR/USD)货币对中,假设欧元/美元汇率是 1.3833,即 1 欧元兑换 1.3833 美元,欧元是基准货币,美元是非基准货币。

(3)机构 A 与机构 B 达成一笔外汇交易,买入 USD/CNY 1000 万美元,则美元是交易货币,人民币是对应货币;买入 USD/CNY 1000 万元人民币,则人民币是交易货币,美元是对应货币。

有了交易标的和计价标的,那我们用什么表示外汇交易的价格呢? 同普通商品一样,外汇作为一种特殊的商品,也有价格。外汇的价格通常说成是外汇的汇率,是指外汇交易中货币对中的两种货币在交易中互相兑换的交换价格。除非特别指出,本书中汇率的标价方法为一货币单位的基准货币等于若干个货币单位的非基准货币。汇率根据不同的应用情景分为买入报价、卖出报价和成交价。

外汇汇率的买卖报价,如同其他市场中的买卖报价一样,有买入报价和卖出报价之分。在外汇交易中向对方提出交易请求,要求对方报价的一方称为发起方,应对方交易请求而进行报价的一方称为报价方。例如,机构 A 向机构 B 发起一笔外汇交易,希望买入 USD/CNY 1000 万美元,机构 B 给出报价 6.1576/78,则机构 A 为发起方,机构 B 为报价方。

由于发起方与报价方的地位是相对的,因此其买入或卖出的视角也是相反的。通常所说的买入报价,一般是以报价者的视角来看,是指做市商或报价方为买入基准货币而报出的价格,而卖出报价是指做市商或报价方为卖出基准货币而报出的价格。卖出报价与买入报价的差额成交价即外汇交易实际达成交易的价格。卖出报价与买入报价的差额称为价差,通常以基点表示,也称 bp。基点常用于计量价差或者汇率变动幅度,通常为汇率最小变动单位。1 个基点的数值通常为 0.0001,但 USD/JPY 和 EUR/JPY 为 0.01。汇率数值的小数点后精确位数为报价精度,报价精度通常为 1 个基点所表示数值小数点后的位数,但也可能多于该位数。

【例 4-2】

(1)美元/人民币(USD/CNY)的汇率为 6.1576,表示 1 美元等于 6.1576 元人民币,其报价精度为 4,1 个基点为 0.0001。

(2)港元/人民币(HKD/CNY)的汇率为 0.79419,表示 1 港元等于 0.79419 元人民币,其报价精度为 5,1 个基点为 0.0001。

(3)欧元/日元(EUR/JPY)的汇率为 141.65,表示 1 欧元等于 141.65 日元,其报价精度为 2,1 个基点为 0.01。

(4)美元/人民币(USD/CNY)的市场买入报价和卖出报价分别为 6.1576/6.1578(通常表示为 6.1576/78),表示报价方愿意以 6.1576 的价格买入美元,以 6.1578 的价格卖出美元,该报价的价差为 2 个基点(6.1578-6.1576=0.0002,即 2 个基点)。

外汇交易金额就是一笔外汇的交易量,由于外汇涉及两个币种,同样我们可以根据计价货币以及交易货币的两个不同维度,把交易金额分为基准货币金额、非基准货币金额、成交货币金额、对应货币金额、折美元金额。一般而言,除非交易双方另有约定,交易金额指基准货币金额。折美元金额指外汇交易按成交当时的美元市场汇率折算成的美元金额,通常用作交易量统计的基准。含美元货币对的折美元金额指该货币对中的美元金额;非美元货币对的折美元金额指以交易货币对美元的市场实时汇率(买入报价和卖出报价的均价)折算。

【例 4-3】

(1)机构 A 与机构 B 达成一笔外汇交易,买入 USD/CNY 1000 万美元,成交价为 6.1576,则基准货币金额与交易货币金额为 1000 万美元,非基准货币金额与对应货币金额为 61576000 元人民币(10000000×6.1576),折美元金额为 1000 万美元。

(2)机构 A 与机构 B 达成一笔外汇交易,买入 USD/CNY 1000 万元人民币,成交价为 6.1576,则基准货币金额与对应货币金额为 1624009 美元(10000000/6.1576),非基准货币金额与交易货币金额为 1000 万元人民币,折美元金额为 1624009 美元。

（3）机构 A 与机构 B 达成一笔外汇交易，买入 HKD/CNY 1000 万元人民币，成交价为 0.79400，则基准货币金额与对应货币金额为 12594458 港元（10000000/0.79400），非基准货币金额与交易货币金额为 1000 万元人民币，市场实时 USD/CNY 买入报价 6.1576，卖出报价 6.1578，则折美元金额为 1623983 美元（10000000/6.1577）。

（4）机构 A 与机构 B 达成一笔外汇期权交易，约定买入 USD/CNY 1000 万元人民币期权，执行价为 6.0000，基准货币金额与对应货币金额为 1666667 美元（10000000/6.0000），非基准货币金额与交易货币金额为 1000 万元人民币，市场实时 USD/CNY 买入报价 6.1576，卖出报价 6.1578，则折美元金额为 1623983 美元（10000000/6.1577）。

在外汇交易中，有几个与日期相关的重要概念。交易双方达成外汇交易的日期称为成交日，通常用"T"表示。一般而言，外汇交易达成后，交易双方履行资金划拨，其货币收款或付款能真正执行生效的日期称为起息日。外汇市场中，由于涉及两种不同的货币，因此起息日的决定，必须是两种货币的营业日，因为只有在营业日，才可以将货币划付给对方；一般情况下，起息日与结算日、交割日相同。外汇交易所跨时间长度，通常以起息日与该货币对即期起息日的时间差表示，分为标准期限与非标准期限。标准期限是指起息日与该货币对即期交易起息日时间差为固定时间段的期限，如 Today、TOM、1W、1M、1Y 等都是标准期限。

4.1.2 交易方式与清算方式

在我国银行间外汇市场提供的外汇交易业务模式包括竞价交易和询价交易。竞价交易也称匿名交易，是指交易双方通过外汇交易系统匿名报价，系统按照"价格优先、时间优先"的原则进行匹配，达成交易，交易达成后双方通过集中净额清算模式进行清算的交易模式。除了竞价交易外，更为普遍的是询价交易，是指有双边授信关系的交易双方，通过外汇交易系统双边直接协商交易要素达成交易，交易达成后通过双边清算模式或净额清算等其他清算模式进行清算的交易模式。

一般在外汇交易达成后，交易双方进入清算流程，所谓清算是指交易的匹配确认、盈亏以及双方支付或交割权利义务的计算、结算指令的发送和到账确认等过程。清算包括集中清算和双边清算两种模式，也可以分为全额清算和净额清算两种方式。集中清算是指外汇交易达成后，第三方作为中央清算对手方分别向交易双方独立进行资金清算。双边清算是指外汇交易达成后，由交易双方按交易要素直接进行资金清算。

【例 4-4】

2014-04-21，机构 A 和机构 B 达成一笔美元兑人民币即期交易，机构 A 以 6.1600 的价格向机构 B 买入 USD 10000。

双边清算：

2014-04-23，机构 A 向机构 B 支付 CNY 61600，同时机构 B 向机构 A 支付 USD 10000。

集中清算：

2014-04-23，机构 A 向中央清算对手方支付 CNY 61600，同时中央清算对手方向机构 A 支付 USD 10000；机构 B 向中央清算对手方支付 USD 10000，同时中央清算对手方向机构 A 支付 CNY 61600。

全额清算是指交易双方对彼此之间达成的交易，按照交易要素逐笔进行办理资金清算。净额清算是指对同一清算日的交易按币种进行轧差,并根据轧差后的应收或应付资金进行结算。在银行间外汇市场的竞价交易模式中(包括人民币外汇交易和外币对交易),上海清算所作为中央清算对手方与交易双方按集中净额清算模式进行资金清算;在银行间外汇市场的询价交易模式中(仅人民币外汇交易),上海清算所作为中央清算对手方与指定会员按集中净额清算方式进行资金清算。

【例 4-5】

2014-04-21,机构 A 和机构 B 达成了三笔美元兑人民币即期交易:机构 A 以 6.1573 的价格向机构 B 买入 USD 10000。机构 A 以 6.1575 的价格向机构 B 卖出 USD 10000。机构 A 以 6.1560 的价格向机构 B 买入 USD 10000。

双边全额清算:

2014-04-23,机构 A 分三次向机构 B 支付 CNY 61573,USD 10000,CNY 61560;同时机构 B 分三次向机构 A 支付 USD 10000,CNY 61575,USD 10000。

双边净额清算:

2014-04-23,机构 A 只需向机构 B 轧差支付 CNY 61558(61573＋61560－61575),同时机构 B 只需向机构 A 轧差支付 USD 10000(10000－10000＋10000)。

4.2 外汇即期交易

4.2.1 基本定义

外汇即期交易是指交易双方以约定的外汇币种、金额、汇率,在成交日后第二个营业日交割的外汇交易。我国银行间外汇市场包括人民币外汇即期交易和外币对即期交易。与国际外汇市场略有区别的是,根据我国相关政策规定,银行间外汇市场在两个营业日之内交割的人民币外汇交易也被纳入外汇即期交易。在外汇市场,之所以将即期交易的交割日定为第二个营业日(见图 4-1),主要是由于全球外汇市场是 24 小时交易的,同时全球主要交易市场存在时差的问题。

图 4-1 外汇即期交易成交日与起息日

4.2.2 中间价、参考价与交易区间

1. 中间价与参考价

我国银行间外汇市场,有一个非常重要的基准价格就是中间价。中国人民银行授权中国外汇交易中心于每个工作日上午 9:15 对外公布当日人民币对美元、欧元、日元、港元、英镑、澳元、新西兰元、新加坡元、加元、马来西亚林吉特、俄罗斯卢布中间价,作为当日银行间外汇市场以及银行柜台交易即期汇率的中间价。

人民币对美元汇率中间价的形成方式:中国外汇交易中心于每日银行间外汇市场开盘前向所有人民币外汇市场做市商询价,并将全部做市商报价作为人民币兑美元汇率中间价的计算样本,去掉最高报价和最低报价后,将剩余做市商报价加权平均,得到当日人民币兑美元汇率中间价。权重由中国外汇交易中心根据报价方在银行间外汇市场的交易量及报价情况等指标综合确定。

人民币对港元和人民币对加拿大元汇率中间价由中国外汇交易中心分别根据当日人民币兑美元中间价与上午9时国际外汇市场港元对美元和加拿大元兑美元汇率套算确定。

人民币对欧元、日元、英镑、澳大利亚元、新西兰元、新加坡元、马来西亚林吉特和俄罗斯卢布汇率中间价的形成方式:中国外汇交易中心于每日银行间外汇市场开盘前向银行间外汇市场相应币种的做市商询价,将做市商报价平均,得到当日人民币对欧元、日元、英镑、澳大利亚元、新西兰元、新加坡元、马来西亚林吉特和俄罗斯卢布汇率中间价。

中国人民银行授权中国外汇交易中心于每个工作日对外公布当日人民币对泰铢、坚戈区域交易参考价,作为当日银行间外汇市场以及银行柜台交易即期汇率的参考价。人民币对泰铢、坚戈区域交易参考价的形成方式:中国外汇交易中心于每日银行外汇市场开盘前向银行间外汇市场人民币对泰铢、坚戈区域交易报价行询价,将报价行报价平均,得到当日人民币对泰铢、坚戈区域交易参考价。

2.汇率浮动幅度

自2005年7月21日起,我国开始实行以市场供求为基础、参考"一篮子货币"进行调节、有管理的浮动汇率制度。现阶段每日银行间即期外汇市场美元对人民币的交易价在中国外汇交易中心对外公布的美元交易中间价上下2%的幅度内浮动;人民币对马来西亚林吉特、人民币对俄罗斯卢布的交易价在外汇交易中心对外公布的该货币交易中间价上下5%幅度内浮动;其他非美元货币对人民币的交易价在外汇交易中心对外公布的该货币交易中间价上下3%幅度内浮动。

银行间外汇市场人民币对泰铢、坚戈区域交易的交易价在外汇交易中心对外公布的该货币交易参考价上下10%幅度内浮动。

银行间外汇市场仅人民币外汇即期交易(包括T+0、T+1和T+2)设置汇率波动幅度,人民币外汇远期、掉期、货币掉期、期权和外币对交易无汇率波动幅度限制。

银行挂牌汇价管理规定:银行可基于市场需求和定价能力对客户自主挂牌人民币对各货币对汇价,现汇、现钞挂牌买卖价没有限制,根据市场供求自主定价。

4.2.3 营业日准则与起息日规则

1.营业日准则

上面我们已经介绍了外汇即期交易是 T+2 日进行交割,那么经常会遇到的一个问题是交割日为非营业日,这时我们就需要根据以下相应准则之一进行调整:

(1)下一营业日:顺延至下一营业日;

(2)经调整的下一营业日:顺延至下一营业日,但如果下一营业日跨至下一月,则提前至上一营业日;

(3)上一营业日:提前至上一营业日。

为了帮助大家更好地理解营业日准则,让我们来看一个具体示例。

【例 4-6】

假定某笔外汇交易的起息日恰好为 2014-11-30(星期日),因为是非营业日,应进行调整。若采用"下一营业日",则调整至 2014-12-01;若采用"经调整的下一营业日",因"下一营业日"跨月,则提前至上一营业日 2014-11-28;若采用"上一营业日",则调整至 2014-11-28(2014-11-29 是周六)。

2.外汇即期交易起息日规则

在外汇交易中,由于一笔交易涉及两个货币,每个货币的清算与交割一般均在该货币的所属国进行,因此需要一定的规则来确定一笔交易的起息日。我国银行间外汇市场外汇即期交易相关起息日规则如下:

(1)计算货币对起息日,应分别计算该货币对中两种货币的起息日,最终起息日取两者中较晚者。

【例 4-7】

一笔 USD/CNY 交易,人民币起息日为 2014-05-19,美元起息日为 2014-05-20,则该笔交易起息日为 2014-05-20。

(2)人民币外汇即期交易和外币对即期交易(USD/CAD 除外)起息日为成交日后第 2 个营业日,简称"T+2";USD/CAD 起息日为成交日后第 1 个营业日,简称"T+1"。

【例 4-8】

2014-05-19(星期一)成交的 USD/CNY 即期交易,起息日为 2014-05-21;同一日成交的 USD/CAD 即期交易,起息日为 2014-05-20。

(3)任何货币对(USD/CAD 除外),若 T+1 日为美元假日,该货币对即期起息日不受影响;若 T+1 日为货币对中非美元货币的假日,该货币对即期起息日按"下一营业日"准则进行调整;若 T+1 日既为美元假日又为货币对中非美元货币的假日,该货币对即期起息日按"下一营业日"准则进行调整。

【例 4-9】

2014-11-10 成交一笔 USD/CNY 即期交易,虽然 2014-11-11 是美元假日,但该笔交易起息日不受影响,仍是 2014-11-12;2014-12-24 成交一笔 GBP/USD 即期交易,2014-12-25 是英镑假日和美元假日,该笔交易起息日延至 2014-12-30(27 日、28 日为周末,26 日也是英镑假日);2014-05-30 成交一笔 GBP/CNY 即期交易,2014-05-31 是人民币假日(端午节),该笔交易起息日延至 2014-06-04(5 月 31 日、6 月 1 日、6 月 2 日是人民币假日)。

(4)任何货币对,如果 T+2(USD/CAD 为 T+1)日为美元假日或是货币对中任意一种货币的假日,即期起息日按照"下一营业日"准则进行调整。

【例 4-10】

2014-11-25 成交一笔 EUR/JPY 即期交易,2014-11-27 是美元假日,该笔交易起息日延至 2014-11-28;2014-05-27 成交一笔 USD/CHF 即期交易,2014-05-29 是瑞士法郎假日,该笔交易起息日延至 2014-05-30;2014-04-17 成交一笔 USD/CAD 即期交易,2014-04-18 是加拿大元假日,该笔交易起息日延至 2014-04-21(4 月 19 日、20 日为周末)。

(5)若某交易日外币对即期交易的起息日为人民币假日,则该交易日外币对竞价交易不被允许,询价交易仍可进行。

【例 4-11】

2014-10-01 是人民币假日,则 2014-09-29 的所有外币对(USD/CAD 除外)的竞价交易不被允许,2014-09-30 的 USD/CAD 的竞价交易不被允许(除非另外约定起息日)。

4.2.4 交叉汇率计算

交叉汇率是指制定出基本汇率后,本币对其他外国货币的汇率就可以通过基本汇率加以套算,这样得出的汇率就是交叉汇率,又叫作套算汇率。

(1)若报价方报出的两个即期汇率都是以美元为基准货币或者都以美元为计价货币,则采用交叉相除的方法进行套算。

(2)若报价方报出的两个即期汇率一个是以美元为基准货币,另一个是以美元为计价货币,则采用同边相乘的方法进行套算。

【例 4-12】

某日银行间外汇市场报价

USD/CHF＝1.0110/20 　　　①

USD/HKD＝7.7930/40 　　　②

求 CHF/HKD。

解 USD/CHF＝1.0110/20,USD/HKD＝7.7930/40

卖出 1 瑞郎(买入 A 美元)——卖出 A 美元(买入 X 港元)

1/ 1.0110×7.7940 ≈7.7092(瑞郎对港元的卖出价)

买入 1 瑞郎(卖出 A 美元)——买入 A 美元(卖出 X 港元)

1/ 1.0120×7.7930 ≈7.7006(瑞郎对港元的买入价)

所以汇价 CHF/HKD＝7.7006/92。

或解 (分析:两个报价都是以美元为基准货币,故采用交叉相除的方法。又因为 CHF/HKD＝(USD/HKD)÷(USD/CHF),故用②式(交叉)除以①式。)

7.7930÷1.0120≈7.7006

7.7940÷1.0110≈7.7092

CHF/HKD＝7.7006/92

【例 4-13】

某日银行间外汇市场报价

GBP/USD＝1.6120/30 　　　①

USD/HKD＝7.7930/40 　　　②

求 GBP/HKD。

解 GBP/USD＝1.6120/30,USD/HKD＝7.7930/40

卖出 1 英镑(买入 X 美元)——卖出 X 美元(买入 A 港元)

1×1.6130×7.7940 ≈12.572(英镑对港元的卖出价)

买入 1 英镑(卖出 X 美元)——买入 X 美元(卖出 A 港元)

1×1.6120×7.7930 ≈12.562(英镑对港元的买入价)

所以汇价 GBP/HKD＝12.562/72。

或解 (分析:两个报价中①式以美元为计价货币,②式以美元为基准货币,故采用同边相乘的方法。又因为 GBP/HKD＝GBP/USD×USD/EUR,故用①式乘以②式即可。)

$1.6120×7.7930≈12.562$

$1.6130×7.7940≈12.572$

GBP/HKD＝12.562/72

在例 4-13 中,如果所求的汇率为 HKD/GBP,则可以将同边相乘后得到的 GBP/HKD 换算成 HKD/GBP。

采用的方法是将 GBP/HKD 的买入价和卖出价求倒数后再互换位置,可以得到: $HKD/GBP＝(1÷12.572)/(1÷12.562)≈0.0795/96$。

了解了交叉汇率的计算后,我们来看一个具体三角套汇的应用。

【例 4-14】

某日香港、伦敦和纽约外汇市场上的即期汇率如下:

香港外汇市场:GBP/HKD 12.490/500

伦敦外汇市场:GBP/USD 1.6500/10

纽约外汇市场:USD/HKD 7.8500/10

问:(1)是否存在套汇机会?

(2)如果存在套汇机会,不考虑其他费用,某机构用 100 万港元套汇,可获得多少利润?

由 GBP/HKD 12.490/500 和 GBP/USD 1.6500/10 交叉相除,套算出 USD/HKD＝7.5651/7.5758。

与纽约市场相比,纽约市场美元汇价更高,因此选择在纽约市场卖出美元,买入港元;相应地,在香港市场卖出港元,买入英镑;而在伦敦市场卖出英镑,买入美元。

如果有 100 万港元,先在香港市场换为英镑,再在伦敦市场换为美元,最后在纽约市场换成港元。$100÷12.500×1.6500×7.8500＝103.62$ 万港元,比最初投入的 100 万港元多 3.62 万港元,因此获利。

4.2.5 交易要素

我国银行间外汇市场即期交易的基本要素如表 4-1 所示。

表 4-1 外汇即期交易要素

要　素	说　明
货币对	可以交易的货币对
期限	人民币外汇即期交易:T+0、T+1、T+2 外币对即期交易:T+2(USD/CAD 为 T+1)
价格	
交易模式	竞价和询价
清算模式和方式	竞价交易:集中净额清算 询价交易:双边清算及集中净额清算
报价精度	
最小交易金额	

我们来看一个外汇即期交易的具体示例:

2014-04-22,机构 A 通过外汇交易系统与机构 B 达成了一笔美元兑人民币即期询价交易。机构 A 为发起方。约定机构 A 以 USD/CNY＝6.1600 的价格向机构 B 卖出 USD 10000000。涉及的交易要素如表 4-2 所示。

表 4-2 外汇即期交易要素示例

要　素	内　容	要　素	内　容
发起方	机构 A	报价方	机构 B
成交日	2014-04-22	交易模式	询价交易
货币对	USD/CNY	价格	6.1600
交易货币	USD	对应货币	CNY
交易货币金额	USD 10000000	对应货币金额	CNY 61600000
折美元金额	USD 10000000	起息日	2014-04-24
交易后的期限	SPOT 机构 A 卖出 USD,买入 CNY;机构 B 买入 USD,卖出 CNY	清算模式和方式	双边全额清算

4.3　外汇远期交易

4.3.1　基本定义

外汇远期交易是指交易双方以约定的币种、金额、汇率,在约定的未来某一日期(非即期起息日)交割的外汇交易。在远期交易中,一般采用远期点进行报价,我们把远期汇率和即期汇率之差的基点数称为远期点。远期点一般由即期汇率、货币对中两种货币的利差和远期期限等因素决定。远期点可以为正,也可以为负。如图 4-2 所示。

图 4-2　外汇远期交易成交日与起息日示例

交易双方约定的在远期起息日基准货币交换非基准货币的价格即远期全价。远期全价的计算公式:远期全价＝即期汇率＋远期点。其中,即期汇率是远期交易成交时报价方报出的即期汇率。如果发起方为卖方,则即期汇率和远期点均使用出价(bid)方报价;如果发起方为买方,则即期汇率和远期点均使用报价(offer)方报价。

【例 4-15】

一笔美元对人民币远期交易成交时,报价方报出的即期汇率为 6.1575/6.1578,远期点为 45.01/50.33bp。若发起方为卖方,则远期全价为 6.1575＋45.01bp＝6.162001;发起方为买方,则远期全价为 6.1578＋50.33bp＝6.162833。

4.3.2　起息日规则

同外汇即期交易一样,外汇远期交易的起息日规则如下:

(1)远期交易起息日等于即期起息日加上双方约定的期限。遇美元假日或货币对中任一货币节假日,1M 以下标准期限遵循"下一营业日"准则,1M 以上(包括 1M)标准期限遵循"经调整的下一营业日"准则。非标准期限的起息日由交易双方直接约定。

【例 4-16】

2014-04-09 成交了一笔 1W GBP/CNY 远期交易,即期起息日为 2014-04-11,远期起息日本应为 2014-04-18,但因为 2014-04-18 是英镑假日,根据"下一营业日"准则,该笔远期交易的起息日调整至 2014-04-22(19 日、20 日为周末,21 日也为英镑假日)。

2014-03-27 成交一笔 2M GBP/CNY 远期交易,即期起息日为 2014-03-31(29 日、30 日为周末),远期交易起息日本应为 2014-05-31,但因 2014-05-31 是人民币假日,根据"经调整的下一营业日"准则,该笔远期交易的起息日调整至 2014-05-30。

(2)月末规则:若即期起息日为某个月的最后一个营业日,那么 1M 以上(包括 1M)标准期限远期交易的起息日也应落在相应月份的最后一个营业日。

【例 4-17】

2014-02-26 成交一笔 1M USD/CNY 远期交易,即期起息日为 2014-02-28(2 月的最后一个营业日),根据月末规则,该笔交易的远期起息日应为下个月的最后一个营业日即 2014-03-31。2014-07-29 成交了一笔 2M USD/CNY 的远期交易,即期起息日为 2014-07-31,根据月末规则,该笔交易的远期起息日应为 9 月的最后一个营业日即 2014-09-30。

4.3.3　远期汇率计算

根据利率评价理论,外汇远期价格的决定因素有以下三个:

(1)即期汇率价格。

(2)买入与卖出货币间的利率差。

(3)期间长短。

其中,最主要的影响因素就是两货币的利率差。我们先以一个例子看看为什么说利率差是决定远期汇率的主要因素。

一企业客户希望与一家银行达成一笔 100 万美元的 6M USD/JPY 远期外汇交易,卖出美元,买入日元。假定当前汇率为 1 美元兑换 100 日元(为方便起见,省略买价和卖价,以中间价作为参考),同时假定当前美元利率为 4%,而日元利率为 0。如果双方进行即期交易,企业向银行卖出 1 美元,可以得到 100 日元,而银行从即期交割日起开始享有美元较高的利率。但现在双方约定的是 6 个月后进行交易,即企业手中的 1 美元不立刻交割给银行,而是自行保留 6 个月,这 6 个月间企业(而非银行)将享有美元的较高利率。因此,银行在给企业报远期汇率价格时,必然会考虑到自身的利率损失,由此一定会在 6 个月后将交割给企业的日元数量略微减少,以挽回自身的利率损失,在本例中也就表现为交割给企业的日元低于 100。

若其他条件都不变,只是企业希望在 6 个月后向银行卖出日元,买进美元,如果进行即期交易,则企业用 100 日元向银行兑换 1 美元,立刻开始享有美元的较高利率。但因双方约定 6 个月后交割,银行不必立刻将美元交割给客户,可继续享有半年的较高利率,因此必须对企业做出补偿。这种补偿就体现在 6 个月后客户不必用 100 日元才兑换 1 美元,其可以用更少的日元就能兑换到 1 美元。由于 1 美元在半年间可以获得 0.02 美元的利息,而日元无利息存在,因此有 0.02 美元的息差需挽回或补偿,相当于 2 日元,则 6 个月远期汇率的价格应该在 98 日元兑换 1 美元。

由上例可以看出,银行在报出远期汇率价格时,只要两个货币间存在利率差,就必然会出现交易的一方需要向对方进行补偿的情况。由此,远汇报价将不等同于现汇报价,之间的差额就是两种货币利率之间的差额。如果恰巧出现两个货币的利率完全相同的情况,则远汇报价在原则上等同于现汇报价。以下就是按照上述原则确定的远期汇率计算公式:

远期汇率价格=即期汇率价格+即期汇率价格×(非基准货币利率-基准货币利率)×天数/360

若非基准货币利率高于基准货币利率,则利率差为正值,此时远期汇率在数值上大于即期汇率,称为升水。

若非基准货币利率低于基准货币利率,则利率差为负值,此时远期汇率在数值上小于即期汇率,称为贴水。

综合来讲,有较高利率的货币对有较低存款利率的货币远期汇率贴水;有较低利率的货币对有较高存款利率的货币远期汇率升水。根据该公式,上例中 USD/JPY 6 个月远期汇率的价格计算如下:

6 个月远期汇率=100+100(0%-4%)×180/360=98

4.3.4 交易要素

外汇远期交易的基本要素如表 4-3 所示。

表 4-3 外汇远期交易要素

要　素	说　明
货币对	可以交易的货币对
期限	标准期限包括:TODAY(T+0)、TOM(T+1)、1D(T+3)、1W、2W、3W、1M、2M、3M、4M、5M、6M、9M、1Y、18M、2Y、3Y 等
价格	
交易模式	询价交易
清算模式和方式	双边清算 全额清算/差额清算
报价精度	
最小交易金额	

根据我国现行政策规定,T+0,T+1 人民币外汇交易属于外汇即期交易,但交易系统中价格计算方法与其他远期标准期限相同,等于 T+2 即期汇率+(T+0/T+1)远期点。

我们来看一笔外汇远期交易的具体示例:

2014-03-25,机构 A 通过外汇交易系统与机构 B 成交一笔 1Y USD/CNY 远期交易。约定机构 A 卖出 USD 15000000,买入 CNY。机构 A 为发起方,机构 B 报出即期汇率 USD/CNY＝6.1300,远期点 40.00bp,即机构 A 以 USD/CNY＝6.1340 的价格在 2015-03-27 向机构 B 卖出 USD 15000000。涉及的交易要素如表 4-4 所示。

表 4-4 外汇远期交易要素示例

发起方	机构 A	报价方	机构 B
成交日	2014-03-25	远期全价	6.1340
货币对	USD/CNY	折美元金额	USD15000000
交易货币	USD	交易货币金额	USD15000000
对应货币	CNY	对应货币金额	CNY92010000
即期汇率	6.1300	远期点	40.00
期限	1Y	起息日	2015-03-27
清算模式和方式	双边全额清算	交易方向和金额	机构 A 卖出 USD15000000,买入 CNY92010000 机构 B 买入 USD15000000,卖出 CNY92010000

4.4 外汇掉期交易

4.4.1 基本定义

外汇掉期交易是指交易双方约定在一前一后两个不同的起息日进行方向相反的两次货币交换。在第一次货币交换中,一方按照约定的汇率用货币 A 交换货币 B;在第二次货币交换中,该方再按照另一约定的汇率用货币 B 交换货币 A。值得注意的是,两次货币交换的汇率、金额以及交割日均在交易时确定。简而言之,外汇掉期交易就是同时买卖金额相同,但交割日不同的外汇交易。

每笔掉期交易包含一个近端期限和一个远端期限,分别用于确定近端起息日和远端起息日。这两个期限可以是标准期限,如近期期限为 1M,远端期限为 1Y,也可以是非标准期限。按照起息日的不同,掉期交易分为即期对远期掉期交易、远期对远期掉期交易和隔夜掉期交易。其中,隔夜掉期交易比较特殊,根据起息日的不同又可分为 O/N(overnight)、T/N(tom-next)和 S/N(spot-next)三种。对于即期对标准期限远期的掉期交易,则掉期的期限即为远端起息日的期限。外汇掉期交易成交日与起息日示例如图 4-3 所示,外汇掉期交易期限如表 4-5 所示。

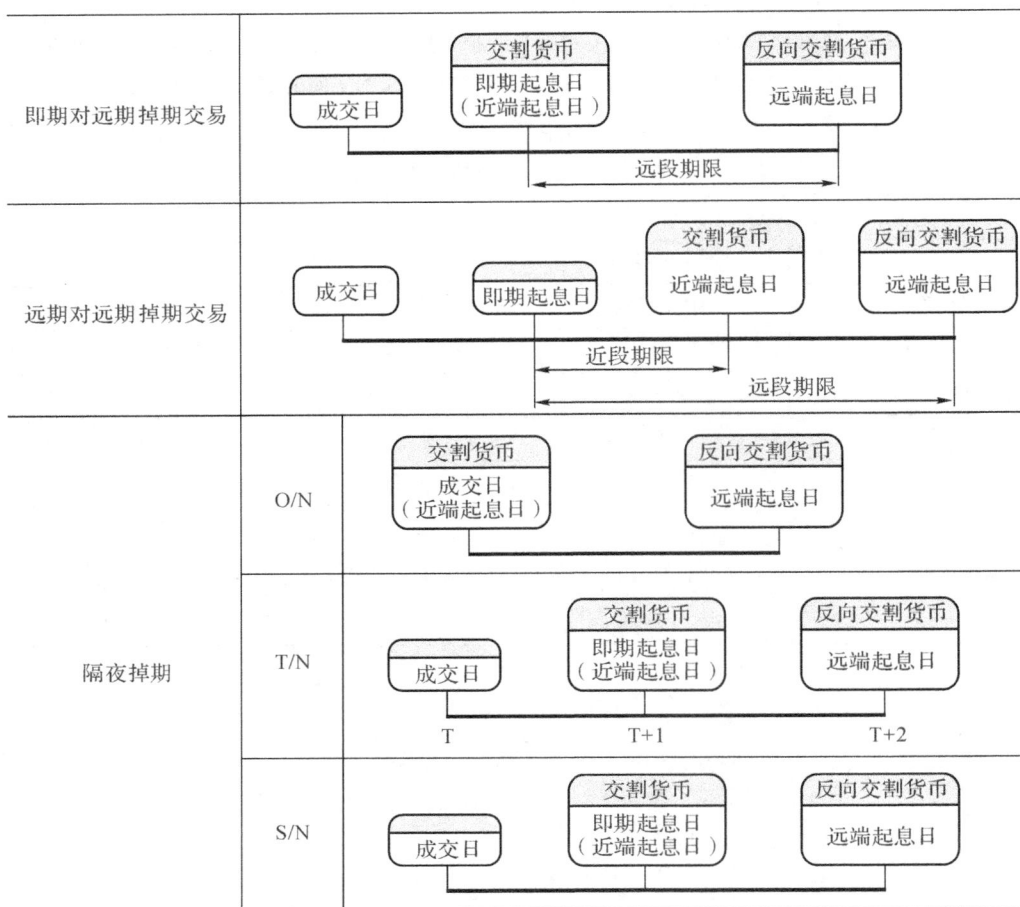

图 4-3　外汇掉期交易成交日与起息日示例

表 4-5　外汇掉期交易期限

期　　限	全　　称	近端起息日	远端起息日
O/N	Overnight	T	T＋1
T/N	Tomorrow-next	T＋1	T＋2
S/N	Spot-next	T＋2	T＋3
1W	Spot-one week	T＋2	即期起息日之后一周
1M	Spot-one month	T＋2	即期起息日之后一个月
1Y	Spot-one year	T＋2	即期起息日后一年

　　由于一笔外汇掉期交易包含两次货币交换,因此掉期汇率同样也包括近端汇率和远端汇率。我们把交易双方约定的第一次交割货币所适用的汇率称为近端汇率,那么第二次交割所适用的汇率即为远端汇率,远端汇率与近端汇率之差的基点数为掉期点。

　　掉期全价是指交易双方约定的在起息日基准货币交换非基准货币的价格,包括近端掉期全价和远端掉期全价。掉期全价的计算公式:掉期全价＝即期汇率＋相应期限掉期点。

其中,即期汇率是掉期交易成交时报价方报出的即期汇率。

如果发起方近端买入、远端卖出,则近端掉期全价＝即期汇率 offer 边报价＋近端掉期点 offer 边报价,远端掉期全价＝即期汇率 offer 边报价＋远端掉期点 bid 边报价;如果发起方近端卖出、远端买入,则近端掉期全价＝即期汇率 bid 边报价＋近端掉期点 bid 边报价,远端掉期全价＝即期汇率 bid 边报价＋远端掉期点 offer 边报价。

对于即期对远期掉期交易一般通过掉期点进行报价,同一机构同期限远期点报价和掉期点报价一般相同。对于近端起息日和远端起息日均为远期的掉期交易而言,掉期点为远端起息日对应掉期点与近端起息日对应掉期点之差。具体换算方法如下:

TENOR1/TENOR2 bid＝TENOR2 bid－TENOR1 offer

TENOR1/TENOR2 offer＝TENOR2 offer－TENOR1 bid

【例 4-18】

一笔 1M/2M 的美元对人民币掉期交易成交时,报价方报出的即期汇率为 6.1330/6.1333,近端掉期点为 45.01/50.23bp,远端掉期点为 60.15/65.00bp。则:发起方近端买入、远端卖出,则近端掉期全价为 6.1333＋50.23bp＝6.138323,远端掉期全价为 6.1333＋60.15bp＝6.139315,掉期点为 60.15bp－50.23bp＝9.92bp。

发起方近端卖出、远端买入,则近端掉期全价为 6.1330＋45.01bp＝6.137501,远端掉期全价为 6.1330＋65.00bp＝6.139500,掉期点为 65.00bp－45.01bp＝19.99bp。

4.4.2　起息日规则

(1)掉期交易起息日等于即期起息日分别加上双方约定的近端期限和远端期限。遇美元假日或货币对中的任一货币假日,1M 以下的标准期限遵循"下一营业日"准则,1M 以上(包括 1M)标准期限遵循"经调整的下一营业日"准则。非标准期限的起息日由双方直接约定。

【例 4-19】

2014-03-27 成交一笔 2M GBP/CNY 掉期交易,近端起息日为 2014-03-31(29 日、30 日为周末),远端起息日本应为 2014-05-31,但因 2014-05-31 是人民币假日,根据"经调整的下一营业日"准则,该笔远期交易的起息日调整至 2014-05-30。

(2)月末规则:若即期起息日为某个月的最后一个营业日,那么 1M 以上(包括 1M)标准期限掉期交易的起息日也应落在相应月份的最后一个营业日。

4.4.3　交易要素

外汇掉期交易的基本要素如表 4-6 所示。

表 4-6　外汇掉期交易的基本要素

要　素	内　容
货币对	可以交易的货币对
期限	标准期限包括:O/N、T/N、S/N、1W、2W、3W、1M、2M、3M、4M、5M、6M、9M、1Y、18M、2Y、3Y 等
价格	

续表

要　素	内　容
交易方向	SELL/BUY：近端卖出基准货币，远端买入基准货币
	BUY/SELL：近端买入基准货币，远端卖出基准货币 除非交易双方另行约定，外汇掉期交易的买入和卖出指基准货币的远端交易方向
交易模式	询价交易
清算模式和方式	双边清算 全额清算集中净额
报价精度	
最小交易金额	

我们来看两个外汇掉期交易的具体案例。

(1)2014-04-22，机构 A 通过外汇交易系统与机构 B 成交一笔 1Y 美元兑人民币掉期交易，约定机构 A 在近端卖出 USD 10000000，远端买入 USD 10000000。机构 A 为发起方，成交时机构 B 报出的即期汇率为 6.1600，1Y 的远期点为 49.00bp，即机构 A 会在 2014-04-24 以 USD/CNY＝6.160000 的价格向机构 B 卖出 USD 10000000，在 2015-04-24 以 USD/CNY＝6.164900的价格从机构 B 买入 USD 10000000。涉及的交易要素如表 4-7 所示。

表 4-7　外汇掉期交易要素示例

发起方	机构 A	报价方	机构 B
成交日	2014-04-22	即期汇率	6.1600
货币对	USD/CNY		
交易货币	USD	对应货币	CNY
清算模式和方式	双边全额清算		
交易模式	询价		
近端交易			
交易货币金额	USD 10000000	对应货币金额	CNY 61600000
折美元金额	USD 10000000		
近端期限	SPOT	近端起息日	2014-04-24
近端远期点	0.00	近端掉期全价	6.160000
交易方向和金额	机构 A 卖出 USD 10000000，买入 CNY 61600000 机构 B 买入 USD 10000000，卖出 CNY 61600000		
远端交易			
交易货币金额	USD 10000000	对应货币金额	CNY 61649000
折美元金额	USD 10000000		
远端期限	1Y	远端起息日	2015-04-24
远端远期点	49.00	远端掉期全价	6.164900
交易方向和金额	机构 A 买入 USD 10000000，卖出 CNY 61649000 机构 B 卖出 USD 10000000，买入 CNY 61649000		

(2)2014-04-16,机构 A 通过外汇交易系统与机构 B 成交一笔 O/N 美元兑人民币掉期交易,约定机构 A 在近端卖出 USD 50000000,远端买入 USD 50000000。机构 A 为发起方,成交时机构 B 报出的即期汇率为 6.1585,近端远期点为 -2.60bp,远端远期点为 -1.45bp。即机构 A 会在 2014-04-16 以 USD/CNY=6.158240 的价格向机构 B 卖出 USD 50000000,在 2014-04-17 以 USD/CNY=6.158355 的价格从机构 B 买入 USD 50000000。涉及的交易要素如表 4-8 所示。

表 4-8 外汇掉期交易要素示例

发起方	机构 A	报价方	机构 B
成交日	2014-04-16	即期汇率	6.1585
货币对	USD/CNY		
交易货币	USD	对应货币	CNY
清算模式和方式	双边全额清算		
交易模式	询价		
近端交易			
交易货币金额	USD 50000000	对应货币金额	CNY 307912000
折美元金额	USD 50000000		
近端期限	TODAY	近端起息日	2014-04-16
近端远期点	-2.60	近端掉期全价	6.158240
交易方向和金额	机构 A 卖出 USD 50000000,买入 CNY 307912000 机构 B 买入 USD 50000000,卖出 CNY 307912000		
远端交易			
交易货币金额	USD 50000000	对应货币金额	CNY 307917750
折美元金额	USD 50000000		
远端期限	TOM	远端起息日	2014-04-17
远端远期点	-1.45	远端掉期全价	6.158355
交易方向和金额	机构 A 买入 USD 50000000,卖出 CNY 307917750 机构 B 卖出 USD 50000000,买入 CNY 307917750		

4.5 货币掉期交易

4.5.1 基本定义

货币掉期交易和外汇掉期交易有很大区别。货币掉期交易是指在约定期限内交换约定数量人民币与外币本金,同时定期交换两种货币利息的交易。利息交换是指交易双方定期向对方支付以换入货币计算的利息金额,交易双方可以按照固定利率计算利息,也可以按照浮动利率计算利息。

定息周期/定息频率又称利率重置周期。货币掉期交易中每隔一段固定的期限就会重新确定用于计算利息支付的浮动利率,该期限即定息周期。利率重置频率隐含的期限即利率重置周期。定息频率隐含的期限即定息周期。

货币掉期交易中交易双方每隔一段固定的期限会向对方支付换入货币计算的利息金额,该期限即为付息周期。付息频率隐含的期限即为付息周期。

起息日是付息周期的起始日,也是这个付息周期开始计息的日期,简称"V"。付息日是付息周期的终止日,也是这个付息周期支付利息的日期。每个付息周期都有对应的起息日和付息日。上一付息周期的付息日即为下一付息周期的起息日。定价日又称利率重置日。在每个付息周期开始前根据参考利率确定该期利率值的日期。生效日与到期日期初本金交换的日期也是第一个付息周期的起息日,称为生效日,又称首次起息日、期初本金交换日。一般情况下,期末本金交换日和最后一次利息交换日为到期日。生效日与到期日之间所跨时间长度为期限。定息规则是指确定定价日与起息日规则关系的规则,属于定价日规则的一部分,包括 V−0,V−1 和 V−2。如图 4-4 所示。

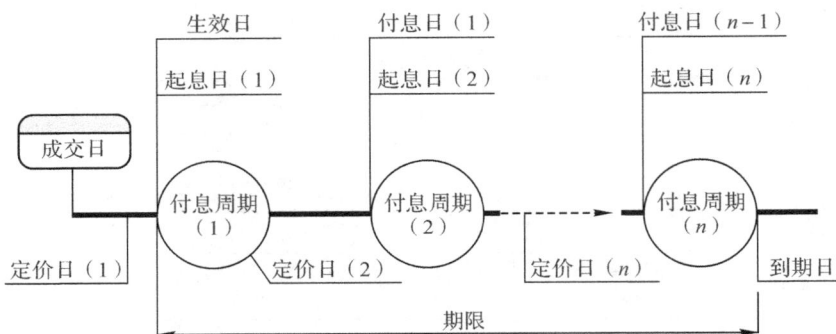

图 4-4　货币掉期交易成交日、付息日、定价日及起息日示意

货币掉期期限结构由成交日、生效日、付息周期、到期日等若干时间要素构成,整个期限由若干个付息周期组成,每个付息周期均有三个构成要件,即定价日、起息日和付息日,进而确定该付息周期的利息计算和支付。

人民币端付息周期可以大于定息周期,一个付息周期内可以有多个定价日,每个定息周期有一个定价日。

4.5.2　起息日规则

(1)首次起息日规则:人民币外汇货币掉期首次起息日又称生效日。

HKD/CNY 首次起息日(生效日)为成交日后第 1 个营业日,简称"T+1";其他币种对人民币外汇货币掉期首次起息日(生效日)为成交日后第 2 个营业日,简称"T+2"。

首次起息日(生效日)除受该货币对中货币节假日的影响之外,如果交换利率以 LIBOR 作为参考利率,还会受到英镑假期的影响(EUR LIBOR 受欧元区假期影响),遇上述节假日,遵循"下一营业日"准则进行调整。

　　首次起息日(生效日)前一日(V-1)遇货币对中非美元假日和英镑假日(EUR LIBOR 受欧元区假日影响)时,首次起息日(生效日)遵循"下一营业日"准则进行调整。

　　(2)非首次起息日规则:人民币外汇货币掉期的非首次起息日又称付息日。先根据到期日和付息周期计算出各付息周期的中间日,中间日是用来计算非首次起息日的名义起息日(不受节假日影响)。若中间日不遇下列节假日,中间日即为该付息周期的起息日(上一付息周期的付息日);若中间日遇到下列节假日,遵循"经调整的下一营业日"准则进行调整后得到该付息周期的起息日(上一付息周期的付息日):

　　当货币对中两个币种各自付息周期不一致时,若该付息期末仅发生单边利息收付,非首次起息日(付息日)按发生利息收付的货币假期、人民币假期和美元假期调整;若该付息期末发生双边利息收付,非首次起息日(付息日)按货币对中两个币种假日和美元假日调整以便落在同一天。

　　非首次起息日(付息日)除受货币对中货币节假日的影响之外,如果交换利率以 LIBOR 作为参考利率,还会受到英镑假期的影响(EUR LIBOR 受欧元区假期影响)。非首次起息日(付息日)前一日(V-1)遇货币对中非美元假日和英镑假日(EUR LIBOR 受欧元区假日影响)时,非首次起息日(付息日)遵循"经调整的下一营业日"准则进行调整。

　　最后一次付息日同样适用上述规则(遇节假日进行调整,但到期日遇节假日不做调整)。

　　非首次起息日(付息日)遵循月末规则:若期限为标准期限,生效日为某个月的最后一个营业日,则人民币外汇货币掉期交易的最后一次付息日应落在相应月份的最后一个营业日。

　　若付息周期为 1M 以上(含 1M)的标准期限,最后一次付息日为某个月的最后一个营业日,则人民币外汇货币掉期交易的每期非首次起息日(付息日)应落在相应月份的最后一个营业日。

【例 4-20】

　　(1)一笔 EUR/CNY 人民币外汇货币掉期交易,人民币 3 个月 SHIBOR 对欧元 6 个月 LIBOR 的付息日分别发生在 2014 年 1 月、4 月、7 月、10 月。其中,1 月和 7 月仅为人民币边利息收付(付息日调整需考虑人民币假日、美元假日),而 4 月和 10 月两次的双边利息收付日必须落在同一天(付息日需考虑人民币假日、欧元假日、美元假日)。若 2014-07-04(美国独立日)为人民币利息支付日,则该期人民币付息日调整至 2014-07-07(5 日、6 日为周末)。

　　(2)一笔 2014 年 12 月 24 日成交的 USD/CNY 人民币外汇货币掉期交易,人民币 3 个月 SHIBOR 对美元 6 个月 LIBOR,因 25 日和 26 日均为英镑假日,首次起息日调整至 2014 年 12 月 30 日(27 日、28 日为周末)。

4.5.3　交易要素

　　货币掉期交易的基本要素如表 4-9 所示。

表 4-9 货币掉期交易的基本要素

		报　价	交　易
主体		人民币外汇远期掉期做市商	人民币外汇货币掉期会员
货币对		人民币对美元	人民币对美元、港元、日元、欧元、英镑
期限		1Y、2Y、3Y、4Y、5Y、6Y、7Y、8Y、9Y、10Y	交易双方自行约定
本金交换形式		期初、期末各交换一次本金	
利率类型	人民币	3个月 SHIBOR（±点差）FR007（±点差）固定利率	SHIBOR（±点差）FR007（±点差）1年期定期存款利率（1Y Depo）（±点差）固定利率
	外币	3个月美元 LIBOR	美元、日元和英镑：对应币种的 LIBOR（±点差）固定利率；欧元：EURIBOR（±点差）欧元 LIBOR（±点差）固定利率；港元：HIBOR（±点差）固定利率
	备注	以人民币端利率为报价基础	交易支持一种货币为浮动利率加减点差或固定利率，另一种货币为浮动利率或固定利率
利率期限		美元 LIBOR（3个月）SHIBOR（3个月）REPO（7天）	浮动利率期限由交易双方根据实际情况自行约定
报价品种（利息交换形式）		（1）3个月人民币 SHIBOR 利率/3个月美元 LIBOR 利率（CNY 3M SHIBOR/ USD 3M LIBOR）；（2）人民币固定利率/3个月美元 LIBOR（CNY Fixing/ USD 3M LIBOR）；（3）人民币7天回购定盘利率/3个月美元 LIBOR（CNY 7D REPO/ USD 3M LIBOR）	（1）人民币固定利息/外币固定利息（2）人民币固定利息/外币浮动利息（3）人民币浮动利息/外币固定利息（4）人民币浮动利息/外币浮动利息
付息周期		浮动利率（3个月美元 LIBOR，3个月 SHIBOR，以及 FR007）以及人民币固定利率付息周期均为三个月即：CNY 3M SHIBOR/USD 3M LIBOR：Q/Q CNY Fixing/USD 3M LIBOR：Q/Q CNY 7D REPO/USD 3M LIBOR：Q/Q	人民币端付息周期由交易双方自行约定，但不得短于利率期限 外币端付息周期与外币利率期限一致
报价精度			
计息基准		FR007（Act/365）SHIBOR（Act/360）人民币固定利率（Act/365）美元 LIBOR（Act/360）	双方自行约定计息天数规则
利率重置频率		如无特殊约定，利率重置频率与利率期限保持一致	

我们来看一个货币掉期交易示例：

2014-04-21，机构 A 通过外汇交易系统与机构 B 达成了一笔 1Y 美元对人民币货币掉期交易，机构 A 为发起方。约定机构 A 在 2014-04-23 以 USD/CNY＝6.1560 的价格从机构 B 买入 USD 1000000，在 2015-04-23 以同样价格向机构 B 卖出 USD 1000000。双方约定每 3 个月向对方支付以换入货币计算的利息金额，机构 A 按照 USD 3M LIBOR 向机构 B 支付美元浮动利率，定价日为起息日前两个营业日，日基准为 A/360。机构 B 按照 3M SHIBOR －50.01bp 向机构 A 支付人民币浮动利率，定价日为起息日前一个营业日，日基准为 A/360。因此，在暂不考虑节假日因素的前提下，2014-07-23、2014-10-23、2015-01-23、2015-04-23 机构 A 需要分别按照 2014-04-21、2014-07-21、2014-10-21、2015-01-21 的 USD 3M LIBOR 向机构 B 支付美元浮动利率，而机构 B 需要分别按照 2013-04-22、2014-07-22、2014-10-22、2015-01-22 的 3M SHIBOR －50.01bp 向机构 A 支付人民币浮动利率。例如，2014-04-21 的 USD 3M LIBOR 为 0.2286%，2014-04-21 的 3M SHIBOR －50.01bp 为 4.999%，2014-04-23 至 2014-07-23 共有 92 天，因此在 2014-07-23，机构 A 需要向机构 B 支付 $1000000 \times 0.2286\% \times 92/360 = 584.20$ USD，机构 B 需要向机构 A 支付 $6156000 \times 4.999\% \times 92/360 = 78644.27$ CNY。涉及的交易要素如表 4-10 所示。

表 4-10　货币掉期交易要素示例表

发起方	机构 A		报价方	机构 B	
成交日	2014-04-21		到期日	2015-04-23	
货币对	美元/人民币		交易模式	询价交易	
即期汇率	6.1560		期限	1Y	
清算模式和方式	双边清算				
本金交换方向和金额	2014-04-23，机构 A 买入 USD 1000000，卖出 CNY 6156000；机构 B 买入 CNY 6156000，卖出 USD 1000000。2015-04-23，两银行做相反的货币交换				
利息支付	方向	机构 A 向机构 B 支付美元浮动利率，机构 B 向机构 A 支付人民币浮动利率			
	名义本金	USD 1000000		CNY 6156000	
	利率	3M LIBOR		SHIBOR －50.01bp	
	定息周期	3M		3M	
	定息规则	V－2		V－1	
	付息周期	3M		3M	
	计息基准	A/360		A/360	

4.6　外汇期权交易

4.6.1　基本定义

外汇期权交易（FX Option）是指交易双方以约定汇率，在约定的未来某一日期（非即期起息日）进行人民币对外汇交易的权利。期权买方以支付期权费的方式拥有权利；期权卖方收取期权费,并在买方选择行权时履行义务(普通欧式期权)。期权交易成交日、起息日等示例如图 4-5 所示。

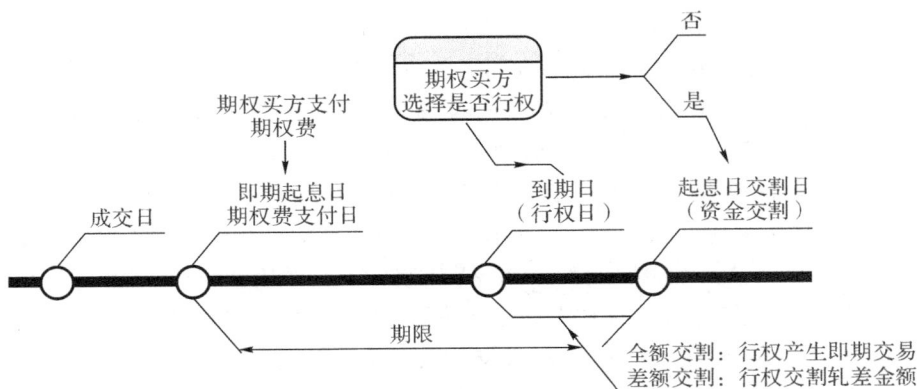

图 4-5　期权交易成交日、起息日等示例

我们可以从类型、行权时间以及权利等不同维度对期权进行划分。根据期权类型的不同,我们可以将期权分为普通期权和奇异期权。普通期权(Plain Vanilla Option/Vanilla Option)又称标准期权,是指无特殊结构或功能的简单标准期权,包括普通欧式期权、普通美式期权。奇异期权(Exotic Option)是指由普通期权结构改变或衍生,具有特别功能或产品结构的复杂期权。银行间外汇市场外汇期权为普通期权。

依据期权行权时间不同,我们可以将期权分为欧式期权与美式期权。期权买方只能在期权到期日当天才可以行权的标准期权为欧式期权。期权买方既可以在到期日当天,也可以在到期日之前行权的标准期权为美式期权。银行间外汇市场外汇期权为欧式期权。

依据期权所赋予的权利的不同,我们又可以将期权分为看涨期权与看跌期权。看涨期权(Call Option / Call)又称买入期权,是指期权买方有权在到期日以约定执行价格从期权卖方买入约定金额的货币。看涨期权包括基准货币看涨期权(Base Currency Call)和非基准货币看涨期权(Term Currency Call)。看跌期权(Put Option/ Put)又称卖出期权,是指期权买方有权在到期日以约定执行价格向期权卖方卖出约定金额的货币。看跌期权包括基准货币看跌期权(Base Currency Put)和非基准货币看跌期权(Term Currency Put)。

基准货币看涨与非基准货币看跌相对应,基准货币看跌与非基准货币看涨相对应。一般以 Base Currency Call / Term Currency Put 或 Base Currency Put / Term Currency Call 表示。交易双方若无其他约定,看涨期权与看跌期权均表示为基准货币看涨期权与基准货币看跌期权,即期权买方有权买入或卖出约定金额的基准货币。

【例 4-21】

(1)成交一笔美元对人民币看涨期权(Call),表示为 USD Call/CNY Put,即期权买方有权在到期日从期权卖方买入美元,卖出人民币。

(2)成交一笔港元对人民币看跌期权(Put),表示为 HKD Put/CNY Call,即期权买方有权在到期日从期权卖方卖出港元,买入人民币。

(3)机构 A 向机构 B 买入一笔 USD Call,货币对为 USD/CNY,表示机构 A 与机构 B 成交了一笔 USD Call/CNY Put,即机构 A 有权在到期日向机构 B 买入美元,卖出人民币。

期权费(Option Premium)是指期权买方购买期权所支付的费用,即期权价格(Option Price)。期权费率(Premium Rate)是指双方约定用以计算期权费金额的比率,可约定选择不同的期权费类型进行报价。若期权费率采用非基准货币百分比为报价表示方式,期权费金额=非基准货币金额×期权费率;采用非基准货币百分比报价为报价表示方式时,直接使用非基准货币金额,而非使用基准货币金额×即期价格进行计算。若期权费率采用基点为报价表示方式,期权费金额=基准货币金额×期权费率;采用基点为报价表示方式时,表示每单位基准货币的费率,应采用基准货币金额数值(不包括货币单位)计算,最终结果直接用人民币表示。

【例 4-22】

成交一笔美元对人民币期权交易,基准货币金额 USD 1000000,非基准货币金额 CNY 5900000,执行价格为 5.9000。若期权费类型为非基准货币百分比,期权费率 2.0000,则期权费金额为 CNY 5900000×2%=CNY 118000。

若期权费类型为基点,期权费率 2.00 个基点,期权费金额为 1000000×2 个基点 (0.0002)=CNY 200。

行权(Exercise)是指期权买方在约定的未来某一日期(非即期起息日)行使了与期权卖方进行人民币对外汇交易的权利,那么行权时的执行价格(Exercise Price)为交易双方约定的在未来某一日期(非即期起息日)进行人民币对外汇交易的汇率。

平价(At the Money)是指期权执行价格等于市场价格。平价期权(At the Money Option)是指处于平价状态的期权,是外汇期权买方要求行权时没有盈亏的期权。价内(In the Money)又称实值,是指看涨期权的执行价格低于市场价格的状态,或看跌期权的行权价格高于市场价格的状态。价内期权(In the Money Option)是指处于价内状态的期权,是外汇期权买方若要求行权可以获利的期权。价外(Out of the Money)又称虚值,是指看涨期权的执行价格高于市场价格的状态,或看跌期权的执行价格低于市场价格的状态。价外期权(Out of the Money Option)是指处于价外状态的期权,是外汇期权买方若要求行权会导致亏损的期权。外汇期权交易和设定市场波动率时,通常采用成交日的远期价格为市场价格,与执行价格相比,以判断期权处于平价、价内还是价外状态。

期权价值(Option Value)是指期权价格,包括内在价值与时间价值。内在价值(Instrinisc Value)是指约定的期权执行价格与行权日即期价格之间存在的有利于期权买方的差额。当期权处于价内状态时,其具有内在价值,该价值等于约定的期权执行价格与行权日即期价格之差;当期权处于价外或平价状态时,其内在价值为零。内在价值是期权交易的最低价格,必须为零或正数。时间价值(Time Value)是指期权价值高于期权内在价值的部分,是期权价格与内在价值之差。时间价值受期权距离到期日的时间、两种货币利差以及即期价格隐含波动率等影响,反映了内在价值可能提高的机会。一般来说,期权越接近于到期日,其时间价值越小,时间价值在到期日行权截止时间为零。

Delta 是指外汇即期价格单位变动带来外汇期权价格的绝对变动值,是用以衡量外汇期权风险状况的重要指标,通常用来衡量头寸的风险。外汇期权 Delta=外汇期权价格的变化/外汇即期价格的变化。外汇期权 Delta 值大小反映了期权到期后成为价内的概率,外汇期权的 Delta 值总是介于 0 与 100%之间。平价期权的 Delta 值在 50%区域附近;越是价内期权,其 Delta 值越接近 100%;越是价外期权,其 Delta 值越接近 0。

报价标的是指期权交易中报价方进行公开报价的对象,通常是隐含波动率。隐含波动率是指汇率在一段时间内变动的程度,是衡量期权价格波动幅度的指标,一般采用标准方差计算,是外汇期权报价的标的,以百分比表示。目前银行间外汇市场人民币外汇期权交易报价标的包括 Delta 值为 50% 的平价期权的波动率(ATM)、Delta 值为 25% 的看涨期权的波动率(25D Call)和 Delta 值为 25% 的看跌期权的波动率(25D Put)三种报价类型。期权交易中,机构对隐含波动率进行公开报价,包括双边报价和单边报价。除对隐含波动率进行公开报价外,报价方应发起方要求也需给出期权费报价,并就期权费进行交易。一般来说,期权交易的标的即期交易价格波动越大,购买期权合约获利的可能性也越大,从而期权价值也就越大;反之,如果价格波动较小,则期权价值也就越小。

4.6.2　交割日规则与到期日规则

1. 期权交割日规则

期权交割日规则与 4.3.2 小节的远期相关起息日规则相同,即:

(1)期权交割日等于即期起息日加上双方约定的期限。

【例 4-23】

2014-3-19 成交一笔 1M USD/CNY 期权交易,即期起息日为 2014-3-21,期权交割日为 2014-04-21。

(2)若遇美元假日或货币对中任一货币假日,1M 以下标准期限遵循"下一营业日"准则,1M 以上(包括 1M)标准期限遵循"经调整的下一营业日"准则。非标准期限的期权交割日由交易双方直接约定。

【例 4-24】

2014-04-10 成交了一笔 1W GBP/CNY 期权交易,即期起息日为 2014-04-14,交割日本应为 2014-04-21,但因为 2014-04-21 是英镑假日,根据"下一营业日"准则,该笔期权交易的交割日调整至 2014-04-22。

2014-02-19 成交一笔 1M JPY/CNY 期权交易,即期起息日为 2014-02-21,交割日本应为 2014-03-21,但因 2014-03-21 是日元假日,根据"经调整的下一营业日"准则,该笔远期交易的起息日调整至 2014-03-24。

(3)月末规则:若即期起息日为某个月的最后一个营业日,那么 1M 以上(包括 1M)标准期限期权交易的交割日也应落在相应月份的最后一个营业日。

【例 4-25】

2014-02-26 成交一笔 1M USD/CNY 期权交易,即期起息日为 2014-02-28(2 月的最后一个营业日),根据月末规则,该笔交易的交割日应为下个月的最后一个营业日即 2014-03-31。

2014-04-28 成交了一笔 4M USD/CNY 的期权交易,即期起息日为 2014-04-30,根据月末规则,该笔交易的交割日应为 8 月的最后一个营业日即 2014-08-29。

2. 期权到期日(行权日)规则

期权到期日(行权日)与期权交割日的关系,同即期成交日与即期起息日关系类似。但期权交易中,一般先确定交割日,再根据期权到期日(行权日)规则计算到期日(行权日)。即:

(1)到期日(行权日)为期权交割日前第 2 个营业日。

【例 4-26】

2014-04-14 成交一笔 1M USD/CNY 期权交易,即期起息日为 2014-04-16,期权交割日为 2014-05-16,到期日(行权日)为 2014-05-14。

(2)到期日(行权日)为人民币假日,根据"上一营业日"准则调整。到期日(行权日)为人民币之外的其他货币假日(包括美元假日),到期日(行权日)不受影响。

【例 4-27】

一笔 JPY/CNY 期权交易,交割日为 2014-06-03,到期日(行权日)本应为 2014-06-01,但 2014-06-01 为人民币假日(2014-05-31 也为人民币假日),则到期日(行权日)调整至 2014-05-30。

一笔 EUR/CNY 期权交易,交割日为 2014-10-15,到期日(行权日)应为 2014-10-13,虽然 2014-10-13 是美元假日,但到期日(行权日)不受影响,仍为 2014-10-13。

一笔 HKD/CNY 期权交易,交割日为 2014-05-08,到期日(行权日)应为 2014-05-06,虽然 2014-05-06 为港币假日,但到期日(行权日)不受影响,仍为 2014-05-06。

(3)交割日的上一营业日遇该货币对中美元货币假日,到期日(行权日)不受影响;交割日上一营业日遇该货币对中任何非美元货币假日,到期日(行权日)根据"上一营业日"准则调整。

【例 4-28】

一笔 HKD/CNY 期权交易,交割日为 2014-04-22,到期日(行权日)本应为 2014-04-20,但 2014-04-18、2014-04-21 为港币假日,2014-04-19、2014-04-20 为周末,则到期日(行权日)应调整至 2014-04-16。

一笔 USD/CNY 期权交易,交割日为 2014-04-08,到期日(行权日)本应为 2014-04-06,但 2014-04-07 为人民币假日,2014-04-05、2014-04-06 为周末,则到期日调整至 2014-04-03。

一笔 USD/CNY 期权交易,交割日为 2014-11-12,虽然 2014-11-11 是美元假日,但该笔交易到期日(行权日)不受影响,仍是 2014-11-10。

4.6.3 交易要素

外汇期权交易的基本要素如表 4-11 所示。

表 4-11 外汇期权交易要素

要　　素	内　　　　　容
报价主体	人民币外汇期权会员
交易主体	人民币外汇期权会员
货币对	可以交易的货币对
期限	标准期限包括:1D、1W、2W、3W、1M、2M、3M、6M、9M、1Y、18M、2Y 和 3Y
报价标的	隐含波动率:ATM、25D Put、25D Call
交易标的	期权费
报价方式	隐含波动率:公开报价、双边/单边 期权费:回复询价请求时一对一报价
价格	期权价格:期权费 行权产生的即期交易价格:执行价格

续表

要　素	内　容
交易方向	期权交易方向:买入基准货币看涨期权/非基准货币看跌期权,卖出基准货币看涨期权/非基准货币看跌期权,买入基准货币看跌期权/非基准货币 看涨期权,卖出基准货币看跌期权/非基准货币看涨期权 行权产生的即期 交易方向:买入或卖出
交易模式	询价交易
交割方式	行权产生的即期交易:全额交割与差额交割
清算模式	期权费:双边清算 行权产生的即期交易: (1)全额交割期权行权产生的即期交易:双边清算 (2)差额交割期权行权产生的轧差金额:双边清算
报价精度	
最小交易金额	

接下来,我们来看一个外汇期权交易示例。2014 年 4 月 28 日,机构 A 通过外汇交易系统向机构 B 买入一笔金额为 USD 10000000,期限为 1M 的美元对人民币看涨期权交易,机构 A 为发起方,机构 B 为报价方。双方约定期权费率为 2.00 个基点,隐含波动率为 2.0000%,行权价格为 6.1150,约定差额交割,2014 年 5 月 28 日中间价为 6.1250。则:2014 年 4 月 30 日,机构 A 向机构 B 支付期权费为 10000000 美元×0.0002＝2000 元人民币。2014 年 5 月 28 日,机构 A 在 15:00 前选择行权,采用差额交割方式,则机构 B 需要在 5 月 30 日向机构 A 交付 10000000 美元×(6.1250－6.1150)＝100000 元人民币。涉及的交易要素如表 4-12 所示。

表 4-12　外汇期权交易要素示例

要　素	内　容	要　素	内　容
发起方	机构 A	报价方	机构 B
买方	机构 A	卖方	机构 B
交易方向	机构 A:Buy USD Call / CNY Put 机构 B:Sell USD Call / CNY Put	行权状态	行权
交易类型	USD Call/ CNY Put	行权方式	欧式
期权费率类型	基点	执行价格	6.1150
期权费率	2.00pips	期权费金额	CNY 2000
成交日	2014-04-28	行权截止时间	15:00
期权费支付日	2014-04-30	即期起息日	2014-04-30
期限	1M	到期日	2013-05-28
到期日中间价	6.1250	交割日	2014-05-30

要　　素	内　　容
名义金额	机构 A 买入 USD 10000000,卖出 CNY 61150000 机构 B 卖出 USD 10000000,买入 CNY 61150000
折美元金额	USD 10000000
货币对	USD/CNY
交割方式	差额交割
清算模式	双边清算
交易模式	询价
轧差金额	机构 B 向机构 A 支付 100000 元人民币

第 5 章 外汇交易系统应用模型设计

在前几章中,分别从外汇市场结构、参与主体以及外汇基本产品等方面向大家介绍了外汇市场。大家可能已经明白了为什么会有市场及市场中交易的各种工具,也明白了谁是市场参与者。从传统意义上来说,外汇市场是个典型的 OTC 市场,也可以称为场外市场。在过去,市场参与者主要通过电话进行交易,在电子计算机及通信技术快速发展之后,通过构建电子化外汇交易系统可极大地提高交易效率,这也是为什么近年来外汇市场交易量逐年剧增的主要原因之一。金融行业电子化的主要模式是对原有流程通过电子化方式实现。从本章开始,我们将介绍如何设计并构建一个外汇交易系统。外汇交易系统的设计主要包括市场参与者角色定义、产品定义、价格发现机制及交易模式等核心要素。下面将围绕着上述核心要素描述一个典型的外汇交易系统的建模。

5.1 市场参与者角色定义

在竞价交易模式下,所有的会员银行都是受价方,所有的流动性提供者都是做市商。询价交易模型下,会员银行既可以是受价方,也可以是报价方。交易系统内部设置的角色如表 5-1 所示。

表 5-1 市场参与者角色定义

用户类型	描 述
会员银行管理员	通过管理界面管理内部交易员、报价交易员以及设置双边授信关系
做市商管理员	通过管理界面管理内部交易员、查询内部报价及交易接口用户以及设置双边授信关系
会员银行交易员	通过交易员客户端可作为受价方与报价方角色参与交易,该类用户仅具有交易权限,不具有向市场提供报价权限
会员银行手工报价交易员	除了具有会员银行交易员权限外,还可以具有向全市场进行报价的权限
做市商交易员	可以通过交易员客户端作为受价方参与交易,该用户是做市商内部的交易用户
竞价报价接口用户	在竞价模式下,做市商的报价接口用户
竞价交易接口用户	在竞价模式下,做市商的交易接口用户
询价报价接口用户	在询价模式下,做市商的报价接口用户
询价交易接口用户	在询价模式下,做市商的交易接口用户

5.2　产品及参数设计

　　表 5-2 描述了我国银行间外汇市场各货币对的报价及交易参数。表中的报价精度以小数形式表示，0.01 表示报价精度为 2，0.0001 表示报价精度为 4，0.00001 表示报价精度为5，0.000001 表示报价精度为 6。远期和掉期的报价精度均为远期点和掉期点的报价精度。人民币/泰铢(CNY/THB) 交易和人民币/坚戈(CNY/KZT)暂不支持竞价交易模式。货币掉期的报价精度为美元对人民币的浮动利率/浮动利率的报价精度。货币掉期仅针对美元报价，但支持人民币对 5 个外币(美元、欧元、日元、港元、英镑)的交易。期权报价精度包括波动率报价精度与期权费报价精度。

表 5-2　产品及参数设计

货币对	报价精度						最小交易金额	竞价流动性限额*
	即期	远期	掉期	货币掉期	期权			
					隐含波动率	期权费		
美元/人民币(USD/CNY)	0.0001			0.01		非基准货币百分比：0.0001 基点：0.01	USD 10000	USD 5M
欧元/人民币(EUR/CNY)	0.0001							EUR 5M
日元/人民币(100JPY/CNY)	0.0001				0.0001			JPY 500M
港元/人民币(HKD/CNY)	0.00001							HKD 50M
英镑/人民币(GBP/CNY)	0.0001							GBP 5M
澳元/人民币(AUD/CNY)	0.0001							AUD 5M
新加坡元/人民币(SGD/CNY)	0.0001							SGD 5M
加拿大元/人民币(CAD/CNY)	0.0001							CAD 5M
新西兰元/人民币(NZD/CNY)	0.0001							NZD 5M
人民币/林吉特(CNY/MRY)	0.00001							CNY 5M
人民币/卢布(CNY/RUB)	0.0001							CNY 5M
人民币/泰铢(CNY/THB)(区域交易)	0.0001							
人民币/坚戈(CNY/KZT)(区域交易)	0.0001	/	/					/
欧元/美元(EUR/USD)	0.0001						USD 50000	EUR 2M
英镑/美元(GBP/USD)	0.0001							GBP 5M
美元/日元(USD/JPY)	0.01				/	/		USD 2M
美元/加元(USD/CAD)	0.0001							USD 5M
美元/瑞士法郎(USD/CHF)	0.0001	0.01	/					USD 5M
澳元/美元(AUD/USD)	0.0001							AUD 5M
美元/港元(USD/HKD)	0.0001							USD 10M
欧元/日元(EUR/JPY)	0.01							EUR 10M
美元/新加坡元(USD/SGD)	0.0001							USD 2M

　　注：* 表示竞价流动性限额列中 M 代表百万。

5.3　价格发现机制

任何交易系统的核心功能不外乎价格发现及交易处理两项功能。所谓价格发现,即通过交易系统向市场参与者准确、透明、及时地提供当前交易标的的价格信息,外汇交易系统也不例外。在报价驱动模式下,无论竞价交易还是询价交易,整个价格发现均包括以下三个阶段:

(1)做市商提供持续报价。

(2)交易系统收集并对不同做市商的报价进行处理,计算每一个品种的市场最优价。

(3)通过数据发布系统向市场参与者发布市场数据。

5.3.1　报价逻辑及规则

无论是在竞价交易模型下还是询价交易模型下,做市商需要向交易系统持续提供报价。以下是做市商需遵循的报价逻辑及规则:

(1)针对每一个货币对,做市商被期望在最小交易单位下提供可执行的报价。

(2)交易系统会维护可交易货币对的列表。如果可交易货币对的精度发生改变,做市商需要重连报价接口以便接受更新后的精度信息。

(3)交易系统定义每一个货币对的报价精度,如果做市商的报价超过了所定义的精度,则其报价会被交易系统拒绝。如果做市商的报价精度低于系统设定,报价会被系统接收并进行补零。例如,JPY/CNY的精度是6位。如果做市商报价0.06771777,那么该笔报价会被系统拒绝,同时该价格也会自动冻结该做市商之前所报的正确精度的价格。

(4)做市商可以选择对所有货币对进行做市报价,也可以选择仅对其中某些货币对进行做市报价。

(5)如果做市商仅报了买入价格或者卖出价格这样的单向报价,系统也是允许的。

(6)对于单个做市商而言,其自身的报价如果出现倒挂情况(报买价>报卖价)将被系统拒绝,但交易系统接受报买价与报卖价一致的情况。

(7)做市商可以撤销报价,一旦报价被撤销,交易系统在计算市场最优报价时将会剔除该报价。

(8)做市商在向交易系统发送更新报价前,报价是持续有效的。

(9)做市商可以在报价中加入有效时间的参数。如果不设置,默认为永久有效。有效时间推荐设置为10秒。当超过有效时间时,报价将被撤销。

(10)做市商每秒可对每个货币对报价进行1~2次更新,也可以选择以更高的频率更新。但是,即使针对某个货币对有更多报价被系统接收,仅最新的报价会被纳入系统计算。

(11)做市商可以对每笔报价添加一个报价参考号,报价参考号将会随交易信息一并发回给做市商。

(12)当做市商报价接口进行连接时,会接收到来自交易系统计算的每一个货币对对应期限的起息日数据。

(13)对于人民币外汇,超过交易区间的报价将被交易系统拒绝。进行人民币外汇报价的做市商会收到交易系统开盘前发布的最低价格及最高价格的交易区间信息。

5.3.2 最优价计算算法

在报价驱动交易模型中,通常需要向市场参与者提供每个可交易货币对当前市场的最优报买、报卖价。由于同一时刻有多家做市商持续向交易系统报出针对某一货币对的报买价及报卖价,因此我们需要设计一个算法来对所有这些持续不断的报价进行处理,计算出当前市场的最优报价。

(1)最优报买价及最优报卖价可按照如下规则进行计算:

● 最优报买价应是当前市场价格最高的报买价;

● 最优报卖价应是当前市场价格最低的报卖价。

此处的报买价及报卖价均是从做市商角度而言,报买价也即做市商愿意买入基准货币的价格;反之,报卖价就是做市商愿意卖出基准货币的价格。那么作为做市商的交易对手,当然希望做市商所报出的报买价越高越好,这样可以以相对高的价格向做市商卖出基准货币。同理,做市商报卖价越低,则意味着可以从做市商买入基准货币的价格也越低。正是由于市场上多家做市商相互竞争,报买价与报卖价的价差才会随之缩小。

举一个简单的例子:

做市商 A 对 EUR/USD 报出双边价格:1.2227/1.2230(即受价方可以 27 卖出欧元,以 30 买入);

做市商 B 对 EUR/USD 报出双边价格:1.2229/1.2238(即受价方可以 29 卖出欧元,以 38 买入)。

根据计算规则,得:

最优报买价为=最高的报买价=1.2229(做市商 B 报出)

最优报卖价为=最低的报卖价=1.2230(由做市商 A 报出)

则整个市场 EUR/USD 当前的市场最优价为 1.2229/1.2230。

(2)出于对系统性能的考虑,会采用快照机制进行最优价计算。所谓快照,即在固定间隔获取当前针对某一货币对所有最新的报价数据。市场最优报价就是根据快照数据来进行计算的。让我们设想一下,如果实时计算最优价,那么只要有一个做市商的价格有更新,就会触发计算最优价逻辑。由于整个市场由众多做市商参与竞争性报价,所以系统计算最优价的负荷将会非常之大。如果采用快照机制,系统只需在固定间隔内进行计算,假设某一个做市商在 1 秒内对某一货币对发送了多个价格,则只有最新的报价才会被纳入计算范围。快照的频率可由系统进行设置,通常为 1 秒。

(3)为负或为零的报价将被忽略。

(4)被冻结的报价将不被纳入计算范围。通常在市场剧烈波动的时候,做市商会暂时冻结本方发出的报价,或者做市商内部系统可设置一定的规则,当满足一定触发条件时报价会被冻结。

(5)做市商同时提供买卖两个方向的报价并非必须,针对某一货币对仅提供买或卖单边报价也是允许的。

(6)超过系统设定的报价精度的报价将被系统拒绝。假设做市商所报的报价为最优报价,则做市商有义务按照报价进行交易,但如果报价精度超过设定范围,显然将导致交易无

法执行。我们可以看一下 EUR/USD 报价(精度为 4 位小数)的几个例子:

- 报价 1.21348,将被系统拒绝。
- 报价 1.213500,将被系统拒绝。
- 报价 1.213,将会被系统接收并自动补零为 1.2130。

(7)由于最优报价是市场重要的指引,因此在报价后面将会附上做市商的名称,这样市场参与者看到报价时,可以直观地了解到该价格来自于哪家做市商的报价。根据最优价的算法,最优报买价的做市商与最优报卖价的做市商可能并非同一家。

(8)如果在快照点,在某一价格上有多家做市商提供相同报价,而恰好该价格为市场最优报价,则应该按照发送报价的时间,按时间优先原则向市场揭示所有提供该报价的做市商名单。

(9)通常情况下,最优报买价会低于最优报卖价,但在某些特殊情况下,报价会出现倒挂现象(报买价高于报卖价,如 32/30),或者出现报买价和报卖价相同的情况,这些情况系统是允许的。

(10)如果交易系统侦测到某一做市商断线,为了保护做市商的权益,交易系统会立即冻结该做市商的所有报价。

(11)对于人民币外汇,如果报价超过交易区间,该报价会被交易系统拒绝。交易区间的概念在第 4 章中已经介绍,此处不再赘述。做市商在系统早盘正式交易前可以从交易系统获取到人民币外汇当日的交易区间,即最低价格与最高价格,以确保向系统提供的报价满足监管机构对于交易区间的要求。

5.3.3　市场数据发布

交易系统价格发现机制的手段是需要提供有效的市场数据发布途径,因此在设计交易系统时,市场数据发布功能也是核心之一。交易系统可通过 API 接口对外实时发布市场数据。做市商可以选择获取这些市场数据作为其报价引擎的输入来源,在本书后续章节中将详细介绍做市商报价引擎的设计。市场数据覆盖交易系统所有交易产品,以下是一个市场数据模板:

交易模型(竞价/询价)

货币对(USD/CNY,JPY/CNY,HKD/CNY,EUR/CNY,GBP/CNY,…)

交易工具(即期/远期/掉期)

最优报买价/最优报卖价

当日最高价/当日最低价

最新成交价/交易工具/期限/交易量区间

5.4　竞价(匿名)交易模式

目前我国银行间外汇市场,会员银行可以采用竞价交易模型进行外币对以及人民币外汇的即期交易,竞价交易也称匿名交易,是指交易双方通过外汇交易系统匿名报价,系统按照"价格优先、时间优先"的原则进行匹配达成交易,交易达成后双方通过集中净额清算模式进行清算的交易模型。竞价交易包含点击成交、RFQ 以及订单交易三种交易形式。

5.4.1　点击成交

对每一个货币对,如果所执行的交易量小于系统设定的可成交量阈值,会员银行可以直接点击报价来发起点击成交流程。当会员银行点击某一个报价时,通常交易在数秒内完成,一旦点击了某笔报价,该笔交易请求将无法被撤回。

如果多个用户同时点击了某一笔报价,交易会在提供同样报价的多个做市商间平均分配,具体分配算法可参考 5.4.4 一节的交易分配算法。

点击成交的交易界面如图 5-1 所示,当价格无效时,交易员在该交易模型下将无法发起交易。

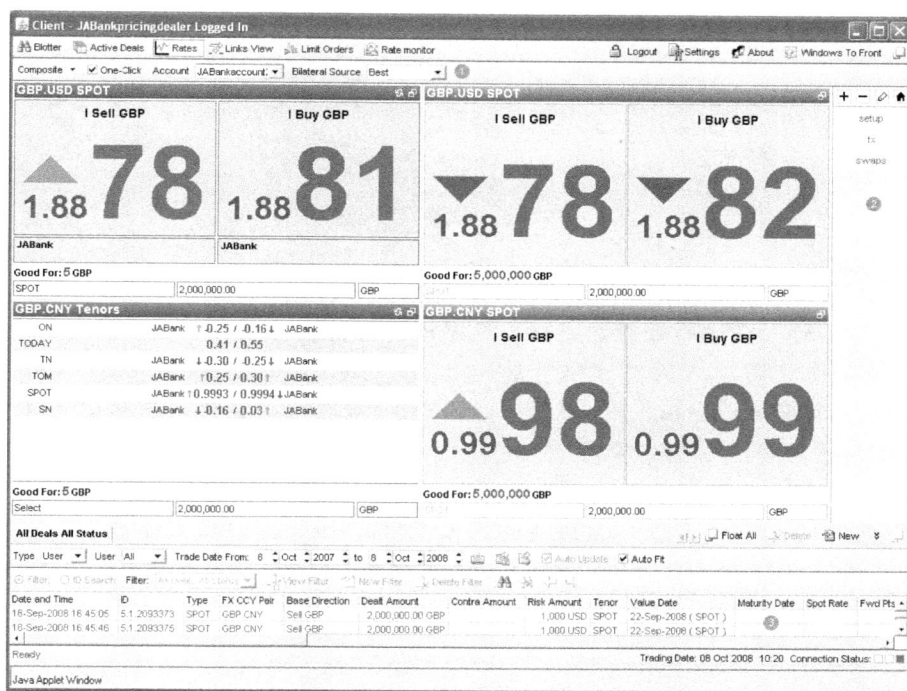

图 5-1　成交交易界面

图 5-2 展示了点击成交的完整交易流程,整个交易流程涉及会员银行的交易员、做市商以及交易系统三个角色。点击成交,顾名思义,一旦会员银行交易员发起了交易请求(点击了某个货币对的即时报价),该请求将无法被撤销。

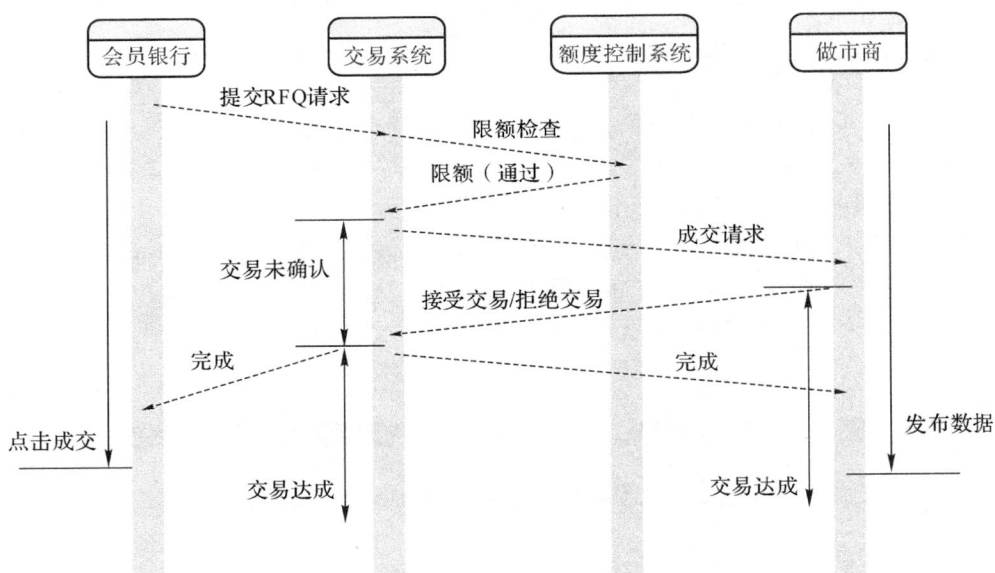

图 5-2　点击成交交易流程

（1）会员银行发起点击成交请求首先会被发送至交易系统，此时请求的状态为"未确认"，随后请求在通过额度检查后通过路由至做市商等待进行成交确认。成交请求包含完整的交易要素，如货币对、交易量、价格、方向。

（2）当做市商收到成交请求消息时，一般情况下，做市商必须确认该笔交易，同时发送一条接受交易的消息返回至交易系统。在规则允许的特定情况下，做市商才能拒绝该笔交易。

（3）在特定场景下，交易系统可能未收到做市商的响应。此时，当做市商重新连接时，交易系统会向做市商发送针对某笔特定交易的状态请求消息，并要求做市商反馈该笔交易的最终状态。

（4）一旦交易系统收到交易确认的消息后，则会即刻将该笔交易的状态由"未确认"更新为"交易完成"，交易员将会收到交易状态的通知消息。

（5）交易系统同时会向做市商发送最终确认消息，做市商收到最终确认消息后就意味着整个交易生命周期的结束，后续将不会有任何请求。

5.4.2　匿名询价

如果交易量超过某一货币对可成交量阈值，那么交易可以通过匿名询价方式将交易请求通过交易系统发送至最优报价的做市商。报价请求消息中包含货币对、交易量、方向等要素。

如果多个交易员同时发起了匿名询价，同样地，交易系统也会按照交易分配算法将RFQ请求在提供同样报价的不同做市商之间进行分配。做市商会回复一个带有有效时间的报价。匿名询价交易界面如图 5-3 所示。

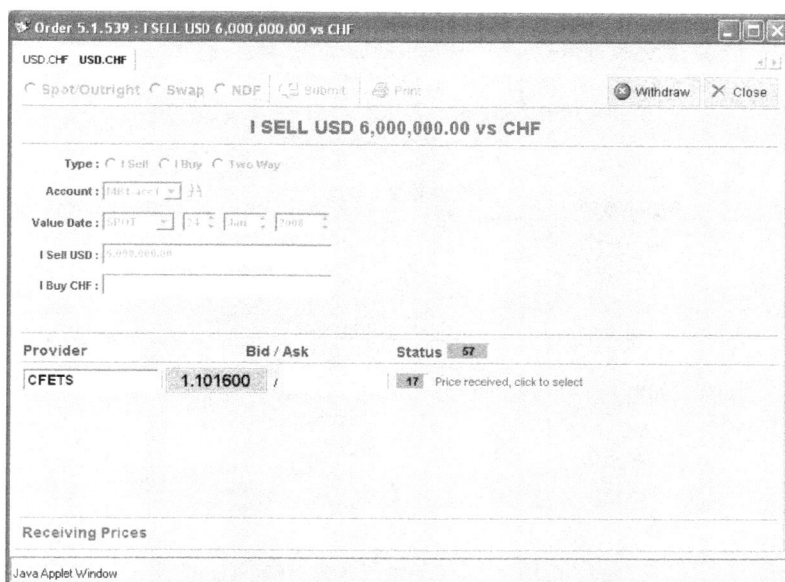

图 5-3　匿名询价交易界面

当会员银行交易员发起了一个 RFQ 请求，此时交易系统会向当前时刻最优报价的做市商发送请求。请求报价是对原有通过电话方式进行交易的场景进行电子化，即首先发起方发起询价请求，做市商回复价格，发起方可以选择是否在此价位上进行交易，具体流程如下（见图 5-4）：

（1）做市商会接收到一条报价请求消息，该消息中包含一些必要的交易要素。

（2）做市商可以回复一个具有有效时间的新报价，也可以在整个有效时间范围内更新报价。会员银行交易员在报价更新前可以选择是否接受该报价。

（3）做市商也可以选择拒绝交易，但必须符合交易拒绝的相关规则。

（4）交易员接受报价时，则该笔交易会被记录为"未确认"状态。

（5）交易系统会向做市商发送一条成交请求的消息，该消息包含所有交易要素。

（6）做市商必须确认该笔交易，同时向交易系统发送一条接受交易消息。如果做市商拒绝了该笔交易，那么必须满足相应的拒绝交易规则。在特定场景下，交易系统可能未收到做市商的响应。此时，当做市商重新连接时，交易系统会向做市商发送针对某笔特定交易的状态请求消息，并要求做市商反馈该笔交易的最终状态。

（7）一旦交易系统收到交易确认的消息后，就会即刻将该笔交易的状态由"未确认"更新为"交易完成"，交易员将会收到交易状态的通知消息。

（8）交易系统同时也会向做市商发送最终确认消息，做市商收到最终确认消息后，就意味着整个交易生命周期的结束，后续将不会有任何请求。

5.4.3　订单交易

会员银行在可成交量阈值范围内，可以预先向系统提交订单，对同一货币对、同一价格水平，会员银行的所有订单的交易量应小于该货币对的可成交量阈值。

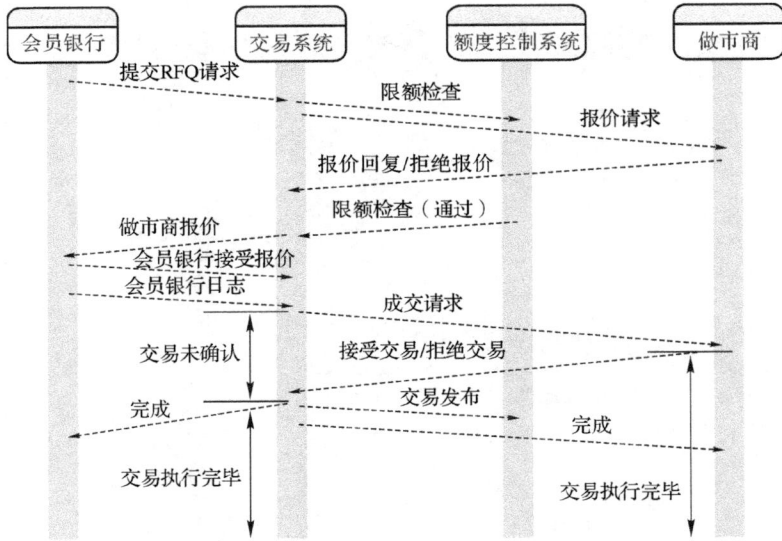

图 5-4　匿名询价交易流程

会员银行可以在订单管理界面中查看订单状态(见图 5-5)。一旦订单被执行,交易员会收到成交提示。

当做市商拒绝了某笔订单交易,该笔订单会被重新发送至交易系统订单簿。

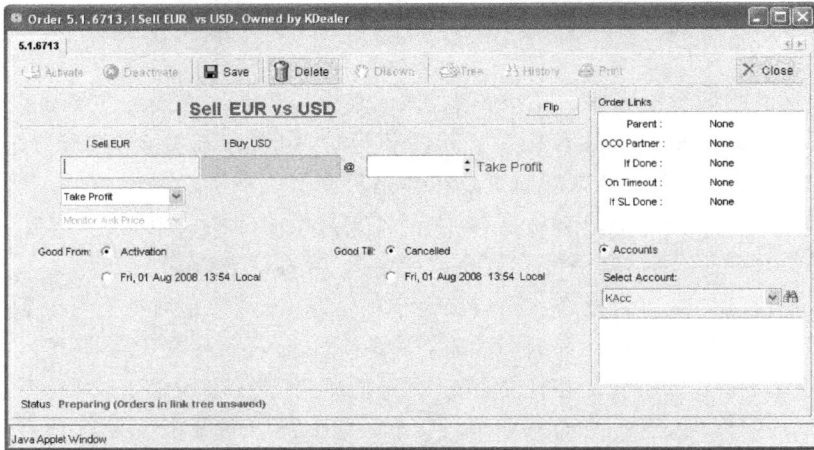

图 5-5　订单管理界面

市场参与者可以向交易系统提交针对某个货币对的订单,一旦市场价格达到交易系统订单簿中订单的价格,该订单将会发送至相应报价的做市商以便能完成交易执行。若有多家做市商提供相同报价,则订单也会遵循上面所述的交易分配算法在不同做市商间进行分配。

从做市商角度来看,一笔订单其实类似于一笔点击成交交易。订单执行和点击成交的交易流程完全一致,具体可以参考上面点击成交的交易数据流,此处不再赘述。做市商也必须按照交易规则以订单价格确认交易,仅在特殊场景下可以拒绝执行该笔订单。

订单以价格优先、时间优先的顺序执行。例如,在 37、38、40 价位上分别有三个卖出订单。目前市场报价从 36 变化至 42,那么 37 的订单将首先被执行,接着 38、40 价位上的订单会按照时间优先的顺序执行。

5.4.4　交易分配算法

在某些情况下,多家做市商报出的价格相同,此时交易(包括订单、匿名 RFQ 及点击成交)会根据时间优先原则在多家做市商间进行分配。

每一家做市商针对某个货币对向交易系统发送报买价和报卖价,通常情况下,所发送的双边报价都带有一个有效时间。交易系统在采样周期内,会计算并对外发布针对某个货币对全市场的最优报买价及最优报卖价。最优报价信息后面会以时间优先顺序,显示提供该报价的做市商。

如果针对同样的报价有多笔交易请求,那么交易首先会分配给列表内第一家做市商,并以循环方式分配给列表内的下一家做市商。一旦做市商发送的报价要素发生改变,如报价改变、报价撤销、新的做市商加入列表,交易系统即会对列表进行更新。

当某家做市商拒绝了一笔交易,系统会将其移至列表队尾。待列表内的其余做市商都分配完交易后,该做市商才能获取交易分配。

除非有新的最优价产生,或者所有做市商均撤销了当前最优报价,否则交易分配列表将不会取消该笔报价。

如果某家做市商连续拒绝了交易请求,交易系统会中断该做市商的连接并进行进一步调查。

5.5　询价交易模式

询价交易是指有双边授信关系的交易双方,通过外汇交易系统双边直接协商交易要素达成交易,交易达成后通过双边清算模式或净额清算等其他清算模式进行清算的交易模式。会员银行可以向多家对手方以多边询价的交易模型进行外币对以及人民币外汇的即期、远期及掉期交易。若要采用该模式进行交易,交易双方需首先建立双边交易关系。

5.5.1　双边授信

为了以询价交易模型达成交易,交易双方需通过管理员账户建立交易关系。双边授信关系,顾名思义需要交易双方分别建立与对方之间的授信关系。举个简单的例子,现在有银行 A 及银行 B,当以下条件同时满足时,双方的授信关系才正式建立,简而言之需要双向建立授信关系:

(1)银行 A 建立了和银行 B 之间的授信关系;

(2)同时银行 B 也建立了和银行 A 之间的授信关系。

做市商只有和发起方建立了双边授信关系,才能接收到来自该发起方的交易请求。

5.5.2 多边询价

当发起一笔询价交易,交易员需要点击参考价格,同时需要:

(1)输入交易量;

(2)选择交易类型(即期/远期/掉期);

(3)选择起息日;

(4)从会员银行或做市商列表中选择5家作为对手方,请注意对手方需要与本方建立双边授信关系;

(5)选择单向或双向交易请求。

对手方需要通过客户端或者自动交易接口(做市商)来响应交易请求。交易员可以在交易界面中查看所有银行的回价。在银行报价后面会显示该笔报价的当前状态,如图5-6所示。

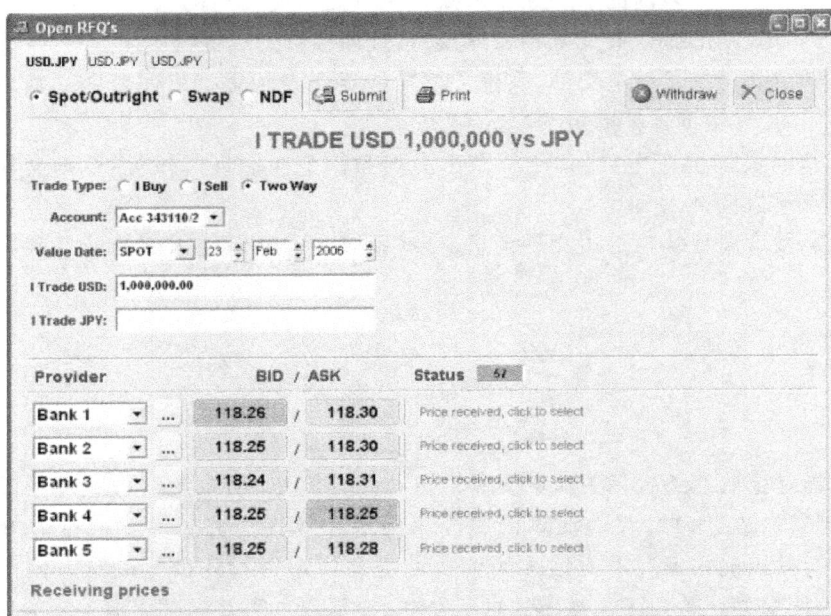

图 5-6 多边询价交易界面

对于交易窗口内的每一笔回价,对手方所设置的超时时间将会显示在报价旁。在报价超时前,交易员可以点击该报价同时选择接受该价格以便达成交易。此外,全局性的超时时间也会显示在交易窗口内,如90秒。所有回价中的最优报买价及最优报卖价将会高亮显示。

对于即期交易,最优的即期回价将会被高亮显示。对于远期交易,最优的全价将会高亮显示。对于掉期交易,最优的掉期点将高亮显示。

如果该笔询价请求是一个双向询价,交易员既可以选择买入方向也可以选择卖出方向执行交易。如果交易与任意一家银行达成,所有的对手方都会收到一条通知消息。

当一个交易向多个对手方以多边询价的模式发起时,交易请求将会同步被路由到所有做市商。该交易流程（与竞价交易的 RFQ 工作流程相同）如图 5-7 所示。具体此处不再赘述，可参考 RFQ 交易流程。

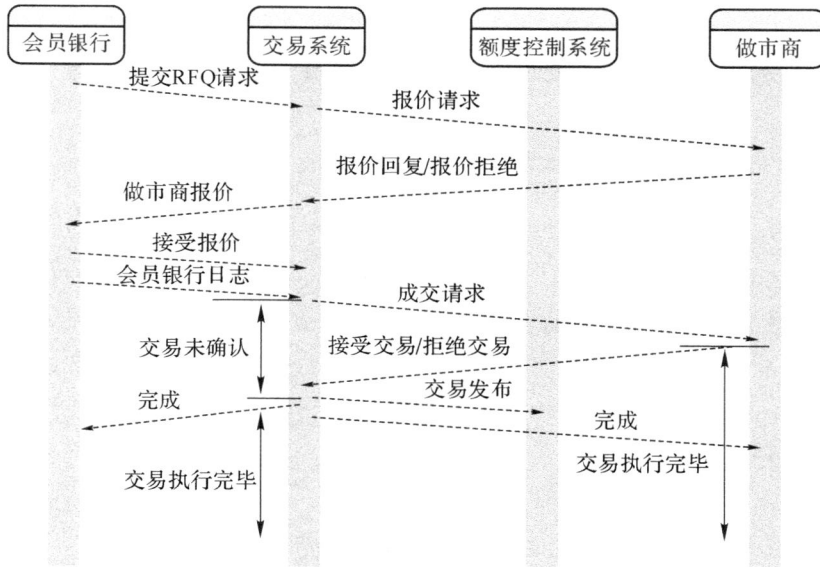

图 5-7　多边询价交易流程

第 6 章　外汇交易系统架构与核心模块设计

外汇交易系统是外汇及相关衍生产品的电子交易平台,通过在线和实时的方式为参与者提供交易相关服务。系统需采用快速、稳定和有效的方法来处理做市商报价,并为市场主体提供更安全、更高效、更为便捷的交易服务,以及丰富、灵活的交易前、中、后台辅助与扩展功能,适合不同类型、不同规模的机构。同时系统应支持多种交易模式、多种外汇产品和多种交易方式,能够满足市场主体的外汇交易需求。本章将重点描述外汇交易系统的架构及核心模块设计。

6.1　外汇交易系统设计要求

6.1.1　外汇交易系统业务要求

外汇交易系统支持如下业务功能:

1. 友好、人性化的接入服务

用户只需一次登录,即可观察到全部外汇市场行情,并根据用户授权进行交易。用户只需通过 IE 等浏览器即可登录系统,既无须在本地安装用户端程序,也不用去关心系统升级,所有一切均在后台自动执行。用户可以定制专属的市场行情界面,在不同市场捕捉转瞬即逝的交易机会。

2. 多层、有效的安全管理

交易平台使用专线网络,与互联网物理隔绝,确保系统安全性。采用严格的用户名、口令认证机制。采用电子商务数字安全证书的安全认证机制。

3. 强大、高效、适合不同需求的交易及辅助功能

(1)提供集中竞价交易服务。由做市商向系统发送各货币对的即期买、卖报价,系统自动筛选其最优买、卖报价并匿名发布。所有会员匿名交易,交易完成后进行集中清算。该模式支持即期交易,无授信风险,交易便捷,适合对即期市场价格变化极为敏感的用户。竞价交易模式下,直接点击所看到的报价,交易瞬间达成,最适合对市场变化极为敏感的外汇交易员。竞价模式下,向做市商就大额交易匿名询价及交易,适合希望一次完成大额交易,或/且希望消除信用风险溢价的交易员。

(2)提供双边询价交易服务。由做市商向系统发送各货币对的买卖报价,系统自动筛选其最优买、卖报价并向市场发布,会员自行选择具有授信关系的对手方进行询价并达成交易,交易完成后双边自行清算。该模式支持即期、远期、掉期交易,适合多种类型的交易

用户。双边询价交易模式下,可一次同时向最多 5 家对手方询价,适合即期、远期、掉期交易员。

（3）提供强大的用户管理功能,为各类机构设置了系统管理员、做市商交易员、普通交易员、清算员等不同用户类型,用户还可在机构内部进行更高级的权限分配,便于其内部风险管理。

（4）提供专业的交易辅助分析工具。与交易系统完美整合,实时提供交易日志、累计头寸、交易均价、交易额度、现金流的计算与查询功能,以及交易关系、清算指令等基础信息维护功能,为交易员提供准确、实时的交易辅助服务。

（5）提供市场信息服务。为人民币外汇做市商提供持续、高质量的报价引擎数据源,为参与人民币外汇交易的境内外金融机构提供实时、权威、可靠的外汇市场各类信息。

（6）提供数据直通处理服务。会员可通过交易系统提供的 STP 接口实时下载交易数据,进行本方交易核对、风险管理和清算的 STP 自动处理,实现交易前、中、后台无缝连接。

6.1.2　外汇交易系统技术要求

1.基于服务的设计要求

面向服务的体系结构（Service-Oriented Architecture,SOA）通过独立的服务及定义明确的可调用接口提供了支持业务灵活性的软件体系架构。SOA 设计原则的优势在于交易系统能够屏蔽客户端和用户接入对其的影响,这样可以最大限度地提高部署的灵活度,适应交易系统未来业务的发展。为了能够支持面向服务的整体要求,外汇交易系统能够对接收的服务请求进行自适应路由。

2.组件化、层次化设计要求

进程体系结构的设计需要符合组件化与层次化的设计原则,将程序组件化、模块化之后,使各个模块之间可以单独开发,单独测试。同时也可以根据实际的部署情况调整相应的模块,甚至包括与第三方软件的接口。这样可以保证外部模块的变化、升级、调整不会影响整体的应用进程。

从所有进程各自所需的公共服务中有效剥离公共组件,也是组件化开发的一个非常重要的特性,这样公共服务模块就可以为所有进程提供同样的接口和服务,最大限度保证模块的可复用性。

3.工程化规范设计要求

工程化规范设计原则是通过编码规范、注释规范、进程设计规范、部署规范、组件化设计规范等制度和流程有效地对开发流程和职责进行划分。通过制度和流程,借助 IDE 辅助工具,定义架构设计人员和底层编码人员的工作边界,有效将架构设计、基础设施及细节实现进行分离控制。而交易系统应该遵循工程化规范设计原则。

4.高性能、高吞吐设计要求

外汇交易系统将支撑未来各外汇交易品种及全球市场的交易请求,因此对交易系统的性能和吞吐量的要求非常之高。外汇交易系统体系架构将根据各个划分后进程的具体特点,设计支持不同的运行模式。对于性能要求极高的进程设计为 live-live 全活工作模式,支持软硬件负载平衡;对于性能要求并不十分高的进程设计为 live-standby 热备模式,保证故障情况下的高可用性。

交易系统的性能需求包括了对系统的响应时间、处理能力、整体运行能力等技术指标。交易系统应该充分利用多 CPU、多核的处理能力,分布式计算资源,以提升系统的处理能力,降低系统延迟。

5.高可靠性、高安全性设计要求

可靠性和安全性设计是外汇交易系统最重要的技术特点之一。系统需要建设同城灾备和异地灾备,同城目标应达到《GB/T 20988—2007 信息系统灾难恢复规范》规定的 6 级水平;采用异地灾备中心方案,异地目标应达到国标 5 级水平,系统可用性要求达到 99.99%。

6.可扩展支持设计目标

交易系统对于市场的响应必须够快,那么可扩展支持的设计原则就是保障市场响应速度的最佳实践。考虑未来可以将某些流动性比较强、交易处理量比较大的交易品种进行分布式部署,通过并行处理提高整个系统的吞吐量。在交易模型的设计过程中,充分考虑减少核心处理的开销,增加并行校验等功能。同时结合配置化进程设计原则与规则引擎等主流先进技术,可以非常迅速地在现有系统架构中搭建出一条新的业务流,以支持业务需求和市场需要。

必要的组件重用结合可扩展的设计要求。这样对于未来市场的任何新业务需求,交易系统都可以很快提供解决方案,提前于市场完成系统的建设与测试。

6.1.3 术语表

为后面描述方便,本节定义了相应的术语,如表 6-1 所示。

表 6-1 外汇交易系统术语

英文简称	英文全称	中文名称
PI	Price Interface	报价接口
TI	Trading Interface	交易接口
PCS	Price Calculation Server	价格计算服务程序
PHS	Price Handle Server	价格处理服务程序
MDS	Market Date Server	实时行情数据发布服务程序
OTS	Order Trading Server	交易服务程序
DS	DateServer	日期服务程序
TVS	Trading Views Server	交易查询服务程序
RS	Register Server	注册服务程序
Logs	Logs Server	日志服务程序
CS	Certification Servers	认证服务程序
CAS	Communication Access Server	通信接入服务
CAP	Client Application Platform	客户端统一框架
TA	Trading Assistance	交易辅助模块
CCI	Credit Control Interface	额度控制系统
STP	Straight Though Processing	直通式交易处理

6.2 架构设计方法论

6.2.1 架构、架构风格及框架

外汇交易系统总体架构采用业界严谨的架构设计方法论进行设计。

在 IEEE 中,对架构有如下定义:架构是在组件彼此间和与环境间的关系,引导设计发展原则中体现的系统的基本结构。软件架构包含了关于以下问题的重要决策:软件系统的组织;选择组成系统的结构元素和它们之间的接口,以及当这些元素相互协作时所体现的行为;如何组合这些元素,使它们逐渐合成为更大的子系统;用于指导这个系统组织的架构风格。由此可以看出,软件架构是围绕组件和决策两个视角展开的。

一种架构风格是一组协作的架构约束,这些约束限制了架构元素的角色和功能,以及在任何一个遵循该风格的架构中允许存在的元素之间的关系(见图 6-1)。

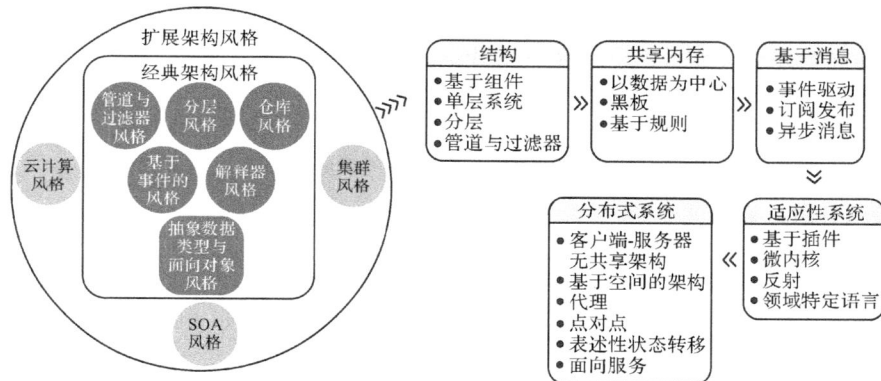

图 6-1 架构风格与元素关系

框架是一个可实例化的、部分完成的软件系统或子系统,它为一组系统或子系统定义了架构,并提供了构造系统的基本构造块,还为实现特定功能定义了可调整点。如基础框架包括通信框架 ACE、MINA 等;应用框架包括 JAVA 的框架 Spring、Struts、Hibernate 等;还有一些术语特定领域的业务框架等。

6.2.2 架构分解原则

架构分解遵循如下原则:

1. 低耦合、高内聚原则

低耦合指一个完整的系统,模块与模块之间,尽可能使其独立存在。而高内聚是指一个软件模块是由相关性很强的代码组成的,其只负责一项任务。低耦合、高内聚也是软件设计的基本原则,软件设计中的很多派生或具体化,如单一职责原则、依赖倒置原则、模块化封装原则,这些原则在架构分解中也适用。

2. 正交原则

和物理学中的正交分解类似,架构分解出的架构元素应是相互独立的,在职责上没有重叠。

3. 抽象原则

架构元素识别,在较大程度上是架构设计师抽象思维的结果。架构设计师应该具备在抽象概念层面进行架构构思和架构分解的能力。

4. 稳定性原则

稳定性原则是将稳定部分和易变部分分解为不同的架构元素,稳定部分不应依赖易变部分。根据稳定性原则,将通用部分和专用部分分解为不同的元素;将动态部分和静态部分分解为不同的元素;将机制和策略分离为不同的元素;将应用和服务分离。

5. 复用性原则

复用性原则就是对知识的重用,即重用类似系统已有的架构设计、设计经验、成熟的架构模式或参考模型、设计模式、领域模型、架构思想等。

6.2.3 架构分解过程

架构分解过程模型是一个迭代的模型。通过这个迭代的分解,从无到有、从粗到细、从模糊到清晰,一步步精(细)化、丰富架构。迭代的最终粒度没有统一的标准,通常要能进行并行开发,能指导后续的详细设计。

架构分解过程依次在 4 个域中进行架构分解,基本顺序是先业务后技术,通过多维度、多层次的分解将关注点分离(见图 6-2)。

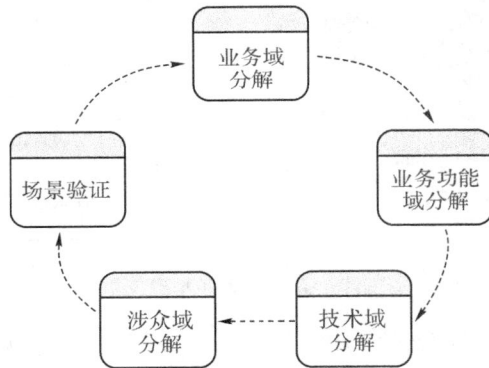

图 6-2 架构分解过程

首先从业务域进行分解,宽泛一点来看,业务域就是问题域(问题空间)。从系统需求入手,寻找业务域中的分解维度,将架构从业务域层面进行大尺度(大粒度)的分解。

其次对业务功能域分解:通过对业务功能和使用数据进行分析,再使用 U/C 矩阵法进行系统划分。通过对业务流程和用例进行分析,根据功能职责,进行垂直和水平分解,识别出业务功能或业务服务,将它们归类到子系统相应模块中去。

再次进行技术域分解,从技术角度对系统和模块进行分解。在该阶段,通常会选取关键的需求(包括功能需求和非功能性需求)和已分解出的模块或子系统,结合当前的 IT 技术(技术框架、架构模式、参考架构、中间件、业务平台)和架构思想、架构经验、开发人员的技能以及系统的上下文环境等,进一步进行架构分解。

最后进行涉众域分解,全面考虑各类涉众在架构层面的关键需求,特别是非功能需求,如性能需求、可伸缩性需求等,进一步对系统进行分解。涉众域分解与业务域分解、业务功能域分解、技术域分解有部分是重叠的,如在技术域和涉众域中都有性能方面的架构分解。涉众域分解保证了我们的分解是完备的、没有遗漏的。

1. 业务域及业务功能域分解

U/C 矩阵是用来表达业务功能与数据两者之间的关系的。矩阵中的行表示数据类,列表示业务功能,并以字母 U(Use)和 C(Create)来表示业务功能对数据类的使用和产生。

分析关键功能需求与数据类的产生与使用情况,创建 U/C 矩阵。调整数据类的位置,使得矩阵中 C 最靠近对角线。以表 6-2 所示交易服务为例,进行 U/C 矩阵分析。

表 6-2　交易服务 U/C 矩阵

业务功能	数 据										
	报价	成交	行情	产品	交易日	机构	会员	权限	额度	基准	信息产品
竞价模式报价处理	C		C	U	U	U	U	U	U	U	
竞价模式成交处理		C	U	U	U	U	U	U	U	U	
询价模式报价处理	C		C	U	U	U	U	U	U	U	
询价模式成交处理		C	U	U	U	U	U	U	U	U	
行情生成	U	U	C	U							
行情发布			U								C
交易查询	U	U				U	U				
额度查询						U	U		U		
日终处理	U	U		U	U	U	U		U		

（业务域）

将 U 和 C 最密集的地方框起来,给框起来的区域命名,其中的各个功能就构成了子系统,落在框外的说明了子系统之间的数据流。如表 6-3 所示,这样就完成了划分系统的工作。

表 6-3　U/C 矩阵子系统划分

业务功能	系统划分										子系统划分
	报价	成交	行情	产品	交易日	机构	会员	权限	额度	信息产品	
竞价模式报价处理	C		C	U	U	U	U	U	U		交易模块
竞价模式成交处理		C	U	U	U	U	U	U	U		
询价模式报价处理	C		C	U	U	U	U	U	U		
询价模式成交处理		C	U	U	U	U	U	U	U		
行情生成	U	U	C	U							行情模块
行情发布			U							C	
交易查询	U	U				U	U				查询模块
额度查询						U	U		U		
日终处理	U	U		U	U	U	U		U		日终处理模块

（业务域）

2.技术域分解

技术域分解是从技术角度对系统和模块进行分解。在该阶段,通常会选取关键的需求(主要是非功能性需求)和已分解出的模块或子系统,结合当前的 IT 技术和架构思想、架构经验、开发人员的技能以及系统的上下文环境等,进一步进行架构分解。可以采用目标—场景—决策方法对非功能实现进行设计。

针对主要非功能性需求,使用目标—场景—决策方法进行设计(见表 6-4)。

表 6-4　目标—场景—决策方法

目　标	场　景	决　策
可靠性	故障自动发现	使用心跳检测连接是否正常
	故障发现时间可配置	心跳间隔时间可配置
	系统可用性达到 99.99%	使用高可用性集群技术
性能	最大在线用户数	使用统一接入平台管理在线用户,统一接入平台支持负载均衡部署
	每秒最大报价处理数量	相关数据在内存中处理,无须实时访问数据库
可管理性	采用统一的管理方式和工具对系统进行统一管理	提供统一客户端平台
	简化重复性的工作并使之自动化	提供工作流支持
	当发生不可避免及不可预见的故障时,系统能迅速定位问题并快速解决问题,同时恢复相关的数据	提供统一监控平台
可维护性	改正软件错误或满足新的软件需求,而对软件所进行的修改尽可能少	功能模块化
	软件缺陷的修正或软件的修改应尽可能简单易行,同时在系统修改软件缺陷或扩展软件功能的时候尽可能不影响已有的功能	使用数据交换平台管理系统间的数据交互,减少耦合性
可扩展性	支持在线用户量的增长	统一接入平台支持负载均衡集群部署
	支持交易量的增长	系统可配置,以支持纵向扩展能力
安全性	防止部分用户端程序对交易程序进行有意或者无意的重复连接、不断发送错误消息,造成对交易系统的影响,从而影响整个对外服务	隔离客户端与后台服务,通过统一的用户接入来管理客户端连接、检查消息是否异常
	防止通信流量的增加,造成系统故障	通过统一的用户接入管理来提供流量控制功能
兼容性	增加新的外部系统可以方便地与原有系统数据库进行数据同步	通过 ETL 进行数据交换
	增加新的外部系统可以方便地与原有系统进行消息通信	通过 IMIX 进行消息通信
	增加新的外部系统可以方便地与原有系统数据库进行文件传输	通过 SFTP 进行文件交换
	可以与外部系统进行互操作	统一接入平台提供 TCP 接入、HTTP 接入、MQ 接入功能,可与外部进行互操作
可移植性	交易系统可运行在 Linux/AIX 操作系统	功能模块化,使用库封装不同平台差异性

3. 涉众域分解

全面考虑各类涉众在架构层面的关键需求,特别是非功能需求,如性能需求、可伸缩性需求等,进一步对系统进行分解。涉众域分解与业务域分解、业务功能域分解、技术域分解有部分是重叠的,如在技术域和涉众域中都有性能方面的架构分解。涉众域分解保证了分解是完备的,没有遗漏的。

在技术域分解结果的基础上,分析系统的各种用户,确保其关键需求得到满足:针对交易会员,提供会员交易终端来提供服务;针对业务场务,提供业务场务终端来提供服务;针对技术场务,提供统一监控终端来提供服务;针对客户系统,分别提供交易、信息、风险管理接口来供其使用;针对外部系统,包括信息商、清算所等,分别提供相应数据交互服务。

6.2.4 架构风格及技术框架选择

通过上述在业务域、技术域及涉众域的分解结果,并且从功能特性、质量属性及资源约束三个角度考虑,最终得出如表 6-5 所示的子系统的架构风格。

表 6-5 目标—场景—决策方法

典型技术架构	框架特点	应用实例
并行消息 处理应用框架	不保存状态信息或信息存放在数据库、共享文件系统中; 进程可并发运行,相互之间不交换状态信息	PHS、OTS 等
单点消息 处理应用框架 (live-standby)	信息在内存中处理,不能在多个进程中并发处理; 系统恢复时原内存中的内容可丢失	PCS
批处理应用框架	用于时间出发或者消息出发的长时间的处理	各类系统批处理程序
CRUD 应用框架	基于 Web 应用服务器的增删改类应用	Admin 等交易辅助模块
查询应用框架	基于 Web 应用服务器的查询类应用	Admin 等交易辅助模块

6.2.5 总体技术架构

外汇交易系统从整体上分为核心交易模块与辅助交易模块两大组成部分。

核心交易模块是交易系统的心脏,其功能范围包括:支持外汇各个产品的报价,支持外汇各个产品的竞价、询价交易,做市商使用 PI 报价、TI 回价,后台进程实现报价、交易的业务流程等,并通过 MDS 发布终端及接口市场行情。

辅助交易模块的功能范围包括:竞价交易额度控制,计算货币头寸、货币对头寸、现金流、成交行情,发布成交行情、成交明细、最优价、中间价到相关外围系统,提供 STP 服务、外部系统接口等。

核心交易模块与辅助交易模块透过 CCI 进行集成。CCI 通过提供消息额度控制消息以及成交通知消息,可以将需要进行额度控制以及成交回报消息实时发送至辅助交易模块进行相关处理。

外汇交易系统的总体架构如图 6-3 所示,其中上半部分为交易辅助模块,下半部分为核心交易模块。

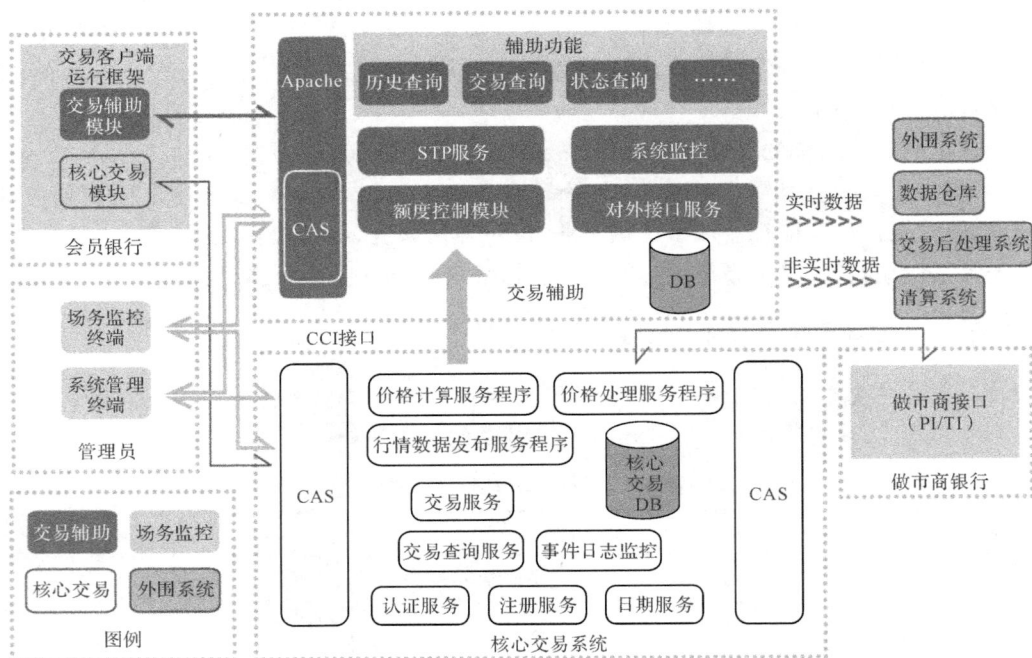

图 6-3　外汇交易系统总体架构

6.3　核心交易模块技术组件

6.3.1　价格计算服务程序

价格计算服务程序通过称为 PHS 的服务程序,从做市商银行接收报价,并使用最优价算法进行价格融合。当市场最优价格生成后,会发回给 PHS 服务程序作为最优价来源。外汇交易系统提供三种类型的市场最优价格,即双边询价交易最优价、双边 IRDV 交易最优价和匿名交易最优价。

为了提高系统处理性能,最优价计算规则是根据时间切片而不是根据每一个报价触发,并通过价格排序算法计算市场最优价。报价处理程序采用 live-standby 模式运行。当 live 服务程序出现故障后,监控程序会主动监测出该情况,并自动将 standby 服务程序变成 live 服务程序。根据处理的业务不同,价格计算服务程序分为双边询价交易及匿名交易两个程序实例。

1.询价模式价格计算实例

询价模式价格计算服务程序连接到由 PHS 服务程序提供的双边询价处理服务,并订阅来自银行的双边询价价格;然后计算出双边询价最优价,并再次通过 PHS 服务程序发布。双边询价交易程序实例提供的最优价包括最优、次优、第三优三个价格。

2.竞价模式价格计算实例

竞价模式价格计算实例只处理即期外汇的可交易价格。竞价模式价格计算服务程序连接到由 PHS 服务程序提供的竞价处理服务,并订阅来自银行的匿名交易竞价价格,然后计算出匿名交易竞价最优价,并再次通过 PHS 服务程序发布。价格更新字串中会包含一个加密的最优价来源机构信息。该信息在之后的处理过程中会被交易服务使用,以便将交易请求转发至该最优价来源机构。

6.3.2 报价处理服务程序

PHS 服务程序接受程序报价接口(PI 接口)的连接,以及监控用户的连接,并处理这两个类型用户的登录验证。它首先向 PI 接口发送该 PI 接口对应的银行分支机构身份的订阅信息,然后处理来自该 PI 接口发送的后续价格更新。做市商交易员也可以通过客户端的价格监控版面发布的价格来覆盖 PI 发布的价格,在此情况下,该 PI 仍然会接收订阅并且必须继续发布价格,价格的覆盖由 PHS 服务程序完成。

PHS 服务程序运行在负载均衡的双活模式下。当一个实例死机时,机构用户可以连接到其他正常的 PHS 服务程序实例。PHS 服务程序实例间具有同步机制。内部模块会在 PHS 服务程序实例中以资源的形式注册。如 MDS 服务程序会作为一个资源连接到 PHS 服务程序,当机构用户通过交易客户端订阅按机构展示的最优价时,会通过 MDS 来提供服务。

PHS 服务程序以多实例的方式运行在多台应用服务器上。每个实例可以处理任何支持的资产类别的双边询价和匿名的机构报价。一个单一的分支机构的所有连接会被路由到同一个 PHS 服务程序的实例,以保证数据的一致性。

程序报价接口(PI 接口)会连接到一个公共负载均衡资源进行匿名及双边询价报价。用于处理按机构展示最优价的 PHS 资源会在 PI 接口连接时动态注册,同时在 PI 接口断开连接时取消注册。通过客户端接入的用户连接到公共负载均衡的资源名并被重定向到处理它对应的机构的报价的 PHS 实例,以避免不同 PHS 实例之间产生过多的同步数据。

其中,价格计算服务程序是一个特殊的资源,它向 PHS 服务程序发布经过计算后的双边询价交易及竞价交易的最优价,其中包含最优、次优、第三优三个价格。这些最优价会通过 MDS 服务程序发布给用户。

PHS 服务程序还接收由会员银行客户发起的,发送至交易服务程序(OTS 程序)的交易请求,并处理如风控金额、对应货币金额等包含在此交易请求中的交易要素。

PHS 服务程序还接收客户端发起的报价订阅消息。它会计算订阅消息中所包含的风控金额和对应货币金额。风控金额被用来确定单笔交易的交易量是否超过一定的阈值。

考虑到安全性,PHS 服务程序不支持直接或通过 CAS 远程访问的方式提供最优价的订阅请求。也就是说,PHS 服务程序绑定的端口也无法在内网防火墙内打开。因此,任何最优价的订阅请求都要通过 MDS 服务程序转发给 PHS 服务程序。

6.3.3 市场数据发布服务程序

金融市场行情数据是指由交易场所对市场上各类金融工具发布的实时或历史交易相

关数据。行情数据的业务要素根据不同行情种类及金融工具类型而不同,通常行情要素都会包含价格和量,也会提供一些交易的静态数据,如产品名称、期限等。市场参与者通过获取实时行情数据了解最新价格信息并做出买、卖交易的即时决定,查看历史数据分析价格趋势,估算投资组合的市场风险。

目前,外汇交易系统对市场提供的实时行情数据种类有最优报价行情、深度报价行情、中间价行情、成交行情以及收盘价行情等,产品覆盖外汇即期、远期、标准远期、掉期、标准掉期、期权以及外汇拆借。

1. 终端行情发布实例

会员银行用户通过终端连接和登录到终端行情发布服务程序,订阅和接收银行可交易的双边询价报价以及最优价。MDS 程序处理交易系统中客户相关的数据,如客户或客户组与哪种金融工具、权限、保证金、差额有关。这些信息是 MDS 程序从数据库中查询出来的。MDS 程序在会员银行用户需要的时候,根据其机构名称创建资源并连接到 PHS 服务程序。PHS 服务程序根据这个资源名,找到对应的处理实例提供服务。MDS 服务程序提供身份认证功能,它会认证会员登录并根据会员银行权限来对订阅授权。

2. 接口行情发布实例

根据银行间市场成员的不同需求,MDS 还实现了针对接口的定制化行情发布,充分满足市场成员头寸管理、盯市、估值等风险管理需求以及建立数据模型、进行算法交易的市场分析需求,实现数据的增值。目前,MDS 向市场成员提供实时逐笔、1 分钟以及 15 分钟延时快照等外汇行情数据。

图 6-4 概述了市场成员如何获取外汇市场行情数据并进行后续处理。

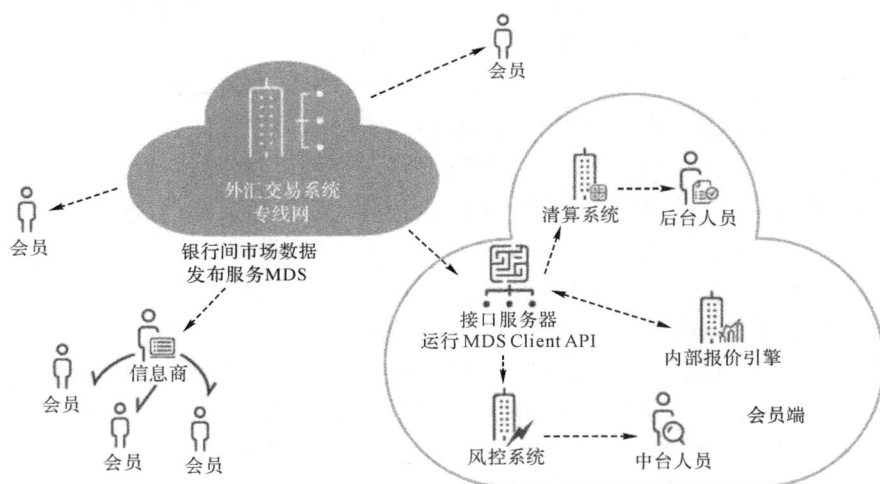

图 6-4 银行间外汇市场数据发布流程

图 6-5 列出了行情发布的总体架构,我们从左至右依次阐述,总体而言行情发布可分为三层:数据获取层、数据处理层和数据发布层。一条行情数据在交易系统生成之后,通过 TCP 点对点通信进入前置层,由数据获取层的应用程序获取,经过必要的转换之后使用 UDP Multicast 方式通过主干网发送至全网络。图中主干网共有 2 组,相互之间完全隔离,

目的是提升高可用;数据处理层应用程序对行情数据进行相关的增值服务处理之后同样以 UDP Multicast 方式通过主干网将处理后的数据发送至全网络;随后的最右侧数据发布层经过一系列的用户权限控制过滤规则将最终数据发送至对外层,最终会员用户使用标准化 API 通过 TCP 点对点方式接入专线网获取定制化的行情数据。其中的管理网用于对服务器进行升级维护时登录服务器所使用的网络,主站点就是通常意义上的生产环境,备份站点则为异地/同城灾备环境。

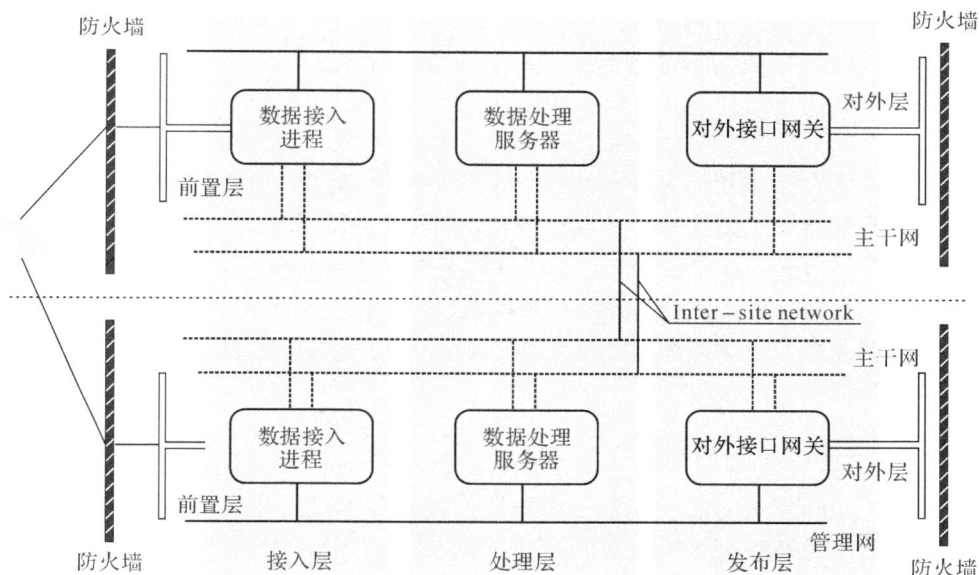

图 6-5　接口行情发布总体架构

6.3.4　交易服务程序

交易服务程序用于交易过程以及成交处理。该模块在实现成交的业务逻辑过程中,除了与客户端建立通信连接外,还需要与系统内的其他主要组件如 PHS 程序、TVS 程序、核心数据库等进行数据交互。OTS 程序按不同的业务模式分为双边询价交易实例以及竞价交易实例。OTS 程序采用负载均衡的方式工作。

1.双边询价交易服务程序实例

双边询价交易服务程序实例将 RFQ 交易转发到指定的做市商 TI 接口,以完成会员—做市商类交易;或者通过 TVS 程序转发给会员银行交易员,以完成会员—会员类交易。会员—做市商类交易将通过做市商的 TI 程序接口自动完成,而会员—会员类交易将通过 TVS 程序转发到会员银行交易员的客户端,以手工处理的方式来完成。会员需要登录到 TVS 程序以获得其对应的交易身份,发送给多个会员银行的 RFQ 请求会使用同一个连接。所有从 TVS 程序发给 OTS 程序的应答消息需要包含正确的会员银行/做市商名称。因此,OTS 程序发送到 TVS 程序的消息格式需为"submit_id+maker name"形式。这部分数据会被包括在所有应答消息的 submit_id 域中,OTS 程序会从中提取相应的银行/做市商名称。当会员银行接受了一个特定做市商的报价(RFQ 报价)后,其他处于竞争状态的做市商将会立即收到一条交易终止消息与相应的终止理由。

2. 竞价交易服务程序实例

竞价交易服务程序实例是竞价匿名交易和限价订单交易的交易引擎。会员银行客户连接到 OTS 程序进行提交交易请求、发送 RFQ 及发布限价订单的操作。

OTS 程序将 RFQ 类型的交易请求发送到相应的做市商，并实时监控限价订单的价格变化。会员银行客户端会收到它们的订单与现价差距的实时更新。当限价订单匹配到了市场价格，该笔订单将会被发送到相应的做市商处。OTS 程序还进行交易达成以及成交的处理。OTS 程序在处理交易请求时，会生成额度检查的请求并发送到额度检查模块进行交易额度检查，其间它会冻结该交易请求直到额度检查结果返回。

6.3.5 日期服务程序

日期服务程序为连接到系统的询价交易服务程序、竞价交易服务程序、价格处理服务程序以及所有参与外汇交易的会员银行客户端提供日期服务。该组件使用本地的日历文件来确定各货币对的各期限起息日。它从日历文件中读取数据，在日历文件中包含每个货币的假日日期和非工作日期，比如周六、周日等。这个日历文件是一个文本文件，需要手工维护。日期服务程序检查交易货币的被请求交割日期，然后根据交易货币的本地日历来计算出正确的交割日期。

6.3.6 交易查询服务程序

TVS 程序用于处理被提交到做市商交易员的 RFQ 交易。仅当这笔 RFQ 交易的对手方的 TI 接口不在线时，交易才会被 OTS 程序发送给 TVS 程序。然后做市商交易员可通过交易客户端连接到 TVS 程序来接收这些 RFQ 交易。

TVS 服务程序是用来达成交易的服务程序，会员银行交易员通过连接 TVS 服务程序进行订单提交及与做市商进行询价，而 TVS 会将询价请求发送给做市商交易员。当完成对接入用户的认证后，使用数据库中的相关记录来控制用户的权限。TVS 使用通用架构来操作数据库对象、认证代码及消息路由。多程序实例可以提高系统性能及容错能力，该扩展对用户透明。

6.3.7 日志服务程序

日志服务程序被用于捕获交易系统事件并通过本地日志服务进行记录。这个事件在 PHS 接受报价更新时及 OTS 处理交易询价过程中都会产生。

日志服务程序会同时连接到匿名竞价交易程序实例和双边询价交易程序实例，以保证任何一个程序实例都会将事件提交至同一个日志服务程序。会员银行客户端可连接到日志服务程序以查询该会员的交易历史记录。内部程序也会使用日志服务程序来直接对数据库进行操作。

6.3.8 身份验证服务程序

身份验证服务程序是用来验证用户凭据，并为之后的用户单点登录产生临时会话密钥。

6.3.9 通信接入服务程序

通信接入服务程序(CAS)在保证外汇交易系统数据传输的安全性及完整性方面,起着非常重要的作用。

外汇系统中,所有的客户端及程序接口与后台服务器之间的通信都要经过 CAS 程序。对于会员银行客户端来说,CAS 程序作为一个 Web 代理,在客户端与特定服务器之间传递 HTTPS 通道应用数据,如交易数据、报价数据、市场行情等。做市商银行使用的 TI 和 PI 程序接口通过专线上的 SSL socket 方式(或在互联网上通过 https tunneling 方式)连接到 CAS 程序并路由到后台服务器。

CAS 程序基于 X509 数字证书的身份验证方式对客户端和服务器之间的数据通信进行保护,保证发送的所有数据能正确地送达目标接收者,而且不会将数据暴露给未授权的第三方。CAS 程序能实现透明而安全地穿过部署在中间的防火墙和代理服务器,这可以让交易系统实现真正的全球交易。

6.4 交易辅助模块技术组件

6.4.1 系统接口

除了传统的通过客户端方式提供服务外,外汇交易系统提供了一系列系统接口及 API。根据交易阶段和适用场景,接口分类如表 6-6 所示。市场成员可根据自身使用需求挑选使用。

表 6-6 接口分类

交易阶段	接口名称	交互频率	适用场景及特点
交易前	MDS	高频	实时发布行情数据,并可根据市场成员角色制定不同数据产品
交易	PI	高频	提供做市商连续报价能力
	TI	N/A	提供做市商响应 RFQ 和成交请求等
交易后	STP	N/A	成交达成后向交易双方实时推送成交回报

1. 报价接口

程序报价接口提供一种流式价格更新的功能。做市商可使用 PI 接口以自动化的方式持续不断地向外汇交易系统提供竞价模式及询价模式的价格。

2. 交易接口

程序交易接口提供一种连接会员交易请求的功能。做市商可使用 PI 接口以自动化或者半自动化的方式与发起交易的会员达成交易。

6.4.2 直通式交易处理服务程序

根据美国证券行业协会的定义,STP 是指"在交易处理期间,从投资决策阶段到审计和报表制作阶段,无停顿地在所有交易参与者之间传递金融信息,期间没有任何手工或冗余操作"。STP 缘起于控制交易后结算的交割风险,故也有狭义上的 STP 定义特指金融机构中后台的无间断处理。

但无论哪种定义,我们可以看到 STP 是市场业务发展和信息化程度提高的必然产物。提高交易效率、控制风险、规避"黑天鹅"事件、监管需要等种种需求,都驱使着交易从传统的电话经纪、交易终端界面等模式向直通式处理方向发展。

6.4.3　额度控制程序

在交易过程中,交易核心模块通过额度控制系统(CCI),在交易辅助模块完成额度检查后,才能完成交易。

额度控制提供额度控制功能,在接收额度扣减请求后,经过计算返回额度检查结果给交易核心模块,通过或不通过。同时会接收交易核心成交消息,发布交易信息到交易辅助模块,用以其他功能使用。对匿名交易,计算使用额度,计算头寸,发送头寸信息到交易辅助模块。另外,它还保存交易信息,计算使用货币头寸、货币对头寸、现金流,发布货币对头寸到交易辅助模块。

6.4.4　信息服务程序

信息服务程序是基于 SOA 思想进行设计的,通过 SOA,信息服务可以更好地统一对外部系统提供数据服务。Web Service 是一种比较好的 SOA 架构实现,因此大部分交易辅助功能都以 Web Service 形式实现,其中包括:

(1)额度修改服务;

(2)成交交易查询服务;

(3)成交价查询服务;

(4)中间价查询服务;

(5)会员信息服务。

使用 Web Service 提供接口的好处:Web Service 本身就是一个工业标准,所以第三方系统在开发与外汇交易系统的接口时,只需要知道外汇交易系统所提供的接口名称,然后按照 Web Service 标准编写自己的程序即可。通过 Web Service 方式提供接口所涉及的完全是标准的东西,而不需要开发人员再去熟悉外汇交易系统内部的一些技术。

虽然通过 Web Service 接口有很多好处,但是由于 Web Service 的编程和部署都比一般程序要复杂,所以用到 Web Service 的地方只会涉及与外部的接口,在外汇交易系统内部如果没有特殊需要是不会用到 Web Service 的。

在外汇交易系统交易辅助模块中,使用了 Apache 以及 CAS 程序来实现 http tunneling 隧道协议。

该方案的主要好处在于,http tunneling 自身可以支持长连接,支持消息的主动推送;http tunneling 利用 http 协议的 80/443 端口,不需要客户端额外开端口支持;Apache 是业界顶尖的 HTTP 服务器,效率高、性能稳定,并被诸如 IBM 公司的应用中间件产品(Web Application Server,IBM)集成;可以利用 Apache 的机制实现 SSL。

使用 Apache+CAS 也有自身的不足:Apache+CAS 主要是提供对 http tunneling 协

议的支持,而由于 http tunneling 协议本身的性能不如 TCP 直连好,所以在防火墙端口策略允许的情况下,不宜使用 http tunneling 技术。

6.5　关键技术设计

6.5.1　客户端登录设计

CAS 程序作为通信服务器,位于交易客户端和外汇交易系统服务器之间(见图 6-6)。它运行在防火墙保护区域中,位于硬件负载平衡器之后。

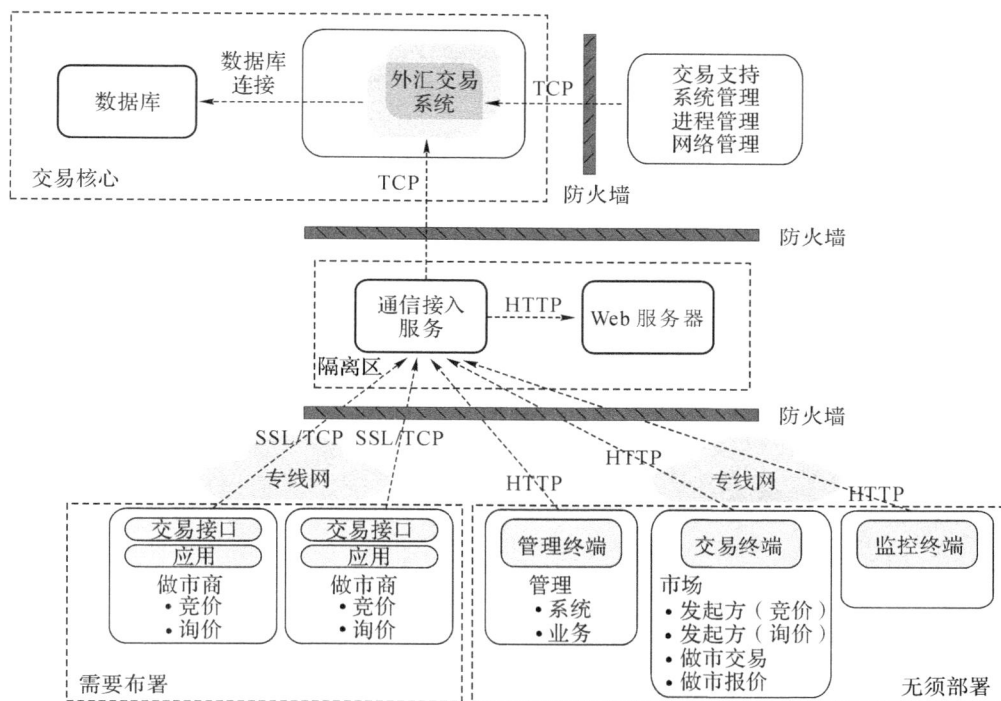

图 6-6　CAS 代理客户端连接

对于会员银行客户端来说,CAS 组建作为一个 Web 代理为用户下载客户端程序,并在客户端与特定服务器之间传递 HTTPS 隧道应用数据,如 OTS 程序、MDS 服务程序等。

做市商银行使用的 TI 和 PI 应用程序通过专线上的 SSL socket 方式(或在互联网上通过 https tunnel 方式)连接 CAS 实例。这类通信的安全通过 SSL 客户端和服务器基于 X509 数字证书的身份验证进行保护(见图 6-7)。

6.5.2　单点认证设计

在外汇交易系统中,单点认证(the single sign on,SSO)仅被应用到外部非程序接口登录(见图 6-8),比如客户端交易员用户和管理用户登录。做市商银行使用 TI 和 PI 程序接

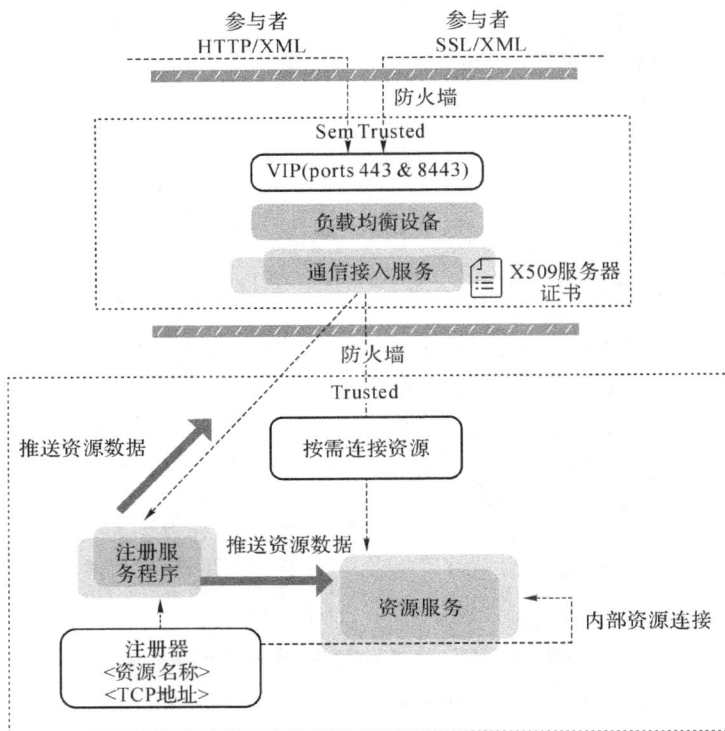

图 6-7 做市商接口通过 SSL 连接 CAS

口登录不会使用单点认证。

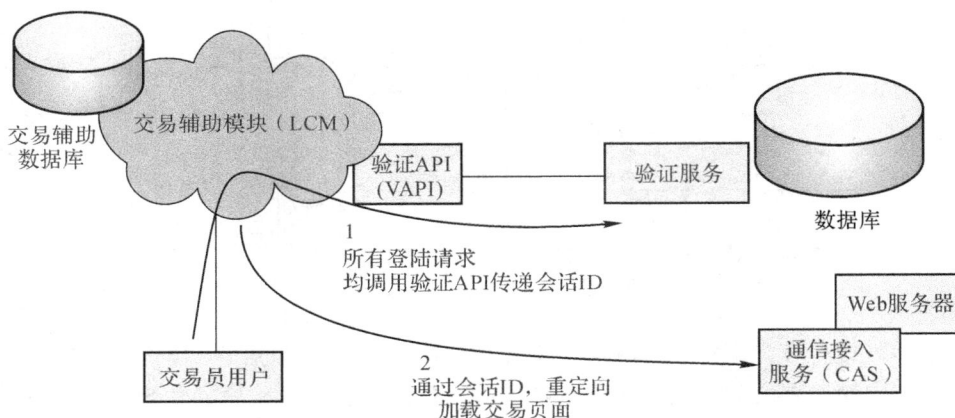

图 6-8 客户端单点登录

用户将首先通过交易辅助模块控制登录页面登录到交易服务器。交易辅助模块将使用验证 API 验证用户登录的用户名/密码。如果登录失败,用户将会被重定向到登录重试。如果账户被锁定,用户会被重定向到一个支持页面(如当最大错误密码尝试计数超标等)。如果密码过期,用户将被重定向到一个输入新密码的页面。所有登录请求必须通过 HTTPS 来完成。

验证成功后,交易辅助模块将收到来自 VAPI 的会话 ID。这个 ID 将在配置的时间内到期。交易辅助模块必须缓存登录凭据和会话 ID。交易辅助模块应将 Session ID 放置在用户的浏览器的 cookie 中,并使用该认证发起之后的 HTTP(S)的请求。

在用户启动交易客户端时,该请求将被引导到交易辅助模块的登录控制网页。如果请求时会话 ID 已经过期,那么交易辅助模块必须检索缓存的用户凭据,并通过 VAPI 重新提交登录验证,以获得一个新的会话 ID。如果请求新的 Session ID 时用户密码正好过期,那用户会被重定向到新的密码修改页面。

一旦交易辅助模块获取了具有足够寿命的有效的会话 ID,它就会把用户浏览器重定向到核心系统的启动页面,以确保任何新的会话 ID 存储在浏览器中。浏览器将遵循重定向并经由 CAS 通过 HTTPS 网络服务器连接启动页。启动页将执行客户端脚本以从 cookie 中获取 Session ID 并使用带有 Session ID 的参数进行更新。交易客户端被加载和初始化,它会读取会话 ID,并使用会话 ID 作为隧道 ID 自动建立 HTTPS 连接隧道。

CAS 连接验证程序以验证在隧道使用的会话 ID,并接受隧道连接请求。交易客户端从验证程序获取与会话 ID 相关联的用户名/密码并登录。登录后,与正常方式(非 SSO)同样连接各资源程序。万一该密码在交易系统客户端下载过程中过期,则客户端程序会抛出一个错误,通知密码已过期,并将用户重定向到交易辅助模块的密码更改页。然后,用户必须更新密码并重新启动该交易系统客户端。

在外汇交易系统中,部署了 2 套独立的 CAS 服务,如图 6-9 所示。

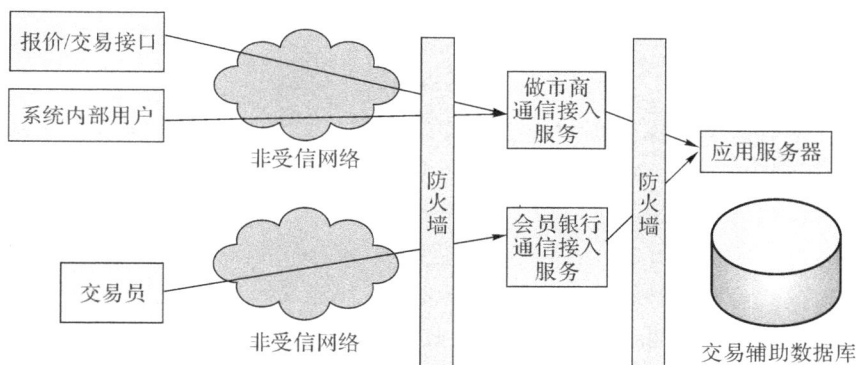

图 6-9　会员银行客户端/程序接口接入 CAS

会员银行接入的 CAS 程序用于客户端连接,如客户端交易员用户的连接和管理用户的连接。这个 CAS 程序允许单点登录和非单点登录的客户端的 HTTPS 隧道连接,通过单点登录生成的会话 ID 并不是必需的。程序接口接入 CAS 用于做市商银行的 PI 及 TI 程序接口,以及内部用户和其他外部程序的接入。

因为交易辅助模块主要提供 Web Service 对外提供服务,因此客户端与交易辅助模块之间没有必要设置心跳。交易辅助模块可以通过终止浏览器会话以在任何时候结束外汇交易系统客户端的连接。客户端的核心交易模块显示在客户端的浏览器框架中。当用户退出客户端时,客户端浏览器框架将关闭。如果客户端的交易辅助模块进入锁定状态,核心交易模块仍可以继续工作。

6.5.3 系统可用性设计

外汇交易系统需要从网络环境、主机、操作系统、数据库、应用软件系统等各个层次提供相应的可靠性、可用性技术,并从系统的整体上考虑,保证系统在任意环境出现故障的情况下都能正常运行或者在较短时间内恢复,并且保证系统数据的一致性。

1. 数据可用性设计

在并发访问及系统故障时,系统应保证数据一致性和可用性,并且实现故障情况下数据恢复与还原。数据架构上可靠性设计考虑:单一节点故障,不影响数据服务;系统具有完善的数据备份方案,可有效实施不同级别的备份;全局故障下,可以恢复并还原数据,并可选择恢复不同时点数据;具有同城、异地数据备份与恢复方案;采用分布数据架构,数据服务节点可以动态增加。

2. 客户端连接断开

对于 RFQ 及点击成交交易,如果在发送交易消息前,客户端与后台服务器连接断开,那么该交易将被取消。如果交易消息发送并被 OTS 程序接收后,连接才断开,则交易仍被正确地处理。会员银行交易员可在重新连接服务器后,通过在客户端手工查询交易日志的方式,获知此类交易的最新状态。

对于限价订单,当限价订单被提交后发生客户端连接断开,该订单仍会被正确地处理。当客户端重新连接后,它会收到一个关于其所有限价订单最新状态的提示信息。会员银行交易员可在重新连接服务器后,通过在客户端手工查询交易日志的方式,获知此类交易的最新状态。

3. 行情重传与恢复

当用户在接收行情数据过程中由于这样或者那样的原因丢失数据时(可能是断开连接,或者是应用程序自身故障),可以使用数据重传机制来恢复丢失的行情数据。在数据恢复过程中需使用到前面所说的日志服务。MDS 中的行情数据的仓库将所有的实时/快照/延迟数据写入一个 OML 日志文件,同时定期广播心跳消息表明进程的健康状态。由于使用文件数据库模式,众所周知,文件的读写非常占用磁盘 IO,如果频繁读写,那么实时消息的发布将会成为瓶颈。因此,日志服务在接收到实时消息时并非收到一条消息就写入一条,而是等待一段时间(12s)再一次更新文件数据库。

6.5.4 安全设计

系统安全设计遵循以下原则:

(1)具有严密的安全管理控制机制,保证数据信息在处理、存储和传输过程中的完整性和安全性,防止数据信息被非法使用、修改和复制。其中客户端及 API 至服务器间的消息应使用加密传输。

(2)提供完整的数据备份和恢复功能,能方便地根据系统和数据的备份介质进行灾难恢复。

(3)具有严格的用户和密码管理,能对不同级别的用户进行有限授权,特别应严格限制和分流特权用户的权限,防止非法用户的侵入和破坏。

(4)具有系统审计监控程序,具有身份识别和实体认证功能,能够自动记录操作人员的重要操作,具有防止抵赖机制。

（5）具有保护数据安全性设计,防止不合法的使用所造成的数据泄漏、更改或破坏;具有数据访问权限管理,防止非授权用户访问、防止用户访问非授权数据、敏感数据加密等功能。

1. 系统级保护策略

外汇交易系统部署在核心区域,通过多个防火墙与外部网络隔离。所有的外部连接将通过 CAS 组件路由到核心交易处理组件。CAS 组件部署在另外一个 DMZ 区。

2. 权限管理矩阵

外汇交易系统具有完善的权限管理控制,如表 6-7 所示。

表 6-7   权限管理矩阵

用户类型	报价权限	交易权限	管理权限
系统管理员	否	否	能增/删/改各种用户 能设置用户的各类权限
业务管理员	否	否	能增/删/改交易机构和用户 能设置机构和用户的交易权限
会员银行管理员	否	否	能增/删/改本机构的用户 不能创建报价交易员
做市商管理员	否	否	能增/删/改本机构的用户 不能创建报价交易员
TI 程序接口	否	能接受和拒绝 RFQ 与点击成交的交易	否
PI 程序接口	能发布价格	否	否
交易员	能看到不同品种的可交易价格	能发起和拒绝 RFQ 与限价交易 能接起和拒绝询价 RFQ 交易	否
报价交易员	能看到不同品种的可交易价格 能覆盖 PI 接口发起的报价	能发起和拒绝 RFQ 和限价交易	否
场务用户	能看到所有价格	能监控全市场的交易 不能发起、接受和拒绝成交	否
CCI 程序接口	否	能接收并处理额度管理的请求	否
清算用户	否	能查询本方交易历史	否

3. 外部访问控制

PI/TI 程序接口与 CAS 组件间使用 SSL 通道对数据进行加密。PI/TI 程序接口通过颁发给特定机构的数字证书以及用户名与密码来进行身份验证,保证通信过程的安全性和真实性。

交易客户端与 CAS 组件间使用 HTTPS 通道对数据进行加密。每个交易用户均需要进行实名制登记,并使用颁发给机构的证书进行登录认证。除此之外,每次登录还需要通过用户名和密码进行身份认证。

4.服务器权限检查

在外汇交易系统中,客户端组件及服务器端组件都会对用户的权限进行检查,这样可以有效避免客户端被攻击造成对服务器资源的非法访问。

6.5.5 负载平衡冗余设计

1.服务器组件

除 PCS 程序外,所有的服务器进程都设计为负载均衡的模式运行。由于 PCS 程序用于计算市场唯一最优价的原因,所以其采用主备方式运行。当某个组件发生意外死机时,其余的组件将会接管其原有的连接。交易客户端和程序接口会自动重新连接到其余的服务器上。

2.PI/TI 程序接口

做市商端可以通过运行 2 套独立的实例的方式来提供 PI/TI 程序接口的错误恢复。这两个实例配置共用一个登录账号,当其中一个实例已经连接时,另外一个实例会因为账号重复登录的原因被阻塞。

3.交易客户端

当检测到网络故障时,交易客户端会自动发起重新连接。

6.5.6 扩展性设计

外汇交易系统需要具有适应系统业务规模的持续增长、系统长期建设需要、系统可能的升级需求的能力。对于系统的可扩展性设计具体如下:

1.垂直及水平扩展支持

外汇交易系统的接入层应能够支持水平扩展和负载均衡;核心应用层也能支持水平扩展;在数据层硬件升级的条件下,系统具备一定的扩展能力。

2.应用容量适应能力

由于业务的不断发展,系统设计时应对系统规模增长、用户增长以及系统业务复杂度增加或范围扩张、数据量的增长进行统筹考虑。

3.系统可配置能力

外汇交易系统应具备高度的可配置能力,能够通过参数配置的方式适应运行条件的变化,包括技术条件(如网络条件、硬件条件、软件系统平台条件等)的变化和应用方式的变化。

6.5.7 可管理性设计

外汇交易系统满足统一监控的要求,实现包括但不限于应用进程运行状态、连接状态(进程间互连、客户端及 API 程序)、系统间数据传输、批处理任务执行情况等技术视角的监控,以及用户响应时间、应用组件处理效率、交易成功率等业务视角的监控。投标系统应支持使用监控 API 或者通过输出日志文件等方式将以上信息发送到统一监控平台。

外汇交易系统提供应用性能监控支持。通过 API 的方式记录阻塞方法用掉的 CPU 时间和实际时间(类似 UNIX 命令 time)以及异步调用方法的实际时间。记录下的时间可写入日志(通过日志工具),或者通过 SNMP、RPC、Web Service 等方式把该信息发送出去。

外汇交易系统提供强有力的管理工具,具体包括应用进程启停、用户及 API 连接状态重置、批处理任务重新执行、接口数据重传、系统资源管理等功能。

6.5.8 国际化和本地化设计

外汇交易系统需要有较强的适应国际化与本地化需求的能力,在被移植到不同的语言及地区时,软件本身不用做内部工程上的改变或修正。系统还提供对不同语言的支持(中文、英语);支持多字节字符的处理(如排序、统计等操作)、支持 UniCode 字符集,默认使用 UTF-8 编码;同时,系统能够支持度量衡、时间、货币单位、电话、地址等不同格式的输入与显示方式;支持不同时区的设定、显示和切换;符合用户所在地域法律法规、宗教、文化习惯。

6.6 关键流程

6.6.1 接口登录

系统能够支持多台价格处理服务程序(PHS)来处理不同做市商 PI 接口的连接,这种方式能够应对做市商数量增加带来的性能压力。但多 PHS 程序可能产生一定的影响,如当PI 断开重连后,系统需要一定的机制保证 PI 登录在程序上,否则将会导致一家做市商同时存在两个报价带来不一致性。

为了解决这个问题,系统采用重定向的方式确保 PI 能够在唯一一台 PHS 程序上发布报价,如图 6-10 所示。

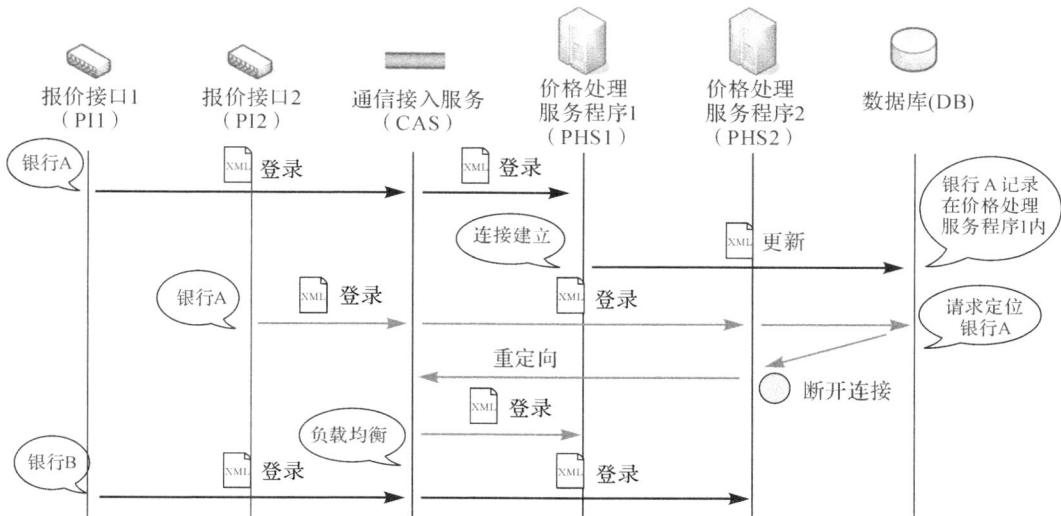

图 6-10　重连登录流程

当做市商通过 PI 接口登录系统时,通信接入服务 CAS 将会把登录请求随机发送至某一台 PHS,然后 PHS 会在数据库中验证登录请求。如果登录信息不存在,则说明该做市商是首次登录,PHS 将会在数据库中记录下登录信息,并返回登录成功。当 PI 断线重连后,PHS 将会在数据库中验证登录信息,由于 PI 在首次登录时记录了 PHS 的位置,所以重连后 CAS 能够找到正确的 PHS。

6.6.2 竞价交易流程

竞价交易模式仅适用于即期交易,即系统自动选择最优的做市商各货币对的买卖报价并匿名发布。该交易类型包括一次点击(One Click)、匿名询价(RFQ)和限价订单(Limit Order),涉及的核心组件如图 6-11 所示,包括 PHS、OTS、MDS、Logs。

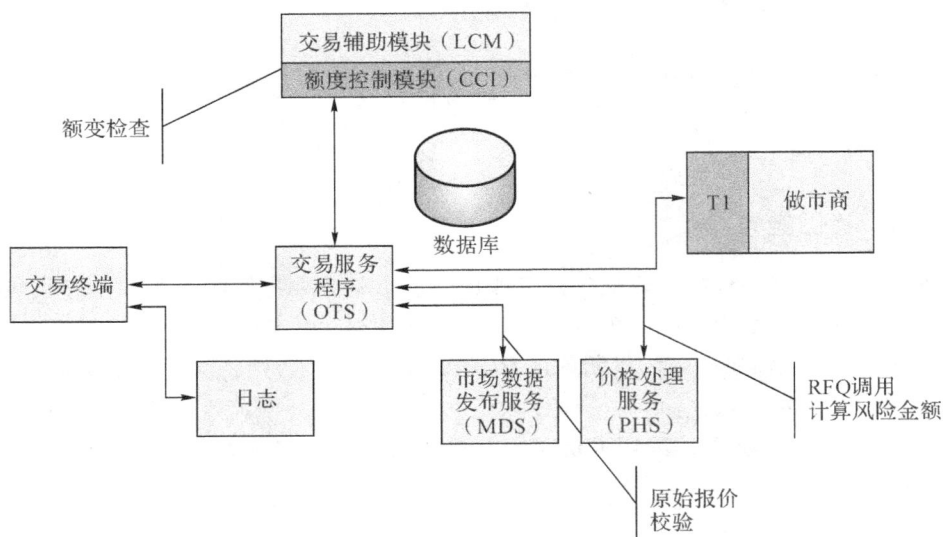

图 6-11 竞价交易组件关系结构

竞价交易流程中用户与系统的关系如表 6-8 所示。

表 6-8 用户与系统关系(竞价交易)

用　户	模块连接	功　能
TI	OTS	接收交易请求
交易员	OTS	提交成交
	Logs	交易日志版面查询成交信息

RFQ 与 One Click 的流程设计的组件相同,但在流程上略有区别。在图 6-12 中以 One Click 方式为例,描述了一个完整的交易流程。

当接收到 Taker 发送来的成交请求后,OTS 向 PHS 发送汇率信息请求,主要用于计算风险额度,然后 OTS 向 CCI 发送授信额度检查请求的额度检查消息,在通过授信额度检查后,向 TI 发送成交请求。与 Taker 相关的权限检查如果失败,OTS 立刻给 Taker 返回错误消息,不会进行后续处理。

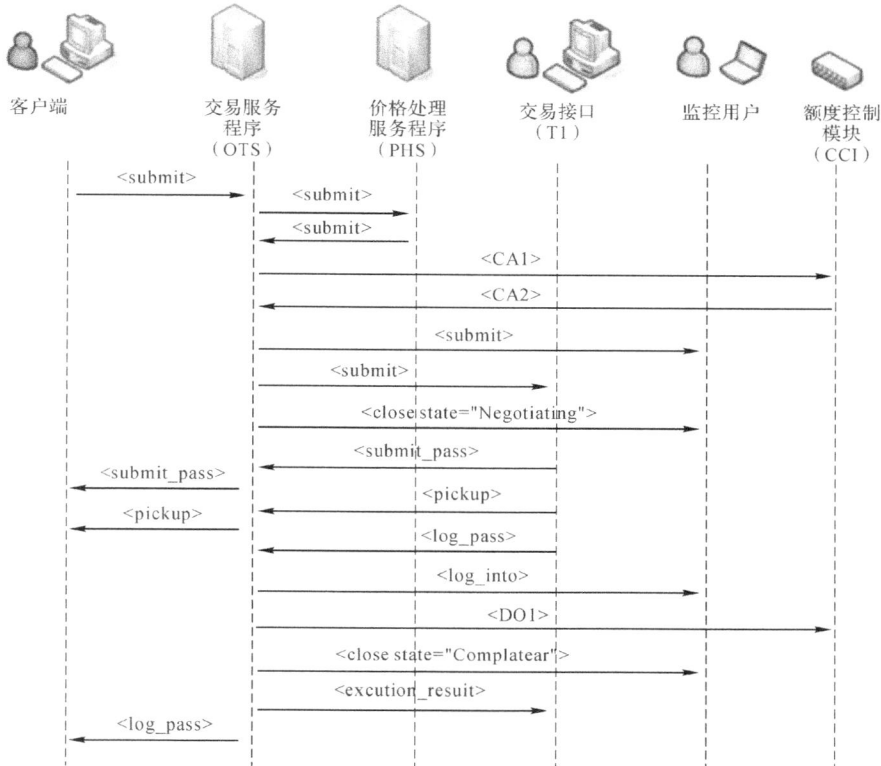

图 6-12　One Click 流程（竞价交易）

通过流转 Taker 与 Maker 之间的磋商消息，OTS 确定该笔成交请求的最终状态（达成或失败等），最后向成交的各参与方（通常是双方）与关注方发送交易最终的状态。

在消息流转过程中，如果消息无法送达部分 TI，Taker 收到报价请求失败消息。而在 Maker 确认价格前，它可以向 OTS 发送关闭交易消息，主动拒绝该笔成交，或者在最终选择不发送确认消息，取而代之发送确认失败消息来拒绝一笔交易。

相比 One Click 中的直接发送成交请求，RFQ 在协商阶段有所区别（见图 6-13）。RFQ 的消息流转比点击成交增加了询价消息，用以反馈询价消息以及 Acknowledge 消息以便确认。Taker 可以在接受 Maker 提供的询价价格前，向 OTS 发送关闭交易消息，主动撤销该笔交易。

Limit Order 交易方式的核心流程如图 6-14 所示，首先 OTS 在启动时会向 PPS 订阅汇率变化信息，然后当 Taker 新增或者修改 Limit Order 时，OTS 通知 TVS 限价订单的变化信息；当订单被激活后，OTS 向 CCI 发送 CA1 消息确认授信额度。当某种被订阅的货币对有汇率更新时，OTS 将根据该货币对的汇率变化更新限价订单状态，并发送状态变化信息给 Taker。

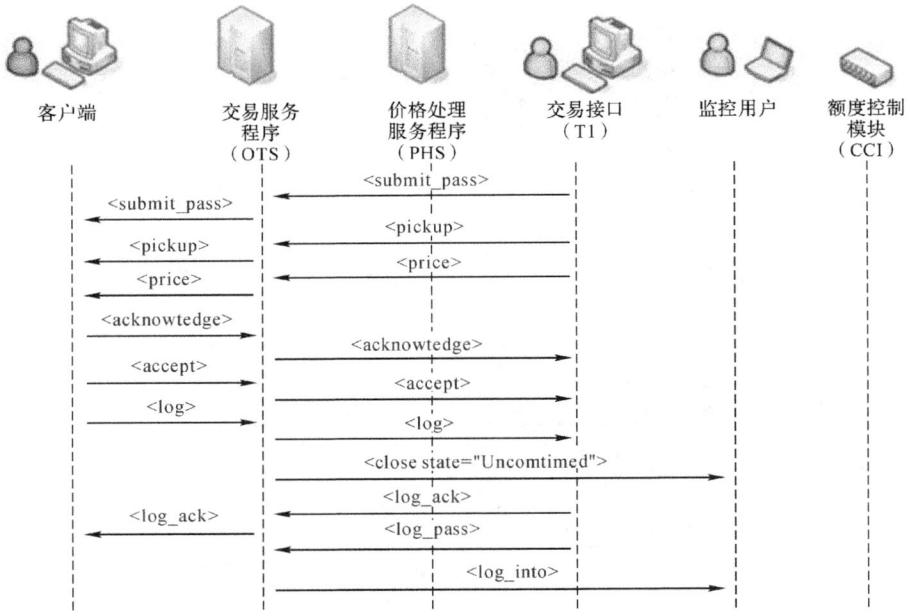

图 6-13　RFQ 流程（竞价交易）

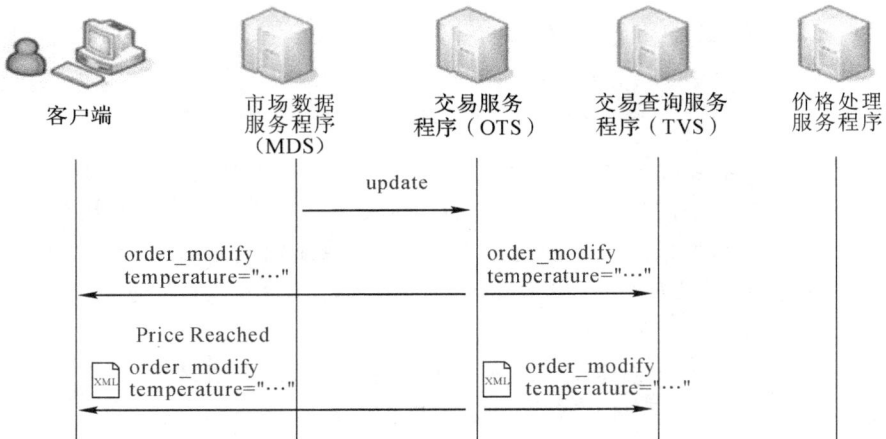

图 6-14　Limit Order 流程（竞价交易）

　　此后，Limit Order 的流程与 One Click 相同，所以 Limit Order 可以理解为系统托管的询价指令，当货币对汇率匹配时自动触发 One Click。

6.6.3　询价交易流程

　　询价交易模式可支持多种期限的交易，交易发起方可在系统中看到最优价及其发布者，交易流程采用 RFQ 的方式，Taker 需通过下拉框的方式选择交易对手（前提是对手方与其有双向的授信关系）。交易发起方可以看到最优价且可以看到报价方，也可以选择看到特定报价方的报价。涉及的核心组件如图 6-15 所示，包括 PHS、OTS、TVS、Logs。

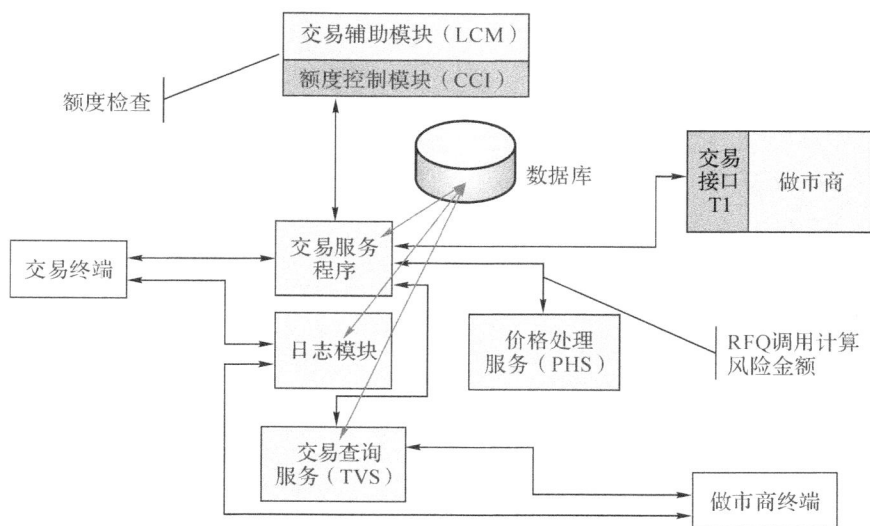

图 6-15　询价交易组件关系

询价交易流程中用户与系统关系列表如表 6-9 所示。相比竞价交易模式,询价交易模式多了一类用户 maker dealers,这类用户可以通过客户端接起报价。

表 6-9　用户与系统关系(询价交易)

用　户	模块连接	备　注
PI 用户	PHS	提供报价
TI 用户	OTS	接起报价
交易员	OTS	提交成交
	Logs	交易日志版面查询成交信息
场务监控	OTS	监控成交
	Logs	交易日志版面查询成交信息
报价交易员	TVS	接起报价
	Logs	交易日志版面查询成交信息

在询价交易中,消息流转与竞价交易中的 RFQ 基本相同,区别在于 TI 用户与交易发起方只通过 OTS 进行消息流转。

除了标准的一对一模式 RFQ 外,交易系统扩展了对手方数量以及一次询价的成交笔数。其中,CRFQ 为同时向 5 家发起询价请求;MRFQ 为一次询价,可以成交 5 笔。

6.6.4　终端价格发布流程

终端价格发布流程是指做市商通过外汇交易系统的报价接口发布报价,然后由交易系统进行报价处理,生成面向会员的报价行情并推送给会员终端的发布流程。

在这个流程中,做市商可使用 PI 接口以自动化的方式持续不断地向外汇交易系统提供竞价模式及询价模式的价格,而交易员可以设置是按全市场最优价还是按指定做市商报价展示。当选择按指定做市商报价展示时,交易员可以根据有授信关系的对手方列表,选择只看其最优的报价。涉及的核心组件如图 6-16 所示,包括 PHS、PCS、MDS、OTS。

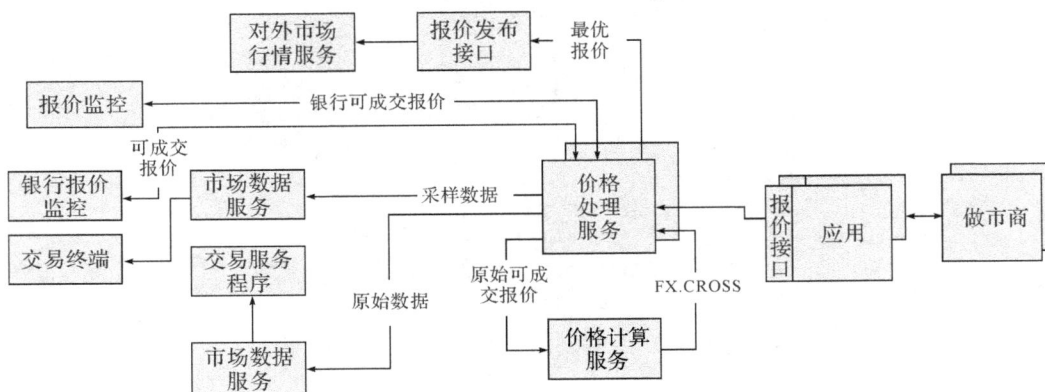

图 6-16　价格发布组件关系

价格发布流程中用户与系统关系如表 6-10 所示。

表 6-10　用户与系统关系(竞价交易)

用　户	模块连接	功　能
PI	PHS	发布报价
交易员	MDS	接收报价行情
场务监控	PHS	监控市场报价

价格发布流程中包含价格发布者和价格订阅者两个部分,流程如图 6-17 所示。

对于价格发布者来说,其通过 PI 报价接口登录系统并订阅市场报价行情,然后其可以根据市场变化不断地通过 PI 发送报价。这些做市商的报价将会发送至 PHS 程序并统一进行处理。PHS 程序在收到各个做市商的报价后,将消息转发给 PCS 程序,用以计算最优价。PCS 通过特定的算法计算最优价后将结果返回给 PHS 程序,然后 PHS 程序将经过节流处理的最优价格发送给 MDS 程序,而 MDS 则会将最优价格发布给订阅者,订阅者通过价格版面看到价格更新。

对于价格订阅者来说,其通过交易客户端登录系统并选择需要订阅的产品及做市商的报价行情,订阅完成后,MDS 将会不断地推送对应最优价给该交易员。

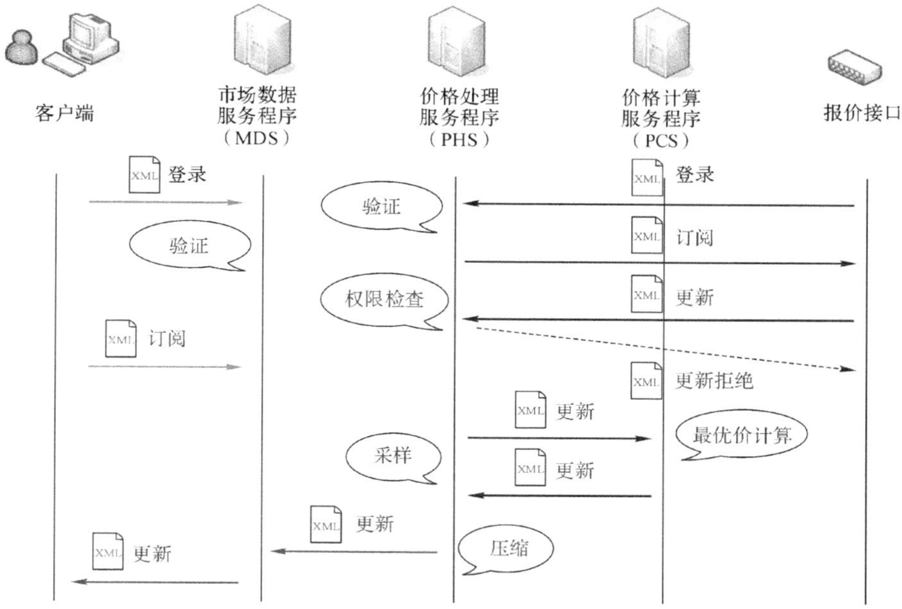

图 6-17　价格发布流程

6.6.5　接口行情发布流程

接口行情发布流程是指外汇交易系统在进行报价、交易处理后,生成面向市场的行情并推送给会员接口的发布流程。

1. 实时行情数据处理

实时行情数据处理由镜像服务(Image Server,IS)进程完成。IS 进程针对行情数据进行如下加工处理:

(1)根据业务规则对收到的数据进行增值处理;

(2)为实时数据打上系统时间戳;

(3)对处理完成后的行情数据进行缓存并保存在数据库。

实时行情数据处理流程(见图 6-18)如下:

(1)IS 进程从组播通道接收实时行情数据;

(2)IS 进程根据业务规则对接收到的数据进行增值处理;

(3)IS 进程将原始数据字段及处理后的数据字段一并发送至组播通道。

图 6-18　实时数据处理流程

2. 定时行情数据处理

定时行情数据处理由镜像服务进程及日历事件进程(Calendar Event Server,CES)共同完成。定时行情数据处理流程(见图 6-19)如下:

（1）IS 进程从 CES 进程接收定时行情更新事件；

（2）IS 进程根据预先配置的消息发送频率将指定行情数据在当前时点的镜像发送至组播通道。

图 6-19　定时数据处理流程

3. 快照行情数据处理

快照行情数据处理由快照镜像服务（Snapshot Image Server，SIS）进程完成。SIS 进程针对行情数据进行如下加工处理：

（1）生成快照数据；

（2）支持不同的快照周期。

快照行情数据处理流程（见图 6-20）如下：

（1）SIS 进程使用 IS 进程发送的实时行情数据构建自身的镜像缓存；

（2）SIS 进程根据事先配置的快照周期生成快照数据更新。

图 6-20　快照数据处理流程

4. 延迟行情数据处理

延迟行情数据处理由延迟数据服务（Delayed Data Server，DDS）进程完成。DDS 进程针对行情数据进行如下加工处理：

（1）为实时数据提供延迟加工处理，数据内容及顺序保持不变；

（2）为快照数据提供延迟加工处理，数据内容及顺序保持不变；

（3）支持不同的延迟周期。

延迟行情数据处理流程（见图 6-21）如下：

（1）DDS 进程本质上提供的是存储再推送的功能；

（2）DDS 进程根据预先配置的延迟周期缓存行情数据，当到达指定的延迟时间之后再推送。

图 6-21　延迟数据处理流程

第 7 章　做市商报价引擎系统设计

前几章中已经向大家介绍了我国银行间外汇市场的制度安排、交易方式以及交易系统的设计。做市商制度是一种市场交易制度,由具备一定实力和信誉的法人充当做市商,不断地向投资者提供买卖价格,并按其提供的价格接受投资者的买卖要求,以其自有资金和资产与投资者进行交易,从而为市场提供即时性和流动性,并通过买卖价差实现一定利润。简单说就是:报出价格,并能按这个价格买入或卖出。外汇做市商既要满足向银行间市场提供持续的报价流动性,快速处理银行间交易的要求,又要做到合理定价和控制交易风险。由于外汇市场高频交易的特点以及高波动性,通常做市商都需要建立自己的电子报价引擎系统,通过交易中心提供的做市商 API 方式,实现自动报价和成交。作为外汇市场流动性提供者以及最为重要的市场参与者,做市商应以什么方式向市场提供流动性,其向交易系统提供的报价如何产生,如何自动化执行交易及风险管理? 本章将重点描述做市商系统,即做市商报价引擎的设计。

7.1　做市商报价引擎总体架构

做市商报价引擎直接对接交易系统,通过报价接口,向交易系统提供连续性报价,同时通过交易接口,接收并处理会员银行的询价以及成交请求。以下是一个做市商报价引擎的架构,一般由下面几个部分组成:做市商报价引擎从总体功能来说,分为报价管理与交易管理,如图 7-1 所示。其内部又可以细分为做市报价模块、做市交易模块、接口模块、信用管理模块,分别通过接口对接数据源、内部风控系统以及后台管理系统,通过一系列复杂的接口调用,最终才能实现报价及交易功能,为市场提供流动性。后面将以做市商报价引擎最重要的报价管理模块以及交易管理模块为例,向大家介绍做市商报价引擎系统的设计与内部处理逻辑。

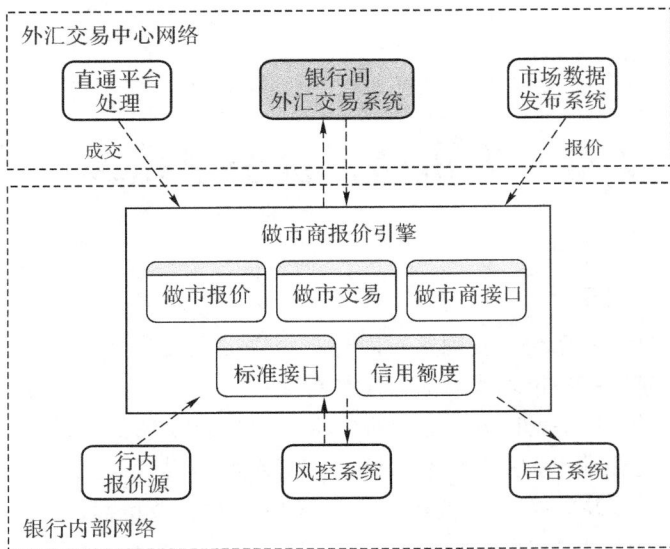

图 7-1　做市商报价引擎架构

7.2　做市报价模块设计

7.2.1　报价生成流程

报价引擎需要持续生成外汇报价,靠交易员在系统中手工维护报价,不仅工作量巨大,而且很难跟上外汇市场汇率变动的速度。一般的做法,是从外部接入实时市场数据,在此基础上,对外部数据进行整合加工,去除错误数据,最后根据内部风险管理要求与头寸情况结合一定的报价生成规则,产生紧跟市场变化的做市报价。报价生成的基本流程如图 7-2 所示。

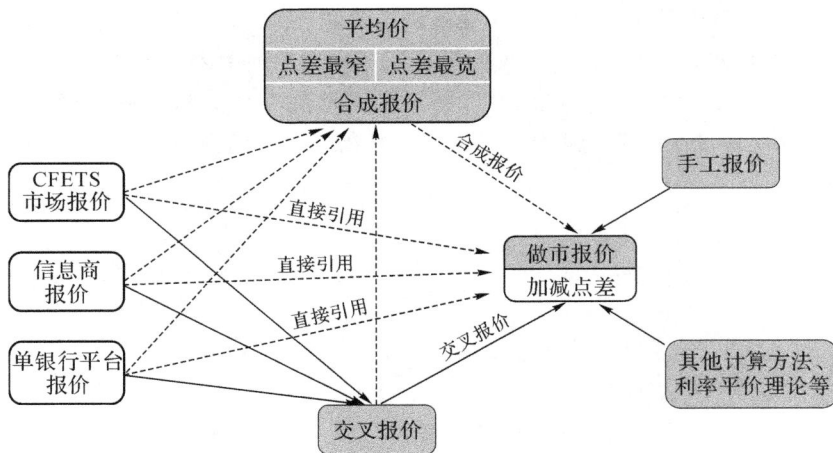

图 7-2　报价生成流程

7.2.2 外部报价数据源

1.外部报价数据源选取原则

做市商选择外部报价源的原则是:报价源报价的实时变动,切实反映当时的市场行情。选择不合适的外部报价源,会导致发布的报价偏离市场,给做市商带来经济损失。一般可以从以下几方面考虑选择报价源:

(1)交易时段

外汇市场是一个 24 小时不间断的市场,不同的交易时段可以在全球多个不同的外汇市场进行交易,也意味着在国内交易,不同时间需要从不同的外汇市场获取市场报价。国际各主要外汇市场开盘收盘时间(北京时间),如表 7-1 所示。

表 7-1   国际主要外汇市场交易时间

外汇市场	冬令时	夏时制
新西兰惠灵顿	04:00—12:00	05:00—13:00
澳大利亚悉尼	06:00—14:00	07:00—15:00
英国伦敦	16:30—00:30	15:30—23:30
美国纽约	21:20—04:00	20:30—03:00
日本东京	08:00—14:30	
新加坡	09:00—16:00	
德国法兰克福	14:00—22:00	
中国香港	09:00—16:00	
中国上海	09:30—23:30(在岸人民币)	

报价引擎需要支持在不同时段接入不同外汇市场的行情作为报价源。

(2)货币特性

G7 货币是全球外汇市场传统的主要货币,包括美元 USD、欧元 EUR、日元 JPY、英镑 GBP、瑞士法郎 CHF、加元 CAD、澳元 AUD。美元是全球硬通货,为各国央行主要货币储备,按美元报价是国际外汇市场报价的惯例,如 EUR/USD,USD/CAD。

G7 货币对是全球外汇市场最活跃的货币对,流动性好,在电子交易系统普遍使用的今天,同一时刻全球多个外汇市场的报价差距并不大,报价引擎采用哪个市场报价的差别也不大。

但对于除 G7 以外的大部分货币对,虽然也可能在多个外汇市场有交易,但一般要以其本地外汇市场作为报价依据。以 HKD/USD 为例,港币是香港的本地货币,相对于欧洲市场、日本市场,中国香港本地金融机构对港币的定价更有发言权。

(3)平盘成本

做市商通过银行间报价,并与交易对手达成交易后,要将外币敞口对外平盘才能将交易量转换为自身的利润。因此,做市商选择报价源时,如果条件允许,也会选择代表其平盘成本的交易对手作为报价源。

假设做市商的欧元 EUR 敞口,一般与某欧洲 A 银行平盘,则 EUR/USD 报价可以在 A 银行报价的基础上加上一定的点差;EUR/CNY 的报价采用 USD/CNY 与 A 银行的

EUR/USD 报价进行交叉,再加上点差。

当做市商有 EUR 敞口时,再与 A 银行进行平盘。

2.常见外部报价数据源

做市商采用的外部报价源通常有以下几类:

(1)外汇市场或经纪公司

国内银行间外汇交易市场一般是指中国外汇交易中心的外汇交易系统,有近 400 多家外汇会员在系统中进行人民币货币对的报价及成交,是人民币相关产品交易主平台和定价中心。

采用外汇市场或经纪公司报价的好处是市场成员为了达成交易而在市场上报价,报价活跃代表了整个市场的趋势,同时贴近市场真实价格水平;缺点是对于大部分境外外汇市场,不可能在中国境内设立数据中心,境内机构无法直接接入,必须通过信息商获取数据。

(2)信息商

信息商的主营业务就是信息数据的收集及分发。国内报价引擎常见的信息商,包括路透、彭博等。信息商可提供的数据包括:

①如前面所说,境内外主要外汇市场或经纪公司的市场数据。

②各类银行等金融机构可通过信息商提供的软件在信息终端发布报价,供自己的客户查阅。信息商汇总后,可得到全球或亚洲等不同区域的最新市场报价。

③信息商的信息终端,也提供交易功能。信息商可从中采集市场行情,如路透的 Dealing。

采用信息商报价的好处是通过向一个信息商购买数据服务,即可获取报价引擎做市所需的不同品种、不同市场的各类数据;缺点是数据源系统及数据用户处于信息商的两端,对市场数据的解释及新业务支持的速度依赖于信息商的专业水平。

(3)单银行平台

大部分国际性做市商都会有自己的单银行平台,为其全球的客户服务。国内做市商可与这些全球性大型做市商签订协议,通过接口接入单银行平台,获取国际做市商的报价作为报价源,同时选择该做市商作为外币敞口的对外平盘渠道。

对于国外大型银行在境内的分支机构,在中国银行间市场做市,也会采用其境外总行的报价作为报价源。

接入单银行平台的好处是可以根据不同外币敞口的平盘渠道,定制得到最贴近平盘成本的市场报价;缺点是不同单银行平台的活跃货币对不同,为了满足在国内做市的需要,做市商需要接入多家单银行平台的数据源。

总的来说,外汇市场可用的外部报价源选择很多,不同做市商在选择外部报价源时,会遇到不同的约束,也会有不同的取舍。

3.外部报价数据源接入方式

报价引擎系统常见的外部报价数据接入方式有以下几种(见图 7-3)。

(1)集成外部接口

前面提到的几种常见的外部报价源,包括信息商、外汇交易市场及单银行平台,一般都会对外提供获取实时报价的标准 API 接口。通过提供的 API 接口,与外部报价源的集成是最安全、最稳定的一种做法。

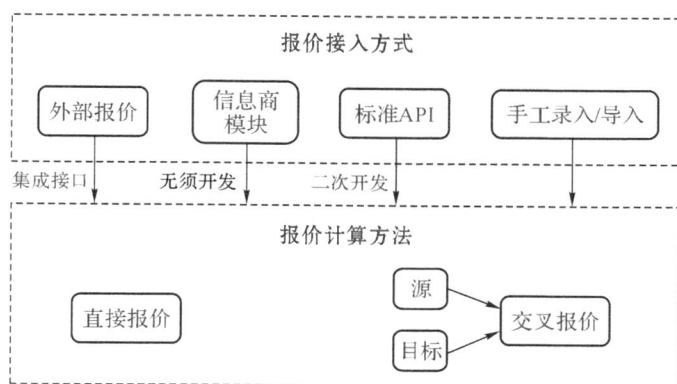

图 7-3　数据源接入方式

（2）信息商 Excel 插件

Excel 是金融市场用户非常喜欢使用的数据处理软件。在 Excel 中获取报价行情，以便业务人员用于业务数据计算/监控，已经成为各类信息终端必备的功能。因此，提供 Excel 插件方式接入信息商在 Excel 中展示的报价，作为临时的备选方案，也是一个不错的选择。

信息商 Excel 插件方式的好处是不需要针对不同的信息商进行二次开发，根据不同的信息商编写 Excel 模板调用标准 Excel 插件即可获取数据；缺点是需要部署到交易员经常使用的信息商终端上，影响终端使用，并存在误操作退出 Excel 导致中断报价的风险。

（3）标准 API 接口

向外部系统提供报价引擎系统报价接入的标准 API 接口，由外部系统主动向报价引擎上行外汇市场行情。为了实现 API 接口能通用，一般要求把外部数据源映射成系统可识别的名称，比如 CMDSA 表示 CFETS 外汇市场竞价报价，CMDSB 表示 CFETS 外汇市场询价报价。

（4）手工录入/导入

在系统中提供手工录入或者文件导入报价文件的方式。一般通过手工录入临时干预报价的情况比较多，通过文件导入的方式比较少见。

7.2.3　报价计算规则

1. 直接引用外部报价

直接引用外部报价是指在外部报价源报价的基础上，加减点差得到本方做市报价。点差调整的方式可以有以下两种：

（1）基于报买价及报卖价加减点差：

$Price_{bid} = Source_{bid} - Spread_{bid}$

$Price_{ask} = Source_{ask} + Spread_{ask}$

（2）基于平均价加减点差：

$Price_{bid} = (Source_{bid} + Source_{ask})/2 - Spread_{bid}$

$Price_{ask} = (Source_{bid} + Source_{ask})/2 + Spread_{ask}$

2. 多报价源合成报价

多报价源合成与直接引用的差别是，采用多个报价源的报价混合，得到最优或者最差的报价,再采用直接引用相同的方式加减报价点差(见图7-4)。

所谓最优报价,是指从报价接受方的角度,BID 端即各报价源的 BID 价格中最大的一个价格,ASK 端即各报价源的 ASK 价格中最小的一个价格。它们代表了报价接受方可以得到的最好卖出价格及最好买入价格。

最差报价,则与最优报价相反,是报价接受方可以得到的最差卖出价格及最差买入价格。

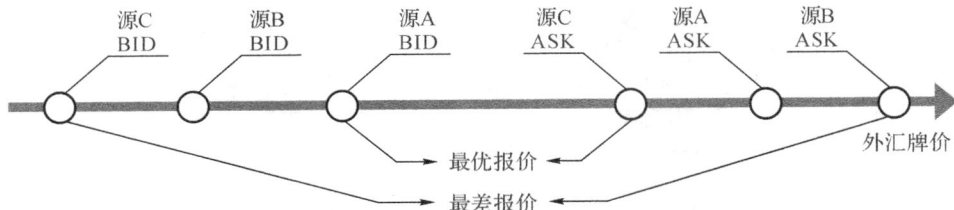

图 7-4　报价合成

3. 多报价源交叉计算

在国际市场上,几乎所有的货币对美元都有市场报价,但两种非美元货币之间直接报价的情况并不多见。即使有市场报价,往往报价也不甚活跃,不一定能代表市场的正确价位。因此,银行间非美币种之间报价生成经常采用美元货币对交叉计算的方式得到,本书4.2.4 一节有关于交叉汇率的计算方法。

7.2.4　报价管理功能设计

1. 报价管理界面设计

报价及交易管理是报价引擎的核心功能,而即期报价管理则是其中的重中之重,任何一个误操作都有可能导致做市商亏损。因此,交易员对客户端友好性及操作的流畅性要求近乎苛刻。如图 7-5 所示为即期报价发布的界面范例。

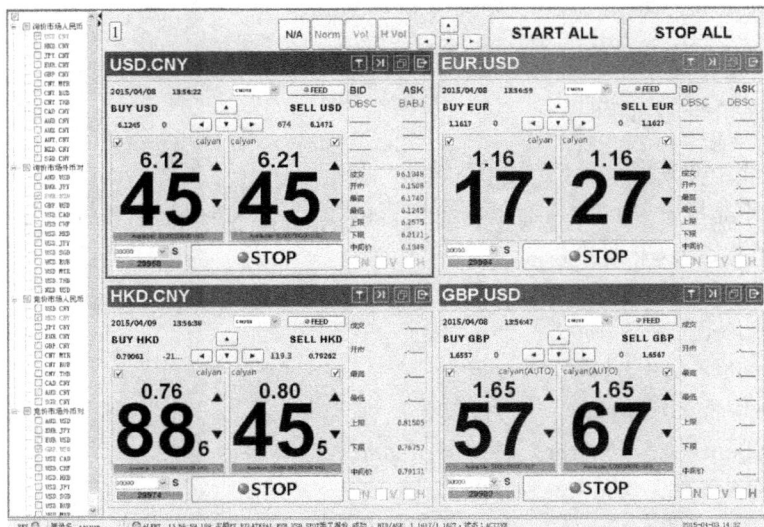

图 7-5　报价管理界面

报价管理板块可以支持同时操作,或监控多个货币对的报价;每一个货币对画面中,包含丰富的业务信息及操作功能,如图 7-6 所示。

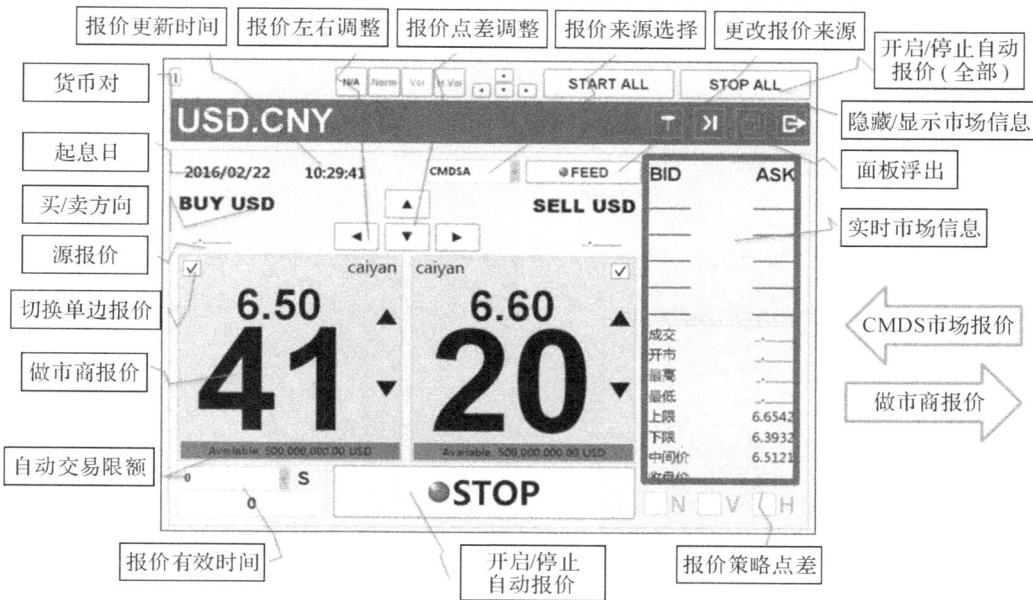

图 7-6 报价管理界面

报价管理功能支持自动报价、手工报价两种操作模式,报价本身也有有效、无效及停止报价状态。不同状态转换及操作方式切换的方法如图 7-7 所示。

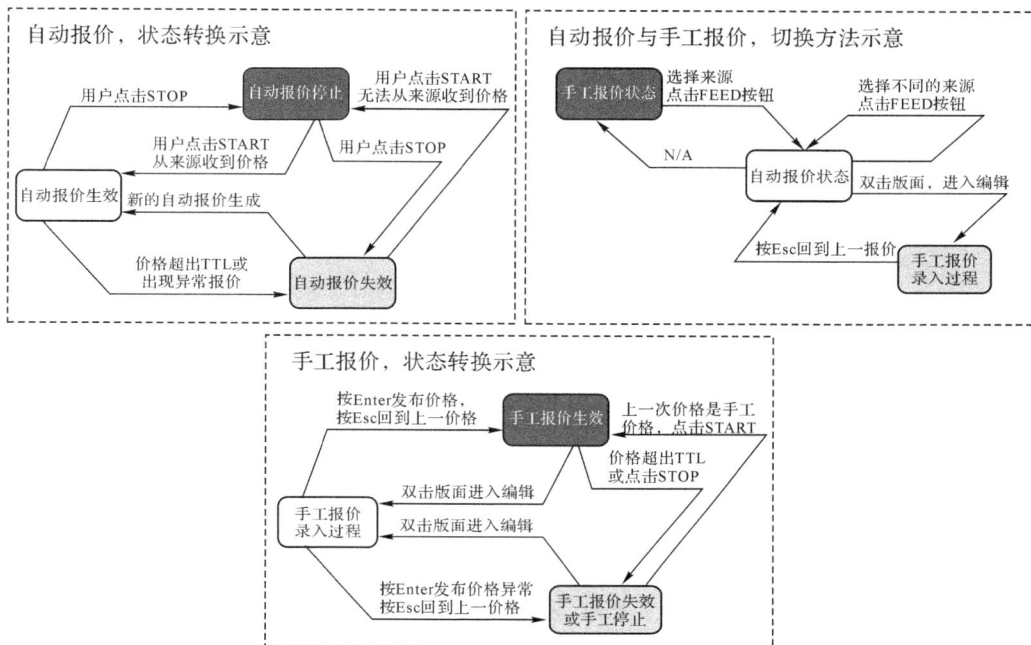

图 7-7 报价状态转换

掉期的期限众多,若使用表格形式进行展示,那么操作的方法也相对简单些。如图 7-8
所示是掉期报价发布的界面范例,相关要求包括:

(1)可以直观监控所有期限的报价。

(2)可以支持发布单边/双边报价。

(3)可以同时查看到源报价及生成的目标报价。

(4)可以方便切换报价源。

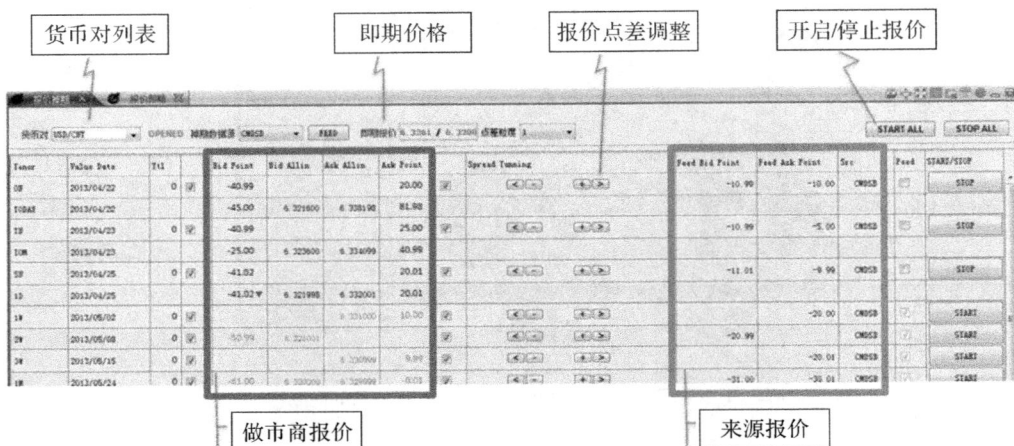

图 7-8 掉期报价界面

2.基本功能要求

总的来说,做市报价管理的基本功能要求包括:

(1)支持根据用户设定的报价规则自动生成报价

①可以直接引用市场报价,或通过两个流动性较高的货币对交叉得到所需的报价;

②报价品种包括即期汇率、掉期点,并可紧跟市场的发展扩展新的品种;

③可按不同期限预设点差,根据市场风险级别预设报价策略点差,交易员根据市场情
况快速调整价差(包括扩大、缩小、偏移);

④报价来源可以为 CFETS 银行间市场、银行选定的其他数据源,系统不限制数据源
个数。

(2)支持个性化报价功能

①交易员可根据需要快速输入报价,并手工发布,比如双击报价画面即可手工输入
报价;

②支持单边报价,比如只发布 BID 报价。

(3)通过自动化技术手段,降低自动/手工报价的风险

①若即期报价超出市场上下限,阻止发布并提示预警;

②预防交易对手突击交易,控制报价成交量,超出限额自动撤销报价;

③异常报价过滤技术,避免上游报价异常造成做市报价风险;

④允许设置与市场价格价差的最大范围,避免出现"乌龙指";

⑤所有交易员均退出系统时,自动终止系统报价;

⑥通过审计功能,记录授权用户在系统中的所有报价动作,包括手工报价、调整点差、切换数据源等。

(4)尊重交易员的报价管理习惯,提高报价管理效率及友好性

①允许浮动报价版面,方便交易员通过多显示屏幕操作;

②即期报价管理画面,使用交易员惯用的小数值+大数值区分显示方式;

③在报价界面内显示银行间市场报价、成交行情作为报价参考;

④一键式切换自动报价及手工报价;

⑤交易员可以批量快速干预报价,包括停止报价、调整价差等。

7.3 做市交易模块设计

7.3.1 自动交易处理

做市商报价引擎系统除了支持自动报价外,另一项重要功能就是需要支持交易自动处理,即在交易对手发起询价或交易请求时,由系统根据交易员的设置,自动回复询价并达成交易。

1.点击成交

点击成交交易使用的是报价引擎发布的可执行价,在自动成交时需检查是否可以自动成交。其流程如图7-9所示。

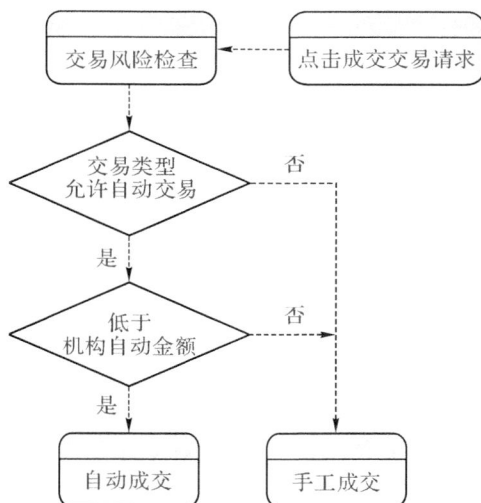

图 7-9 点击成交流程

2.询价交易

询价交易包含询价、成交两个流程,系统需在询价阶段确定系统是否符合自动交易的条件,并进行自动回价及自动成交。其流程如图7-10所示。

系统自动交易可加入的检查包括:交易员将货币对或交易品种设置为自动交易,系统当前有有效的做市报价,交易金额低于允许自动交易限额等。

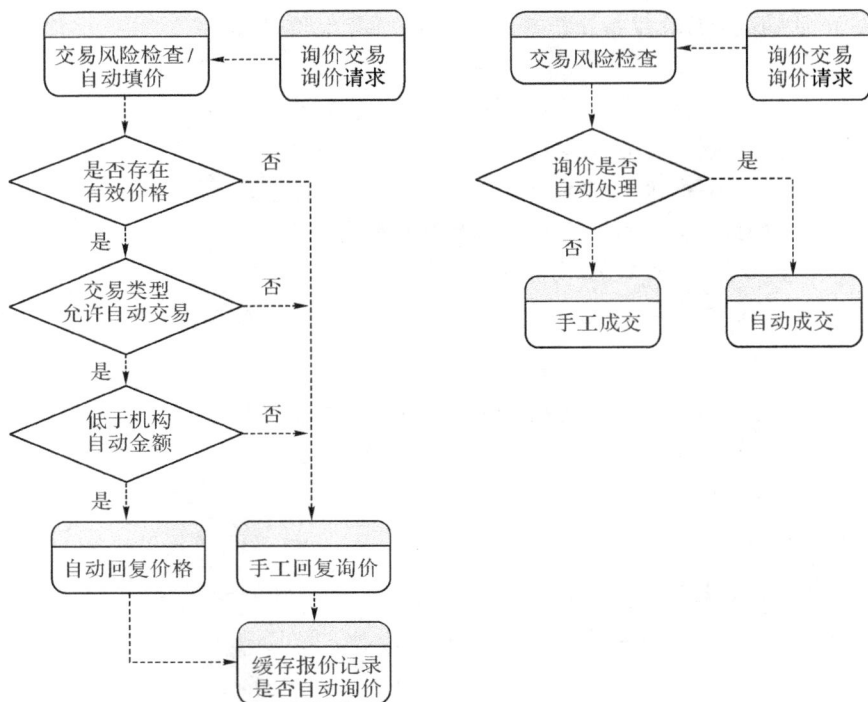

图 7-10 询价交易流程

7.3.2 交易风险管理

1.交易风险

外汇做市商每天要处理大量的交易请求,在这种情况下要交易员逐笔检查交易的风险情况并不现实。因此,报价引擎自身或与其他周边系统如资金管理系统等,必须能做到自动交易风险检查。做到超过限额时,触发系统的自动事件,比如停止自动交易、自动拒绝交易或停止自动报价等。

报价引擎系统常见的交易风险检查项目包括:

(1)流动性限额。其是指在单个价格上的总成交金额不可超过设定的金额,如果超过则触发系统自动事件。一般按不同货币对设置限额。

(2)报价有效时间。一般情况下,其是指报价引擎在发布报价时与报价一起发布的 TTL 数值。报价引擎在发布 TTL 后,并不能仅仅依赖于外汇交易系统按照 TTL 计算报价的有效状态,报价引擎自身也需要防范风险。

2.信用风险

信用风险又称违约风险,是指交易对手未能履行约定契约中的义务而造成经济损失的风险。要在系统中实现管理交易对手信用风险,需要涵盖与交易对手各渠道,所有交易品种的风险敞口计算。本书由于篇幅所限,无法涵盖到信用风险的方方面面,以下仅对国内银行间业务量最大的外汇即/远/掉期交易进行简单说明。

其计算过程一般涉及图 7-11 中的几个要点。

(1)信用额度。银行间交易对手之间,在发生交易之前,一般都会给对方确定信用额

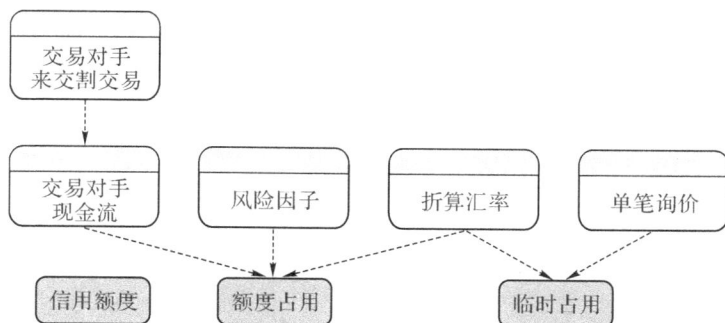

图 7-11　额度计算

度。与该交易对手在各渠道完成的交易额度占用,不得超过信用额度总额。同时,信用额度有有效日期,超过有效日期后,金融机构会对交易对手的信用额度重新审核。

（2）未交割交易。计算信用额度的基础是每个交易对手所有未到期的交易。已到期的交易不存在交易对手无法履约的情况,因此不需要计入信用额度占用。

（3）现金流。现金流是计算信用额度的中间数据,是指做市商与单一交易对手在每一个起息日需进行清算的金额。计算过程举例如下:

①假设完成三笔交易,如表 7-2 所示。

表 7-2　交易明细　　　　　　　　　　　　　（单位:元）

起息日	货币对	买入货币	买入金额	卖出货币	卖出金额
2011-09-27	EUR. USD	EUR	500000.00	USD	627400.00
2011-09-27	EUR. USD	USD	628250.00	EUR	500000.00
2011-09-28	EUR. USD	USD	251180.00	EUR	200000.00

②将这些交易按不同货币及起息日汇总买入、卖出金额可得到现金流,如表 7-3 所示。

表 7-3　现金流　　　　　　　　　　　　　（单位:元）

货　币	起息日	买入金额	卖出金额	净　额	净额（折美元量）
EUR	2011-09-27	500000.00	500000.00	0.00	0.00
EUR	2011-09-28		200000.00	−200000.00	−269305.60
USD	2011-09-27	628250.00	627400.00	850.00	850.00
USD	2011-09-28	251180.00	251180.00	251180.00	

（4）风险系数。或称风险因子,英文全称 Credit Exposure Factors（CEF）,是指将人民币业务和外币业务的金融资产转换成风险资产的权数。风险系数可以基于多种维度设定,比如交易对手所属国别、交易对手评级、交易货币、交易品种以及交易的期限长短等。以交易期限为例,如表 7-4 所示。

表 7-4　风险系数

期　　限	风险因子
0D～3M	1%
3M～9M	1%
9M～5Y	5%
5Y～50Y	10%

(5)额度占用。其是指截至本交易日,交易对手尚未清算的风险金额的总和,一般需要把所有外币都折算成统一的货币进行度量(比如 USD、CNY)。可使用现金流作为中间数据计算交易对手信用额度占用。额度占用计算的规则可以有多种,比如:

假定起息日 2011-09-11 的风险因子为 10%,2011-09-28 的风险因子为 8%。

① 基于轧差计算每个起息日的现金流 $= \sum \text{valusDates} \ \text{Max}(0, \text{NettingAmount}) \times \text{USD}_{\text{rates}} \times \text{RiskFactor}$

如表 7-5 所示,其信用额度占用为 20179.40 元。

表 7-5　轧差现金流量　　　　　　　　(单位:元)

货　币	起息日	净　额	净额(折美元量)	风险因子	风险敞口
USD	2011-09-27	850.00	850.00	10%	85.00
USD	2011-09-28	251180.00	251180.00	8%	20094.40
合　　计					20179.40

② 基于每个起息日的买入金额计算 $= \sum \text{valusDates} \ \text{BuyAmount} \times \text{USD}_{\text{rates}} \times \text{RiskFactor}$

如表 7-6 所示,其信用额度占用为 82919.40 元。

表 7-6　买入金额　　　　　　　　(单位:元)

货　币	起息日	买入金额	买入金额 (折美元量)	风险因子	风险敞口
USD	2011-09-27	628250.00	628250.00	10%	62825.00
USD	2011-09-28	251180.00	251180.00	8%	20094.40
合　　计					82919.40

7.3.3　交易管理功能设计

1.交易管理界面设计

做市交易管理界面主要包括(见图 7-12):

(1)实时交易簿:当有交易对手询价或交易自动成交时,实时展示交易的状态变化;提供过滤器,以便交易员过滤展示关注的交易类型或货币对等。一般只显示本次登录系统期间发生的交易。

(2)交易单:交易员可以从交易簿打开未完成的交易,查看交易明细,并进行议价、成交等操作。

（3）交易查询：提供丰富的查询条件来查询报价引擎系统中所有交易，包括已成交或未成交的交易。

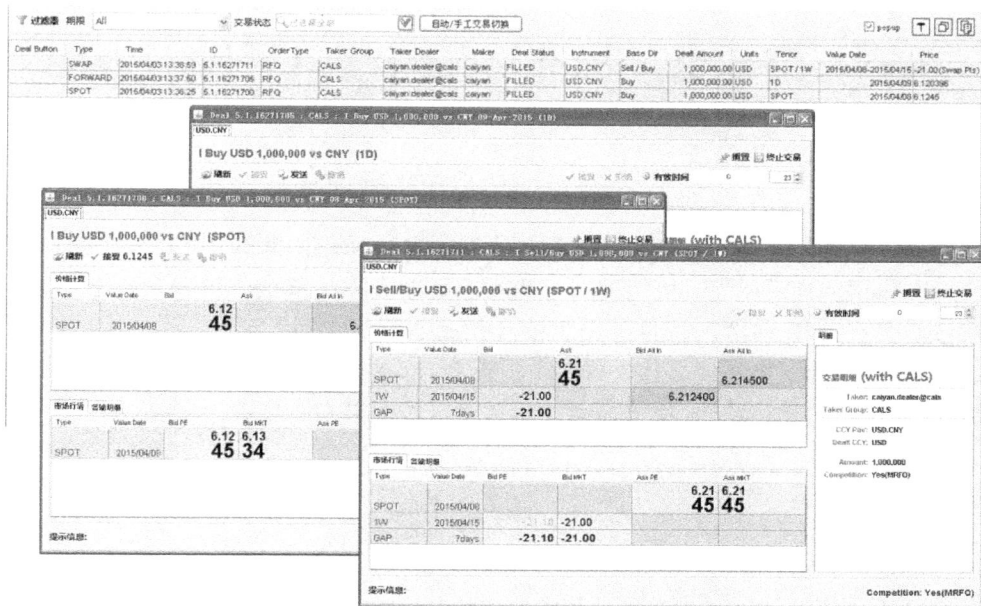

图 7-12　交易管理界面

2. 基本功能要求

做市交易的基本功能要求包括：

（1）支持银行间外汇市场的所有交易品种

①交易模式：竞价、询价。

②交易品种：即期、远期、掉期、货币互换。

③特殊交易：双边询价、Un-Even 掉期、TP/SL 挂单交易、非标准期限等。

（2）支持设定满足规则的做市交易请求系统自动成交、手工处理或自动拒绝。相关规则包括：

①根据不同交易品种设定规则，如即期、远期、掉期。

②交易对手对议价结果的响应是否超时。

③低于最小可成交金额自动拒绝。

④单个报价上成交的金额是否超出限额。

⑤每个交易对手允许自动成交的上下限。

⑥向风控系统发起交易前额度检查。

（3）通过自动化技术手段，降低交易风险

①人民币即期成交价超出市场上下限，禁止发布并提示预警。

②预防交易对手突击交易，控制报价成交量，超出上限自动拒绝。

③检查手工议价与市场价格是否超出允许范围，避免出现"乌龙指"。

④检查交易确认的汇率、金额、起息日等关键要素，确保不因系统问题导致成交结果有误。

第8章　标准协议与接口开发

随着我国金融行业,尤其是外汇交易领域国际化程度的不断提高,金融机构面临的国内外金融市场竞争日渐激烈。传统的客户端方式已无法满足市场成员对于效率、安全及其他个性化需求,系统全面开放接口及会员依托系统接口构建报价、交易及交易后处理成为大势所趋。同时,随着市场信息化程度的不断提高,技术标准在规范行业发展、促进产品创新、提高行业运行质量和效率、加快和国际接轨方面的作用更加凸显。

8.1　标准协议

在金融国际化程度不断提高的大背景下,加快信息化建设是每个金融机构提高竞争力的必由之路。大力推进金融标准化工作,实现各信息系统之间的互联互通和信息共享是提高金融信息化建设水平的关键,也是金融行业发展的内在需求。

全国金融标准化技术委员会(简称"金标委")对标准的定义:"为了在一定范围内获得最佳秩序,经协商一致制定并由公认机构批准,共同使用和重复使用的一种规范性文件。"

其中,数据协议标准化和接口标准化作为金融标准化[①]的重要组成部分,用于规范金融通用报文的应用要求和系统互联互通方式,有助于提高业务流程的效率和安全性,进而推动直通式处理(STP)发展。

在国际外汇市场,除了电子交易平台的竞争外,金融机构或组织对金融标准的竞争也异常激烈,主流金融标准包括 FIX 组织制定的 FIX 协议及国际标准化组织(International Organization for Standardization,ISO)制定的 ISO 20022 标准。

1. FIX 协议

FIX 协议(Financial Information eXchange,中文全称为金融信息交换协议)是在全球的银行、经纪人/交易员、交易所、行业研究机构、机构投资者以及信息技术提供商相互协作下逐步发展起来的,致力于在金融市场参与者之间建立通用、稳定、准确、高效的自动信息交换标准。目前,FIX 协议由 FIX 协议组织(FIX Protocol Limited,FPL)负责开发及维护,适用于实时证券、集成投资工具、金融衍生品、固定收益率产品和外汇交易数据的通信标准。FIX 协议开放且透明,用户可以根据量身定制自定义域以满足自身业务需求。FIX 报文结构的基本组成单元是"tag=value",格式简洁,既可以包含交易的基本信息并灵活扩

---

① 金融标准化的范围包括:术语、数据元、符号、代码、文件格式等的要求,通信、数据处理、安全和通用报文等方面的应用要求;金融产品的要求;金融活动中的管理、运营和服务要求等。

展,又有效地提高了报文的传输速度。

2. ISO 20022 标准

ISO 20022 标准是为了统一全球金融市场上各种数据协议而开发的基于 XML 技术的协议标准。它是由国际标准化组织下的 TC68(金融服务标准化技术委员会)直接管理的。目前,ISO 20022 标准创建了五大业务领域(外汇、证券、支付、卡和贸易),覆盖了各种金融工具(包括债券、股票、基金、信用转账、直接借记、支票和衍生品等),业务流程覆盖交易的前、中、后阶段。

ISO 20022 标准与其说是一种标准,更准确的描述是一种标准制定的方法论。它与各项实际使用的标准并非冲突或取代的关系,而是在各项标准之上推动整合,以达到通过统一协议实现跨机构、跨市场协同运作的目标。目前其骨干组成包括 SWIFT、FpML 和 FIX 等。

8.1.1 银行间市场统一业务数据交换体系

2004 年底,《银行间市场基础数据元》(JR/T 0065)、《银行间市场业务数据交换协议》(IMIX 协议,JR/T 0066)、《银行间市场数据接口》(JR/T 0078)三项标准开始了制定前的调研工作,并于 2005 年通过了全国金融标准化委员会的立项审批,同年成立了银行间市场数据标准工作组。2011 年 6 月 2 日,《银行间市场基础数据元》《银行间市场业务数据交换协议》两项标准通过全国金融标准化技术委员会审查,并由中国人民银行办公厅发布实施,编号分别为 JR/T 0065—2011、JR/T 0066—2011。2014 年 1 月 16 日,《银行间市场数据接口》标准通过全国金融标准化技术委员会审查,并由中国人民银行办公厅发布实施,编号为 JR/T 0078—2014。

JR/T 0066—2011、JR/T 0065—2011 和 JR/T 0078—2014 三项重要的基础性标准组成了 JR/T 0066 系列标准这一有机整体,为外汇交易系统接口和 STP 的设计开发提供了理论依据和技术指导。JR/T 0066—2011 和 JR/T 0065—2011 规定了业务要素定义和数据格式规范,解决了数据怎么组织的问题;JR/T 0078—2014 则规定了系统间接口,解决了数据怎么交互的问题,是在前两项标准发布实施的基础上,进一步深入调研金融机构需求及应用情况后编写而成的。

IMIX 协议、数据元和数据接口三项标准是一个有机结合的数据标准体系,是银行间市场统一业务数据交换体系设计与实现的理论基础。特别是 2014 年 1 月数据接口标准的正式发布,标志着银行间市场基础数据标准体系已基本建成,对行业标准化进程有着重要意义。

银行间市场统一业务数据交换体系结合了标准制定和系统实施,为银行间市场的金融电子标准化提出了一套方法论并探索出一条行之有效的实践之道。该体系以行业技术标准为本,配套简洁、灵活的接口开发类库,并辅以可靠、高效的数据传输引擎,为市场各信息系统之间的互联互通和信息共享提供支撑。

其中,接口开发类库封装了 IMIX 协议标准和数据接口标准,极大方便了开发人员应用行业技术标准,降低了开发难度,提高了开发效率,是外汇交易系统接口和市场成员应用程序设计和开发的基础支撑框架。具体细分如下:

1. 协议标准类库

协议标准类库是一组对象/接口定义的集合，是对 IMIX 协议定义的报文、重复组、域等数据结构定义的具体实现。通过使用协议标准类库，开发人员可以以对象和接口调用的方式，封装和解析 IMIX 数据，替代了传统的按照数据字典编写冗长的数据接口代码的做法，便于提高开发效率、提升开发质量。我们通常称协议标准类库为"IMIX 协议包"。协议标准类库中的接口方法定义已纳入了行业标准《银行间市场数据接口》。

协议类库设计实现的原则如下：

（1）业务针对性。为适应各项业务相对独立、并行开发、快速多变的特点，对每项业务需求带来的协议标准变更均实现特定版本的协议包。

（2）集中管理。由专门的管理组织对所有类库版本进行统一管理。

（3）辅助功能。除了基本的数据封装解析功能外，类库同时提供了多项辅助功能，如不同强度的数据校验功能、序列化及反序列化功能、格式转换功能、对象工厂、适配框架等。而根据不同接口的特定业务需求，对应的类库中还可包含业务支持组件，如收益率计算等。

2. 接口类库

为简化基于 IMIX 的系统接入程序开发而制定的一组应用编程接口（API），其中部分内容已被纳入行业标准 JR/T 0078—2014。接口类库常被称为"IMIX 基础组件""IMIX 应用开发包"。针对不同类型的接入程序应用，接口类库可分为以下三类：

（1）核心 API（Core API）。会话层基于 IMIX 会话协议实现并兼容了 FIX 1.1 标准。核心 API 提供最基础、最通用的接口函数，主要包括：应用初始化、启动、停止、发送报文、接收报文、会话管理及验证。核心 API 是实现其他类型 API 和标准 IMIX 引擎的底层基础类库，功能非常强大。因核心 API 对开发使用要求较高，一般需要针对特定需求封装后发布。

（2）客户端 API。基于核心 API 实现，并对客户端应用的一些行为特点进行了封装，便于客户端应用开发人员使用，同时对一些易于引起系统故障的行为进行了限制。封装内容包括简化会话管理、增加自动重连、增加本地文件缓存、限制单一进程多应用、限制 Acceptor 行为等。开发接入外汇交易系统接口的应用程序需使用此类 API。

（3）服务器端 API。基于核心 API 实现，一般用于服务器端 IMIX 应用的构建。与核心 API 相比，主要变化包括简化会话管理、增加用户概念、限制单一进程多应用、限制 Initiator 行为等。外汇交易系统接口即使用此类 API 构建。

另外，接口类库还包含一些不符合 JR/T 0066—2011 系列标准的异构 API。这类异构 API 主要配套在标准实施前开发的存量系统。

8.1.2 JR/T 0065—2011 标准

《银行间市场基础数据元》定义了银行间市场业务术语的唯一表达，为银行间市场数据的描述、存储、传输等提供了统一的定义，为银行间市场系统建设提供了数据字典。

《银行间市场基础数据元》具体包含以下几方面内容：

- 市场类别，包括外汇市场等。
- 市场及系统术语，对银行间市场所涉及的所有相关术语定义一个统一无歧义的说明。
- 各系统交易要素，对系统中需要用到的交易要素进行明确的描述。
- 存贮格式及计算规则，根据系统术语及交易要素的描述，定义计算机中的存储格式，并规定计算公式与算法,确保所有要素计算表示方式及计算方式的一致性。

8.1.3 JR/T 0066—2011 标准(IMIX 协议)

1.标准内容

IMIX 协议定义了系统之间数据传输的标准格式,其数据模型兼容了 FIX 标准,并遵循稳定性和开放性的原则,结合中国银行间市场的实际业务进行了扩展,规定了应用环境、会话机制、报文格式、报文定义、扩展方式、安全加密、数据完整性、数据字典等。

IMIX 协议定义了银行间市场各金融产品在交易前、中、后环节中的数据交互。目前 IMIX 报文覆盖了所有银行间市场产品的报价、订单、交易执行、行情数据发布和成交回报等环节,其中自然也包括了外汇市场产品。在支付结算领域,根据规划 IMIX 报文将支持债券结算场景,并引用 SWIFT 报文、CMT 报文(人民银行大额支付系统报文)用于外币和人民币支付。JR/T 0066—2011 标准报文外汇市场相关报文覆盖范围如图 8-1 所示。

业务市场		交易环节									
		交易前				交易		交易后				
		市场数据发布	产品定义	账户定义	报价	订单	交易执行	交易获取	交易确认	清算	对账	支付结算
外汇市场	人民币—外汇即期	√	√	×	√	√	√	√	√	√	√	○
	外汇即期	√	√	×	√	√	√	√	√	√	√	○
	人民币—外汇远期	√	√	×	√	√	√	√	√	√	√	○
	人民币—外汇掉期	√	√	×	√	√	√	√	√	√	√	○
	人民币—外汇期权	√	√	×	√	√	√	√	√	√	√	○
	外汇远期	√	√	×	√	√	×	√	×	√	√	○
	外汇掉期	√	√	×	√	√	×	√	×	√	√	○
	外汇期权	√	√	×	√	√	×	√	×	×	×	○
	NDF	√	√	×	√	√	√	√	×	×	×	○
	货币掉期	√	√	×	√	√	√	√	×	×	×	○

标注说明:

×	不支持
○	引用其他标准
√	开发中
√	支持

图 8-1　IMIX 报文覆盖范围

2.协议语法和结构

IMIX 协议是外汇系统接口设计的基础,同时也是市场成员开发应用程序接入外汇系统时必须遵循的规范。我们对协议的语法结构简要说明如下:

(1)数据类型

数据类型用于定义数据的取值类型,协议中规定的数据类型包括基本数据类型(整数 int、浮点数 float、单字符 char、字符串 string、二进制数据块 data)和在此基础上扩展的数据类型。除"data"数据类型外,其他数据类型均以 UTF-8 编码的字符串表示。

(2)域

域是基本的数据元素,由"域号""域名"和"域值"组成。每个域都有唯一的域号和域名作为标识,域号是自然数,域名则是由英文字母组成的字符串。域具有特定的数据类型属性和取值范围属性,限定了域值的类型和有效值范围。通常一个域表达了一个基本的业务要素,比如"价格"要素由"域号 44、域名 Price、基本数据类型是浮点数、取值范围是所有实数"组成的域来表达。

在传输和存储过程中,IMIX 协议允许有多种表示格式,常见的有文本格式、XML 格式、二进制格式等。不同的表示格式下,域的表示方式也有不同。在最常见的文本表示格式中,域表示为"域号＝域值",并在域值尾以固定的域界定符分隔。这种表示格式中,域名不直接出现,域名和域号的对应定义可在域字典中查询。同时,域字典还详细定义了所有域的数据类型和取值范围。

在报文中,域的使用有三种方式:必需的、可选的和有条件限制的选择(即根据其他相关域的存在与否或取值来决定)。在已定义的域无法满足使用需求时,协议允许使用者扩展定义新的域,即自定义域。与普通域一样,自定义域同样需遵循协议规范,如使用同样的分隔符、同样的编码等。为了保证域的唯一性,自定义域的域号不能与协议中定义的域号重复,且应大于 10000。

(3)域界定

在文本表示格式中,报文中所有的域(包含 data 类型数据域)都有一个分隔符来界定分隔,该分隔符就是 ASCII 码中的"SOH"字符(♯001,hex:0x01,本书中以〈SOH〉表示)。除 data 数据类型域外,其他数据的域内容都不应包含域界定符。

(4)重复组

重复组是由重复次数和若干组同类数据组成的域集合。指明重复次数的域只能出现一次,并位于重复组的开始处。重复组可以嵌套,且使用子重复组时不能省略父重复组。重复组内,同类数据域集合的第一个域是必需的,并用作判定重复内容的"分隔",表明新的重复域集合的开始。示例如表 8-1 所示。

表 8-1　重复组示例

域　号		域　名	必　需	说　明
—>	454	No Security Alt ID	N	备选债券代码个数
—>	455	Security Alt ID	Y	备选债券代码 1
—>	456	Security Alt ID Source	1	备选债券代码源 1
—>	...	...	...	...
—>	455	Security Alt ID	Y	备选债券代码 n
—>	456	Security Alt ID Source	N	备选债券代码源 n

(5)IMIX 报文

IMIX 报文由域和组件的多层嵌套构成。报文可细分为三部分:报文头、报文体、报文尾。报文头用于指明报文类型、报文体长度、发送目的地、报文序号、发送起始点和发送时间等。报文尾作为报文的终止,包含 3 位数的校验和值。报文是数据传输时的基础单元,域或者重复组不能独立传输,必须以集合成报文的形式传输。报文结构分解如图 8-2所示。

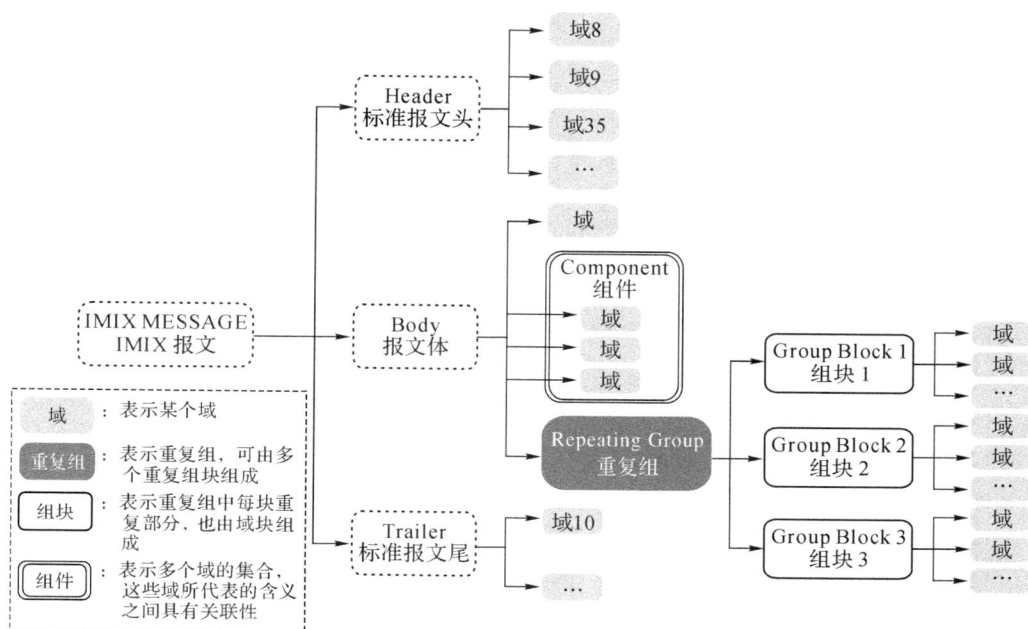

图 8-2 IMIX 报文结构

报文由报文头、报文体(报文正文)和报文尾组成。各组成部分都由一系列"域"组成。在遵循以下规则前提下,"域"可以是任意的次序:

①开始部分应是报文头,随后是报文正文,最后是报文尾。

②报文头的前 3 个域的次序不能改变:起始串(Tag♯8)、报文体长度(Tag♯9)、报文类型(Tag♯35)。

③报文尾的最后一个域应是校验和域(Tag♯10)。

④重复组中,域出现的顺序应遵循该重复组在报文或组件中定义时的次序。

⑤除重复组域外,任一域号在一条报文内只能出现一次,否则视为错误。

以下是一个报文格式的例子:

8 = IMIX1.0 < SOH > 9 = xxx < SOH > 35 = 8 < SOH > 49 = FX < SOH > 56 = 290008811000000000000<SOH>57 = MHBJ.D

EALER@MHBJ<SOH>34 = 13<SOH>52 = 20070913 − 10:20:59<SOH>347 = UTF − 8<SOH>11 = MHBJ_ORDER_002<SOH

>15 = AUD<SOH>17 = 5.1.3293<SOH>31 = 0.771<SOH>32 = 50000<SOH>54 = 1<SOH>60 = 20061122 − 10:21:34<S

OH>63 = 0<SOH>64 = 20061124<SOH>75 = 20061122<SOH>120 = AUD<SOH>150 = F<SOH>194 = 0.771<SOH>1056 =

38550<SOH>10176 = 12<SOH>10038 = 22<SOH>10042 = MT<SOH>10317 = 5<SOH>10315 = 2<SOH>10296 = 200611

24<SOH>1028438547.5<SOH>22 = 5<SOH>48 = AUDUSD = CFHA<SOH>55 = AUD.USD<SOH>453 = 2<SOH>448 = 1190

00043010000000000＜SOH＞452＝I14＜SOH＞802＝3＜SOH＞523＝CCCB.DEALER@CCCB＜SOH＞803＝101＜SOH＞523＝

CCCB＜SOH＞803＝102＜SOH＞523＝ChangshaCityCommercialBank＜SOH＞803＝5＜SOH＞448＝290008811000000

000000＜SOH＞452＝I13＜SOH＞802＝3＜SOH＞523＝MHBJ.DEALER@MHBJ＜SOH＞803＝101＜SOH＞523＝MHBJ＜SOH＞80

3＝102＜SOH＞523＝Mizuho Corporate Bank Beijing＜SOH＞803＝5＜SOH＞10＝XXX＜SOH＞

（6）安全与加密

由于报文有可能在公共网络或不安全的网络上传输交换，因此可能需要对敏感数据进行加密处理。具体加密的方法由连接双方达成的协议而定。报文内除某些需要公开识别的域以明文传输外，其他任何域都可以加密放置密文数据域内。当然，这些被加密的域也可以同时保留明文的表示方式。

正文加密方案有以下三种：

①将安全敏感的域加密后移至 SecureData 域。

②将所有允许加密的域加密后移至 SecureData 域。

③将所有允许加密的域加密后移至 SecureData 域，同时这些域以明文在报文中重复出现。

（7）数据完整性

数据的完整性通过两个方法保证：报文体长度和校验和的验证。报文体长度是以 BodyLength 域来表示的，其值是计算出的报文长度域后面的字符数，包含紧靠校验和域标志之前的界定符 SOH，校验和是把从报文头开始的每个字符的二进制值相加，一直查到紧靠在校验和域之前的域界定符，然后取按 256 取模得到的结果。校验和域位于报文的最末一个，校验和的计算是在加密之后进行的。为便于传输，校验和必须按可打印字符进行发送，所以应转换为以 ASCII 码编码的 3 个值。例如，如果校验和计算出来是 274，那么按 256 取模就得到 18（256＋18＝274）。这个值将会以｜10＝018｜传输，其中"10＝"是校验和域的标志。

为在数据传输过程中避免报文丢失，IMIX 协议定义了一套可靠传输机制。该机制的基本原理是所有传输的报文以统一的自增长序号编号，交互双方一旦识别跳号或乱序，则以特定类型的报文触发异常场景处理以恢复传输，如报文缺口填补、报文重复发送等。希望对规范细节做进一步了解的读者可参阅 IMIX 标准正文内容。

（8）会话管理规范

对于传输 IMIX 报文的一个连接，我们称之为会话。会话建立、销毁等场景都是通过特定的报文类型触发的。会话管理的交互时序如图 8-3 所示。

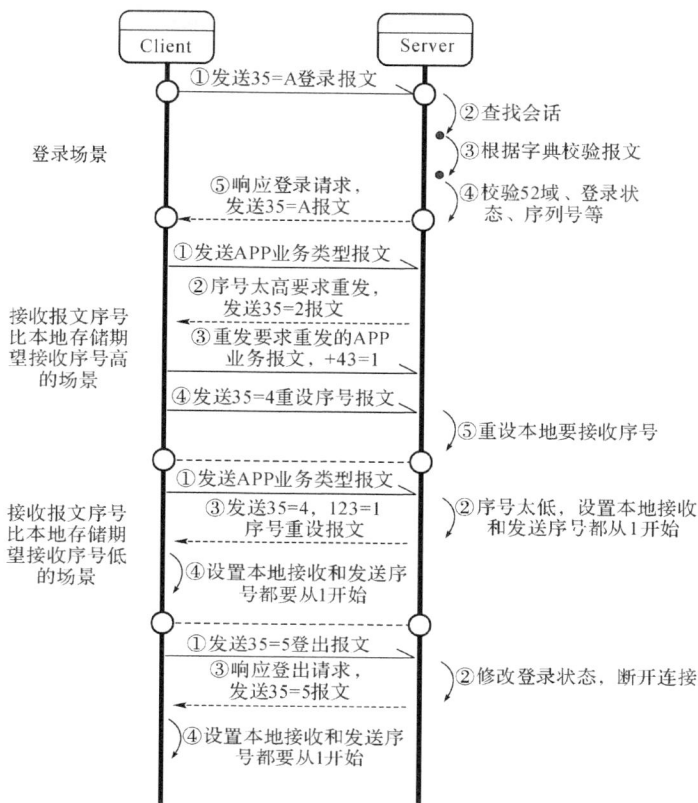

图 8-3　IMIX 会话管理时序

8.1.4　JR/T 0078—2014 标准

《银行间市场数据接口》标准规定了银行间市场业务(外汇交易、信用拆借、债券回购、现券买卖、票据等)数据交换和共享所使用的应用接口规范、使用方式和所使用的银行间市场数据交换报文的内容、格式及其使用方法。标准内容覆盖应用编程接口描述、数据传输压缩接口规范、数据落地接口规范、日志接口规范、配置接口规范、业务报文内容快速访问接口规范、订阅发布模式接口规范、业务数据精度标准。该标准适用于银行间市场业务活动中涉及的业务系统数据接口及所有使用银行间市场数据交换协议的系统。

《银行间市场数据接口》具体包含以下几方面内容:

(1)应用编程接口:基于 IMIX 协议构建业务系统所必需的应用编程接口定义和说明。

(2)报文接口:应用 IMIX 协议报文所必需的接口定义和说明,包括封装、解析、校验等。

(3)数据传输压缩接口:规定了基于 IMIX 协议传输的压缩算法、模板和接口调用方法。

(4)数据落地接口:规定了维持传输会话和异步通信可靠性所必需的本地存储访问接口定义和缓解服务端负载压力的本地缓存访问接口。

(5)日志接口:规定了业务系统记录日志所必需的接口定义。

(6)配置文件接口:规定了业务系统所使用的配置文件格式、配置项命名、用途和取值范围。

(7)报文快速访问接口:规定了快速访问 IMIX 报文内深层嵌套数据的接口定义和使用方法。

(8)订阅发布模式接口:规定了订阅发布主题模型、主题命名规范和相关报文类型。

(9)业务精度标准:规定了银行间市场关键业务要素在 IMIX 协议报文中的精度定义。

银行间市场数据接口标准整体结构描述如图 8-4 所示。

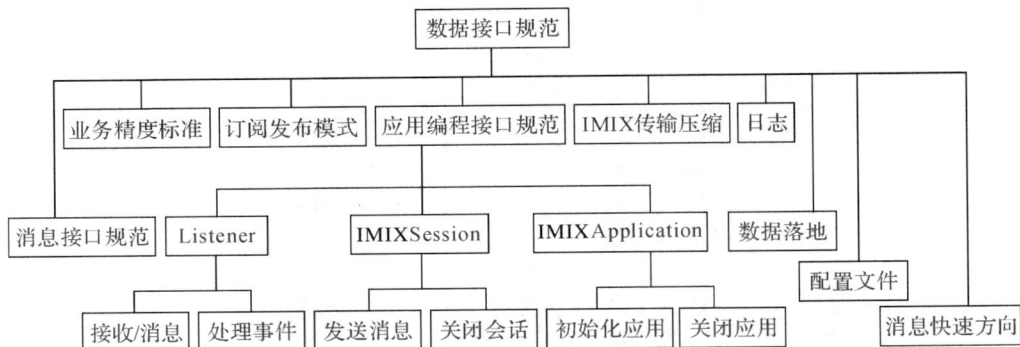

图 8-4　数据接口标准整体结构

8.2　系统接口接入开发

8.2.1　API 开发包

对于外汇交易系统接口的接入开发工作而言,API 开发包是最为关键的介质。使用者可以通过使用各类 API 开发包,在开发标准和规范性文档指导之下,开发接入程序以对接外汇交易系统服务。对于每项接口服务均对应特定类型的 API 开发包。按照遵循的技术标准,目前外汇交易系统接口接入开发所需的 API 开发包可划分为三类:

● 适用 JR/T 0066—2014 系列标准。通过此类 API 可接入的接口服务包括 MDS 和 STP。

● 文件接口 API。通过此类 API 可接入的接口服务包括基础数据接口。

● 异构接口 API。通过此类 API 可接入的接口服务包括 FI/CPI 接口。

API 开发包实质上是一种软件开发工具集(Software Development Kit,SDK),是辅助开发系统接入程序的相关文档、范例和工具的集合。如前所述,接口开发类库中已包含两项重要的内容,即"协议标准类库""接口类库"。单纯从系统实现所需的技术角度而言,通过使用这些类库和中间件,编码人员已经可以解决开发系统接入程序中常见的编程任务,并实现系统互联互通。然而进行高质高效的系统开发仅有类库往往不够,还应有必要的指导和工具支持。因此在类库基础上,还根据各类接口特征制定了相应的 API 开发包提供给会员使用。

一般而言,适用 JR/T 0066 系列标准的 API 开发包包含 4 项内容:协议标准基础组件、会员端基础组件、IMIX 开发指引和 API 开发手册。前两项内容实质上都是类库,前者侧重于数据组织,后者侧重于数据交互;后两项内容则是开发所必需的指导性文档,前者侧重于数据内容约束,后者侧重于编码细节。异构接口的 API 开发包从内容分类上与上述内容基本一致,一般是少了协议标准基础组件部分。我们对 API 开发包内容说明如下:

1.协议标准基础组件

协议标准基础组件具体包含协议标准类库、Excel 格式协议字典文件和 HTML 格式协议字典文件等。如 API 开发包是异构类型,则通常不包含此项内容。

(1)协议标准类库

以 jar 包形式发布,通常需运行于 JRE 1.5 及以上。协议标准类库是一个综合性的面向对象的可重用类型集合。这些可重用类型包括接口、抽象类和具体类。这些类型实现了基本的数据结构对象、数据字典对象和帮助类,同时根据 IMIX 标准定义,实现了与业务数据模型绑定的协议对象,如报文、重复组和域。协议标准类库结构如图 8-5 所示。

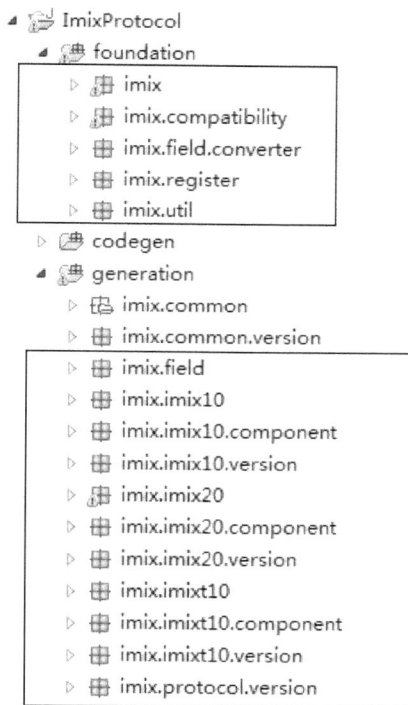

图 8-5　协议标准类库结构

(2)Excel 格式协议字典文件

共有 3 类 Excel 格式协议字典文件,即组件列表、报文列表和域字典,文件名示例如图 8-6所示。

图 8-6　Excel 格式协议字典文件名示例

141

组件列表字典文件列举了特定版本协议中包含的所有组件属性和说明,具体包括组件名、是否为重复组和中英文注释等。IMIX 协议定义的数据模型是允许结构嵌套的,因此组件内也可包含组件。

报文列表字典文件列举了特定版本协议中包含的所有报文属性和说明,具体包括报文名、报文类型、报文组别和中英文注释等。

域字典文件对域的类型定义进行了描述,列举了特定版本协议中定义的域的一级数据类型、二级数据类型和描述。通常而言,一级数据类型与软件中的数据类型相关,二级数据类型则更侧重于业务内容的表达。示例如图 8-7 所示。此外,字段还列举了每个域的域号、域名、数据类型、有效取值范围和中英文注释。

	A	B	C	D
1	一级数据类型	二级数据类型	描述	
2	int	Int		
3				
4	int	Length		
5	int	NumInGroup		
6	int	SeqNum		
7	int	TagNum		
8	int	DayOfMonth		
9	int	Number		
10				
11	float	Float		
12	float	Qty		
13	float	Price		
14	float	PriceOffset		
15	float	Amt		
16	float	Percentage		

图 8-7　域数据类型描述示例

通过 Excel 格式的数据字典文件,使用者可以快速有效地掌握特定版本 IMIX 标准内容。在开发过程中也可以较为方便地查阅报文、组件和域的基本信息。如系统接入过程中涉及本地数据持久化或数据格式转换,文件描述的数据类型也是系统数据表结构设计和数据结构设计的重要参考。

文件中的中英文注释信息可以有效帮助使用者大致理解报文、组件和域的基本用途。其中需要注意的是,数据字典是一份通用的描述性文件,其中包含的信息也具有通用性。换言之,对于特定的接口业务,仅仅参考数据字典文件是不够的,必须以针对特定业务的 IMIX 开发指引中的规定为准。

(3)HTML 格式协议字典文件

HTML 格式协议字典文件以一种类似于 JavaDoc 的方式组织特定版本协议内容。使用者可以通过网页超链接方式,快速地查阅特定对象中包含的内容和各对象之间的关联关系。如某报文包含了哪些域,某域被哪些组件和报文所引用。相较于 Excel 格式文件,这种方式更加符合编程人员的工作习惯,可以有效提高编程效率。此类数据字典与 Excel 格式的字典内容基本一致,但需要注意的是,HTML 格式协议数据字典仅包含英文信息,因此与 Excel 格式相比,信息内容有所减少,但浏览更为方便和便捷。

2.会员端基础组件

会员端基础组件内容包括会员端 API(Client API,接口类库的一种)或异构 API、第三方类库、示例程序、JavaDoc 等。

(1)会员端 API

以 jar 包形式发布,通常需运行于 JRE 1.5 及以上。会员端 API 是 IMIX 接口类库的一个子集,与协议标准类库一样,是一个综合性的面向对象的可重用类型集合。这些类型包括系统接入应用、系统接入会话、事件回调抽象接口和数据收发抽象接口等。Client API 为系统接入开发提供了必需的应用和会话生命周期管理、网络连接、数据收发等功能,并封装了 IMIX 标准中定义的会话层协议。Client API 可以理解为 JR/T 0078—2014 标准的适用于客户端模式的具体实现。

(2)异构 API

对于部分未完成标准化改造的接口来说,同样会提供相应的类库用于系统接入开发。随着标准化进程不断推进,这类异构 API 将被逐步替换为更为标准化的 Client API。异构 API 同样以 jar 包形式发布,基于 JDK 1.5 编译。

(3)第三方类库

Client API 采用主流的开源框架实现底层网络通信和日志记录功能。网络通信采用 mina 框架;日志记录采用 slf4j 框架并采用默认 log4j 实现。

(4)示例代码

每类接口的 API 开发包中均包含一份可执行的示例代码。通常来说,示例代码已经完成了系统接入的基本功能。但示例代码仅为演示各类类库的使用方法而编写的,未对系统接入开发所必需的可用性和扩展性等做设计。因此,市场成员开发应针对具体的业务和技术需求进行软件设计。典型的设计方法在 9.3 节结合具体场景进行介绍。

(5)JavaDoc

对于 Client API 和异构 API,均提供了 JavaDoc 供编码人员参考使用。

3. IMIX 开发指引

IMIX 开发指引是系统接入开发过程中关键的和核心的规范性文档。开发指引详细规定了外汇交易系统接口传输的数据内容、数据组织方式和适用的 IMIX 协议版本等关键信息。接口接入开发必须严格按照开发指引规定设计和编写数据处理逻辑代码。

4. API 开发手册

API 开发手册(或称用户手册)是系统接入开发机构使用接口类库的技术性、指导性文档。IMIX 开发手册侧重于接口数据内容和数据组织方式,而用户手册则更侧重于类库的技术细节。Client API 和异构 API 的用户手册文档结构略有不同,但均包含以下内容:API 工作流程、类和方法说明、配置说明、示例代码及说明。

8.2.2 接口开发流程

开发者拿到完整 API 开发包后即具备了接入开发的客观条件。对于编码人员来讲,直接面对的是 API 开发包中的各个对象和方法定义。核心对象和方法的介绍如下。

1. 应用编程接口

使用应用编程接口构建系统时需要实现自定义的回调函数以完成对报文以及事件的处理,同时需要根据指定的配置文件创建标准 IMIX 会话。标准 IMIX 会话分为 Initiator 和 Acceptor。Initiator 用于发起连接请求,Acceptor 用于监听特定端口并接受连接请求。

根据应用编程接口使用者的角色不同,编程接口分为 Client 部分和 Server 部分。Client 部分封装了 Initiator,主要用于发起连接请求;Server 部分则封装了 Initiator/Accpetor,用于接受连接请求并验证。

Client 及 Server 部分主要类描述及结构如表 8-2 和图 8-8 所示。

表 8-2 Client 和 Server 部分主要类描述

序　号		类　名	描　述
Client 部分	1	imix. client. core. Listener	提供给用户使用报文及事件回调函数
	2	imix. client. core. ImixSession	标准 IMIX 会话类
	3	imix. client. core. ImixApplication	所启动的 IMIX 应用实例
Server 部分	1	imix. core. api. EventListener	提供给用户事件回调函数
	2	imix. core. api. MessageReceiveListener	提供给用户报文接收回调函数
	3	imix. core. api. MessageSendListener	提供给用户报文发送回调函数
	4	imix. core. api. UserListener	提供给用户登录验证回调函数
	5	imix. core. api. ImixSession	标准 IMIX 会话类,支持 Initator/Acceptor 类型
	6	imix. core. api. ImixApplication	所启动的 IMIX 应用实例

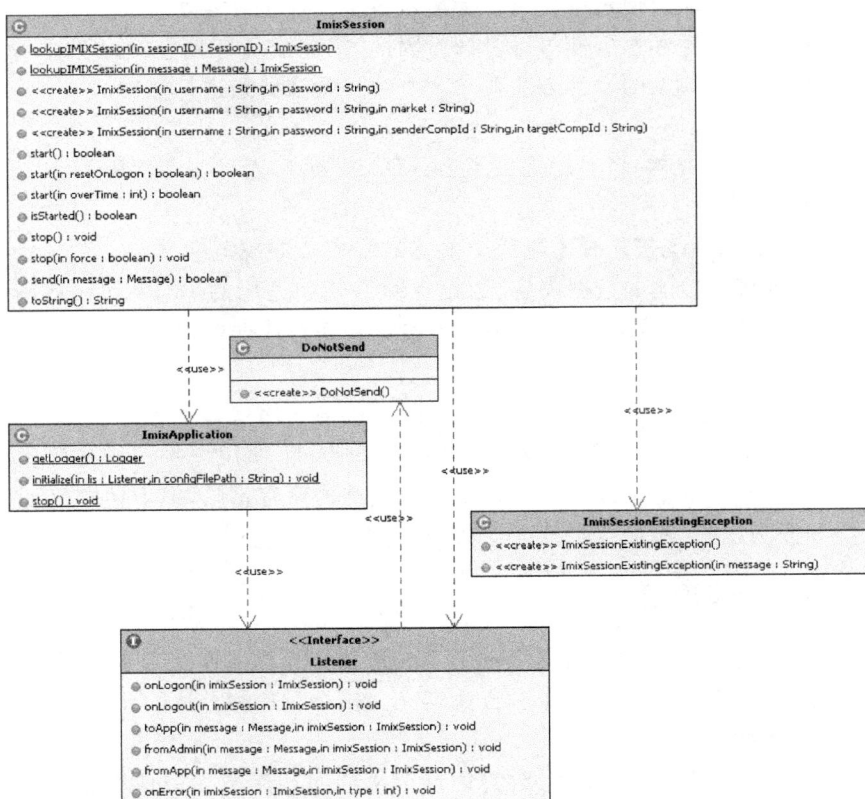

(a)Client 部分

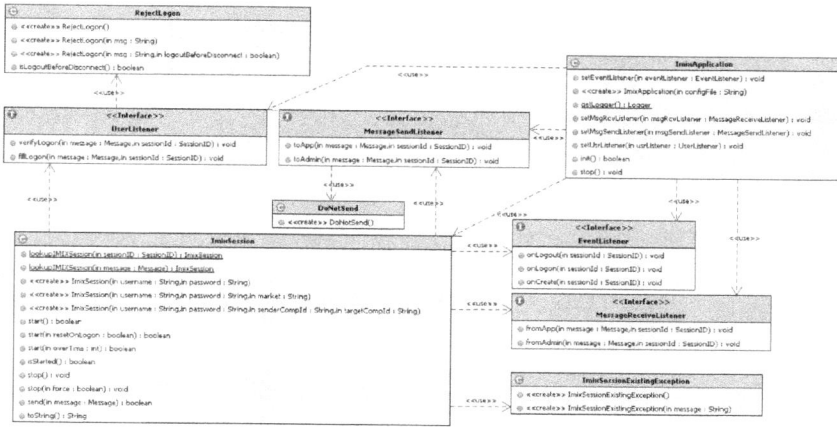

（b）Server 部分

图 8-8　主要类图

2. IMIX 报文接口

IMIX 报文是银行间市场业务数据交换的基本单位。IMIX 报文接口提供构建银行应用系统进行业务数据解析和封装必要的接口与方法。

IMIX 报文接口类图如图 8-9 所示。

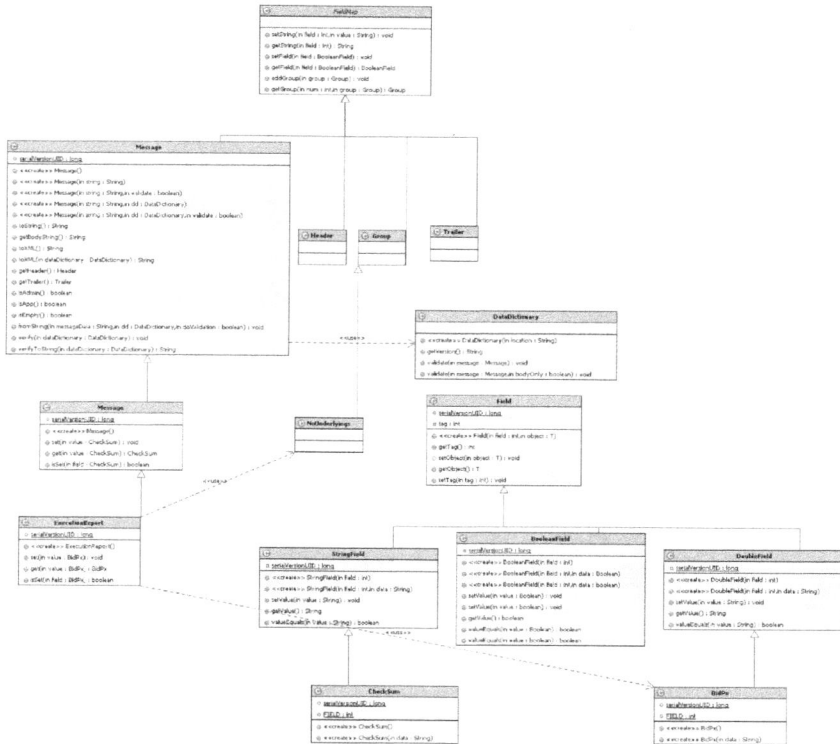

图 8-9　IMIX 报文接口类图

8.2.3 接口开发实例

通过前面章节的介绍,我们已基本了解了外汇交易中接口开发必须遵守的技术标准、所需使用开发包的内容等。以下将以外汇做市商交易接口的开发为例,帮助读者了解接口开发的典型过程和所需注意的要点。

我们知道,外汇做市商交易接口的主要内容是市场上的做市商以直通式处理的方式,实现自身交易平台与外汇交易中心外汇交易系统对接,完成询价交易流程。典型的流程如图 8-10 所示。

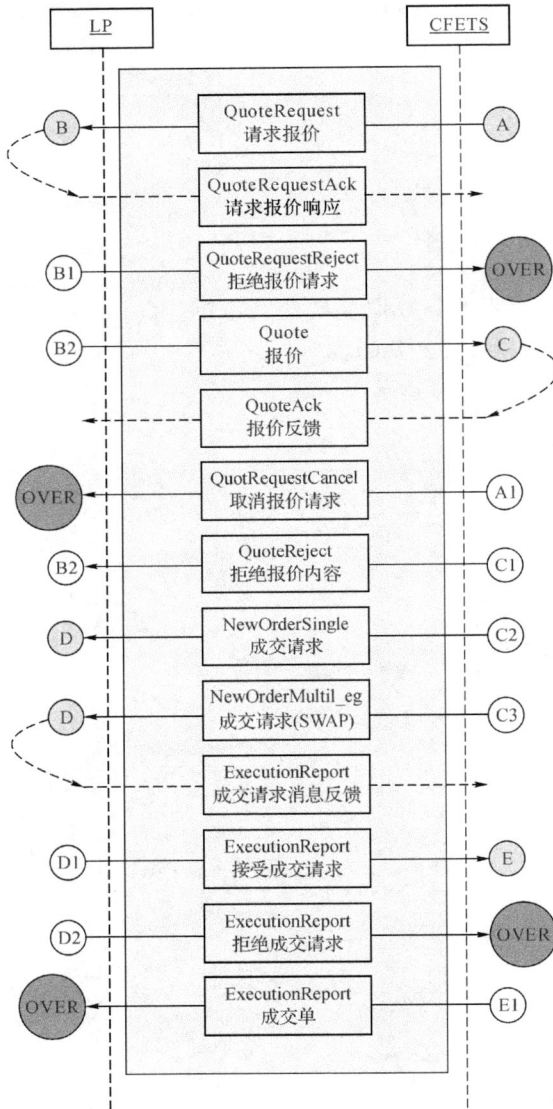

图 8-10　外汇询价交易接口流程

通常,我们需要按以下步骤完成接口开发。

步骤 1：熟悉并理解 JT/T 0066 系列标准中的相关内容。外汇系统接口基于 JR/T 0066系列标准规划和设计。因此,理解和掌握标准中相关内容对系统接入开发至关重要,其中以 JR/T 0066—2011(IMIX)和 JR/T 0078—2014(数据接口)标准为重中之重。

步骤 2：理解并掌握 IMIX 开发指引等规范性文件内容。针对不同业务,规范性文件内规定的内容有所不一。因此,读者需要重点掌握特定业务独有的业务和技术规则。

以外汇做市商交易接口为例,规定以 IMIX 报文类型区分业务场景,同时需要以特定的域来描述交易中市场(产品)和交易方式等关键信息。而这些信息在 IMIX 开发指引中有明确规定,使用者须据此开发。

步骤 3：根据系统业务需求和各接口特性,确定系统接入和接口开发的方案设计。

不难发现,接口开发的一个核心要点在于多系统协同工作。而需要协同工作的系统往往不是统一规划、统一建设的。因此,在实际开发过程中,经常需要用到各种软件体系、结构风格和设计模式来解决实际问题。这就需要我们确立系统接入和接口开发的设计方案。

我们来看一个具体的例子。随着市场信息化程度不断提高,各市场成员都有着自己内部的 IT 基础设施,而各成员采用的技术路线不尽相同,系统间交互方式也多种多样。如果成员希望能将一个使用自己内部标准的系统改造为可以和交易系统无缝对接,适配器模式是非常适合的。

假设成员内部会话连接接口定义如下：

```
package imix.external.inf;

/* *
 * 定义了机构期望的会话接口
 */
public interface TargetSession {

    public void login();

    public void logout();
}
```

为使交易中心提供的 API 类库可以和该内部接口一起工作,我们可以定义 Adapter 类,具体如下：

```
package imix.external.inf;

import imix.ConfigError;
import imix.client.core.ImixSession;

public class Adapter implements TargetSession {

    private ImixSession session;
```

```
    public Adapter(ImixSession session) {
        this.session = session;
    }

    public void login() {
        try {
            session.start();
        } catch (ConfigError e) {
        // 异常处理
            e.printStackTrace();
        }
    }

    public void logout() {
        session.stop();
    }
}
```

由此,市场成员的系统可以按内部接口定义使用 IMIX API 类库。

步骤 4:系统接入程序编码,编码所需的所有类库在 API 开发包中均能找到。开发一个接口应用程序一般需要完成以下三部分内容:

(1)实现回调方法。做市交易接口程序需要实现的逻辑包括:处理报价请求、处理成交请求、处理接口登录/登出、处理异常逻辑等。接口程序无论是收到业务类数据,还是收到登录登出管理类数据,均是以回调方法调用的方式被底层线程唤起。因此,开发人员应在回调方法中实现具体代码逻辑。示例如下:

```
/**
 * ClientListener.java
 *
 * Copyright (c) 2015 China Foreign Exchange Trade System and National Interbank
Funding Center.
 * Building 30,1387 zhangdong Road,Shanghai,China.
 * All rights reserved.
 *
 */
package demo;

import imix.*;
import java.util.Iterator;

public class ClientListener extends MessageCracker implements Listener {
```

```
        public void fromApp ( Message  message, ImixSession  imixSession ) throws
UnsupportedMessageType,FieldNotFound,IncorrectTagValue {
            /* 收到报价请求、成交请求后的处理逻辑 */
        }

        public void onLogon(ImixSession imixSession) {
            /* 接口登录后的处理逻辑 */
        }

        public void onLogout( ImixSession imixSession) {
            /* 接口登出后的处理逻辑 */
        }

        public void toApp(Message message,ImixSession imixSession) {
            /* 给服务器端发送报文前回调处理。外汇交易成交回报接口中无须实现 */
        }

        public void fromAdmin(Message message,ImixSession imixSession) {
            /* 收到管理类报文后的处理逻辑。成员可以插入会话状态监控逻辑 */
        }

        public void onError(ImixSession imixSession,int type) {
            /* 出现异常后处理逻辑 */
        }
    }
```

我们再以做市商收到报价请求为例，讲解如何完成业务逻辑代码编写。

接口程序收到报价请求后，fromApp 方法会被调用。而这个方法包含 2 个参数：message、session。message 即一条表达了报价请求的 IMIX 报文，session 则代表着接收这条报文的会话。开发人员实际上要做的是解析这条报文，并完成相应的业务处理。具体的报文格式和内容在 IMIX 开发指引中有明确规定，如图 8-11 所示。

开发人员则需根据规定，完成报文内容的解析和处理逻辑。示例代码见下：

域号				域名	取值
8				BeginString	IMIX1.0
9				BodyLength	XXX
35				MsgType	R
49				SenderCompID	CFETS-FX
56				TargetCompID	CPI
34				MsgSeqNum	99
52				SendingTime	20080913-10:29.10
11				ClOrdID	PeoplesClient3.5.88.0.4
58				Text	
131				QuoteReqID	5.1.2097562
10315				TradeInstrument	1
10482				MRFQId	5.1.2094166
10468				InCompetition	Y
10468				QuoteWindow	150
QuotReqGrp					
146				NoRelatedSym	1
	54			Side	B
	60			TransactTime	20071127-14.27:58
	188			BidSpotRate	1.97
	190			OfferSpotRate	1.9852
	10429			DecimalPlaces	4
	10430			FWDecimalPlaces	2

图 8-11 报价请求 IMIX 报文示例

```
public void onMessage(QuoteRequest qr) throws FieldNotFound {
    /* 提取报价编号 */
    QuoteReqID reqId = qr.getQuoteReqID();

    /* 提起备注信息 */
    Text text = qr.getText();

    /* 提取产品信息 */
    /* ...... */

    /* 提取机构信息 */
    /* ...... */

    /* ...... */

    /* 发送报价 */

    /* 构造一笔报价 */
    Quote quote = new Quote();

    /* 设置价格 */
    Price price = new Price("100.0000");
    quote.set(price);

    /* 设置其他内容 */
    /* ...... */

    /* 发送报价 */
    session.send(quote);
}
```

(2) 实现应用和会话管理逻辑

系统之间的交互通过 IMIX 应用和会话完成。我们需要实现应用和会话管理的逻辑，主要包括应用初始化、会话建立、会话登录、会话登出、应用销毁等。示例见下：

```
/**
 * Client.java
 *
 * Copyright (c) 2009 China Foreign Exchange Trade System and National Interbank
Funding Center.
 * Building 30,1387 zhangdong Road,Shanghai,China.
 * All rights reserved.
 *
```

```
         * /
package demo;

import java.util.concurrent.BlockingQueue;
import java.util.concurrent.LinkedBlockingQueue;
import imix. * ;

public class Client {
    public  static  void  main ( String [ ] args ) throws ConfigError, InvalidMessage,
InterruptedException {
        ClientListener listener = new ClientListener();
        String configfile = "";
        if (args. length = = 0) {
            configfile = "cfg/client.cfg";
        } else if (args. length = = 1) {
            configfile = args[0];
        }
    }
    / * 应用初始化 * /
    ImixApplication. initialize(listener,configfile);
    ImixSession imixSession = null;
    String userName = "demo";
    String password = "test";

    / * 会话建立 * /
    try {
        imixSession = new ImixSession(userName,password);
    } catch ( ImixSessionExistingException e) {
        System. exit(1);
    }

    / * 会话登录 * /
    session. start();

    / * 会话登录 * /
    Session. stop();

    / * 应用销毁 * /
    ImixApplication. stop();
}
```

第9章　外汇交易系统新技术展望

随着 IT 软硬件技术的快速发展,交易系统之间的竞争日趋白热化,高频交易的异军崛起,使得提供更高效的交易执行以及低延迟的交易系统成为全球各大外汇交易系统之间竞争的焦点。本章以目前外汇交易领域较为尖端和前沿的区块链技术、微波通信技术、InfiniBand 互联结构、HTML5 客户端技术为例向大家展现交易系统在分布式数据存储、通信及客户端领域的最新技术。

9.1　分布式账本——区块链技术

在开始讨论本节的区块链技术之前,让我们先阅读 2016 年 3 月金融领域一则爆炸性的新闻:

孟加拉国央行 7 日称,他们在美联储的账户上月遭遇黑客攻击,部分资金被盗走。据该国央行匿名官员透露,被盗资金约为 1 亿美元,资金通过非法渠道转移到菲律宾和斯里兰卡,并出售给黑市外汇经纪人,然后转移到至少 3 个地方的赌场,之后部分资金又转给代理人并流向国外。目前,流向斯里兰卡的 2000 万美元已经被追回,并转到该国在斯里兰卡的账户。野心巨大的黑客还打算要从孟加拉国央行搬出更多钱,不过却在某次转账时将收款方的名称"Shalika Foundation"误拼成"Shalika Fandation",使得经手交易的德意志银行(Deutsche Bank)向孟加拉国央行查证,才终止更多交易继续,"被阻止交易的金额应该有 8.5 亿～8.7 亿美元。

据孟加拉国多名政府官员和银行人员透露,黑客可能于 2 月 5 日进入美联储银行系统,从该国在美联储系统开设的美元资金结算账户转移走巨额资金。不过,美联储随即否认被"黑"。美联储发言人 7 日对路透社说:"到目前为止没有任何证据表明美联储系统被黑客攻击。"

目前,有来自全世界的 250 个国家央行和政府机构在美联储设有账户。这不是第一次传出美联储"被黑"的消息。美国《纽约时报》报道说,2015 年 4 月底,美联储圣路易斯分行的数据研究网站被黑客入侵,不过圣路易斯美联储内部系统没有被"黑"。路透社称,2014 年 2 月,一名英国黑客入侵美联储服务系统并盗取用户数据,随后在互联网上公布。

虽然此事目前尚无最终结论,但从这则新闻中,我们不难发现,传统金融领域中心化记账系统正面临日益显著的安全方面的挑战。与此同时,一种起源于比特币的分布式数据库技术——区块链技术正在经历快速发展,并吸引了超过 10 亿美元的投资规模。值得注意的是,区块链正在走进金融机构、大型企业、政府决策层的视野,大有从"草根力量"引发经济变革的态势。

9.1.1 区块链的起源：一种支持比特币运行的底层技术

区块链的概念首次在 2008 年末由中本聪(Satoshi Nakamoto)发表在比特币论坛的论文 *Bitcoin：A Peer-to-Peer Electronic Cash System* 中提出。论文指出，区块链技术是构建比特币数据结构与交易信息加密传输的基础技术，该技术实现了比特币的挖矿与交易。中本聪认为：第一，借助第三方机构来处理信息的模式拥有点与点之间缺乏信任的内生弱点，商家为了提防自己的客户，会向客户索取完全不必要的信息，但仍然不能避免一定的欺诈行为；第二，中介机构的存在，增加了交易成本，限制了实际可行的最小交易规模；第三，数字签名本身能够解决电子货币身份问题，如果还需要第三方支持才能防止双重消费，则系统将失去价值。基于以上三点现存的问题，中本聪在区块链技术的基础上，创建了比特币。

区块链技术作为比特币的基础性技术，具有高度透明、去中心化、去信任、集体维护(不可更改)、匿名等性质。这些性质体现了分布式自治的理念，逐渐受到拥有创新意识的金融机构的广泛关注。分布式自治机构(Distributed Autonomous Corporation，DAC)，就是通过一系列公开公正的规则，在无人干预和管理的情况下自主运行的组织机构。这些规则往往会以开源软件的形式出现，每个人可以通过支付手段获得不定形式的回报，分享收益，参与系统的成长。比如，比特币、纳斯达克的新平台就是典型的 DAC。

9.1.2 区块链的本质：去中心化的分布式记账系统

区块链是指通过去中心化和去信任的方式集体维护一个可靠数据库的技术方案。该技术方案让参与系统中的任意多个节点，把一段时间系统内全部信息交流的数据，通过密码学算法计算和记录到一个数据块，并且生成该数据块的指纹用于链接下个数据块和校验，系统所有参与节点共同来认定记录是否为真。

区块链是一种类似于 NoSQL(非关系型数据库)的技术解决方案统称，并不是某种特定技术，能够通过很多编程语言和架构来实现区块链技术。并且实现区块链的方式种类也有很多，目前常见的除上面提到的运用于比特币的 POW(Proof of Work，工作量证明)外，还有 POS(Proof of Stake，权益证明)、DPOS(Delegate Proof of Stake，股份授权证明机制)等。

区块链技术的核心是所有当前参与的节点共同维护交易及数据库，它使交易基于密码学原理而不基于信任，使得任何达成一致的双方，能够直接进行支付交易，无须第三方的参与。从技术上来讲，区块是一种记录交易的数据结构，反映了一笔交易的资金流向。系统中已经达成的交易的区块连接在一起形成了一条主链，所有参与计算的节点都记录了主链或主链的一部分。如图 9-1 所示，一个区块包含以下三部分：交易信息、前一个区块形成的哈希散列、随机数。交易信息是区块所承载的任务数据，具体包括交易双方的私钥、交易的数量、电子货币的数字签名等；根据前一个区块形成的哈希散列值可以用来将区块所承载的任务数据，具体包括交易双方的私钥、交易的数量、电子货币的数字签名等；根据前一个区块形成的哈希散列值可以用来将区块连接起来，实现过往交易的顺序排列；随机数是交易达成的核心，所有矿工节点竞争计算随机数的答案，最快得到答案的节点生成一个新的区块，并广播到所有节点进行更新，如此完成一笔交易。

9.1.3 区块链的应用领域和商业模式

区块链开始引人关注，与比特币的风靡密切相关。直至今日，莱特币、狗狗币等类比特

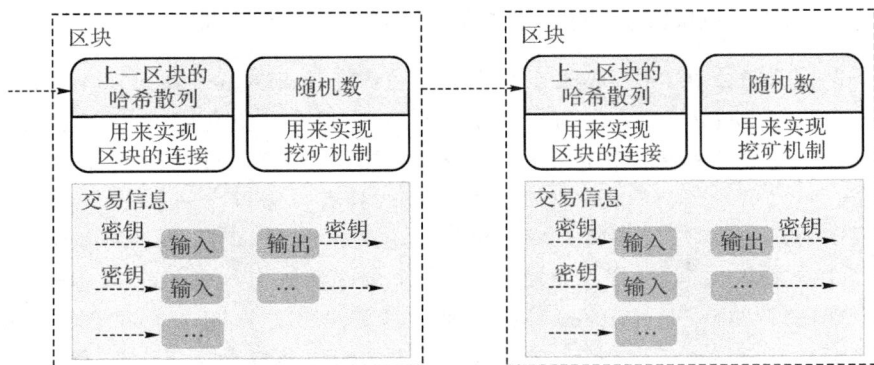

图 9-1　区块和区块链的组成

币层出不穷,人们对于电子货币的关注已经转向了对区块链的深入研究。区块链强大的容错功能,使得它能够在没有中心化服务器和管理的情况下,安全稳定地传输数据。从诞生到现在,区块链专家 Melanie Swan 将区块链发展划分为三个阶段:区块链 1.0、2.0、3.0。

区块链 1.0:以比特币为代表的可编程货币设计的初衷,是为构建一个可信赖的自由、无中心、有序的货币交易世界。尽管比特币出现了价格剧烈波动、挖矿产生的巨大能源消耗、政府监管态度不明等各种问题,但可编程货币的出现让价值在互联网中直接流通交换成为可能。

可编程的意义是指通过预先设定的指令,完成复杂的动作,并能通过判断外部条件做出反应。可编程货币即指定某些货币在特定时间的专门用途,这对于政府管理专款专用资金等有着重要意义。区块链是一个全新的数字支付系统,其去中心化、基于密钥的毫无障碍的货币交易模式,在保证安全性的同时大大降低了交易成本,对传统的金融体系可能产生颠覆性影响,也刻画出了一幅理想的交易愿景——全球货币统一,使得货币发行流通不再依靠各国央行。区块链 1.0 设置了货币的全新起点,但构建全球统一的区块链网络还有很长的路要走。

区块链 2.0:基于区块链的可编程金融数字货币的强大功能,吸引了金融机构采用区块链技术开展业务,人们试着将"智能合约"加入区块链形成可编程金融。目前,可编程金融已经在包括股票、私募股权等领域有初步应用,包括目前交易所积极尝试用区块链技术实现股权登记、转让等功能;华尔街各银行试图组成联盟打造区块链行业标准,提高银行结算支付的效率,降低跨境支付的成本。目前商业银行基于区块链的应用领域主要有:一是点对点交易。如基于 P2P 的跨境支付和汇款、贸易结算以及证券、期货、金融衍生品合约的买卖等。二是登记。区块链具有可信、可追溯的特点,因此可作为可靠的数据库来记录各种信息,如运用在存储反洗钱客户身份资料及交易记录上。三是确权。如土地所有权、股权等合约或财产的真实性验证和转移等。四是智能管理。即利用"智能合同"自动检测是否具备生效的各种环境,一旦满足了预先设定的程序,合同会得到自动处理,比如自动付息、分红等。目前,包括商业银行在内的金融机构都开始研究区块链技术并尝试将其运用于现实,现有的传统金融体系正在被颠覆,如图 9-2 所示。

区块链 3.0:除了金融行业,其他领域也开始应用区块链。在法律、零售、物联、医疗等

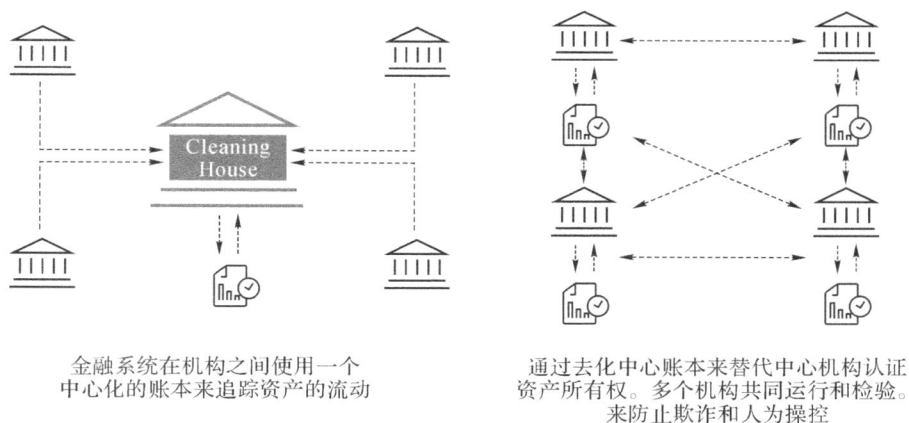

金融系统在机构之间使用一个
中心化的账本来追踪资产的流动

通过去化中心账本来替代中心机构认证
资产所有权。多个机构共同运行和检验。
来防止欺诈和人为操控

图 9-2　区块链在金融领域的应用

领域,区块链可以解决信任问题,不再依靠第三方来建立信用和信息共享,提高了整个行业的运行效率和整体水平。基于此,人们尝试用区块链颠覆互联网底层协议,把人类的统一语言、经济行为、社会制度乃至生命都写为一个基础软件协议。统一语将人类各民族自然语言统一为一种低熵值的表达形式,并提供了它与计算机语言的接口;人类经济行为、社会制度体系和生命再生机制统称为时间货币系统。

相信不久的将来,随着对区块链技术应用场景的深入挖掘,区块链技术将给我们带来无限的想象力。

9.2　微波通信技术

微波通信,是使用波长在 1mm 至 1m 之间的电磁波——微波进行的通信。该波长段电磁波所对应的频率范围是 300MHz～300GHz。

与同轴电缆通信、光纤通信和卫星通信等现代通信网络传输方式不同的是,微波通信是直接使用微波作为介质进行的通信,不需要固体介质,当两点间直线距离内无障碍时就可以使用微波传送。

微波通信是 20 世纪 50 年代的产物。由于其通信的容量大、投资费用低(约占电缆投资的五分之一)、建设速度快、抗灾能力强等优点而取得迅速发展。近年来,随着高频交易的发展,市场参与者对交易速度的追求达到了极致。因此,微波通信这项传统的技术日益得到投资者的追捧。投资者为提升交易速度,持续投入资金以开发相关前沿技术。对速度需求很高的市场参与者可以在不同金融市场之间进行交易,如 LIFFE 衍生品交易所、伦敦证券交易所、Bats Chi-X 欧洲股票交易所、ICAP 电子外汇交易平台、伦敦金属交易所等。

微波通信虽然是一种超过 50 年历史的技术,但微波通过空气传播的速度比光通过玻璃传播的速度快几毫秒。纳斯达克股市的数据中心和伊利诺伊州 Aurora 的芝加哥商品交易所计算机中心已经建立了微波通信链路,从纽约将金融数据发射到 734mi(1mi＝1609.344m)外的 Aurora 只需 4.13ms,是理论光速的 95％,而光纤的传播速度只能达到理论光速的 65%。

国外几个主要的交易所(同一洲内)之间基本上都有微波线路,因其比光纤的延迟要低很多,对于延迟敏感的应用一定要选择这种线路。这个差距首先受制于光在光纤中的传播速度只有在空气中的 2/3 左右,其次在大城市建筑密集地区(也正是一般交易所的所在地),光纤的复杂布线会进一步增大延迟,差距可能增至 2~3 倍。

微波通信的优势在于易搭建和直线传输,其只需要在塔上面安装碟片天线并且找到两点之间的最短路径就可以了。比起地底下的光纤,微波可以让订单传播得更快。如图 9-3 所示为在新泽西数据中心和芝加哥之间的微波网络。

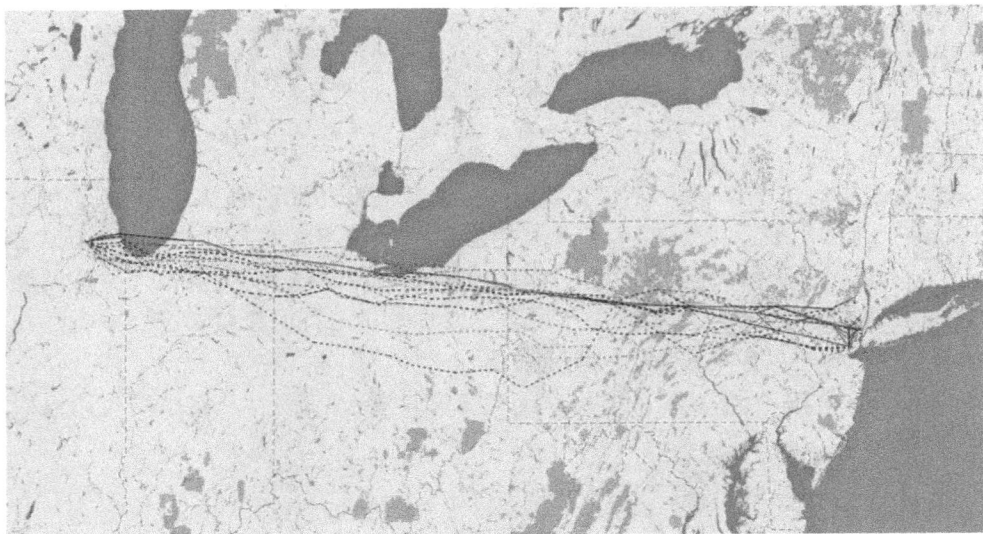

图 9-3　微波网络示意

微波技术有两个主要的缺点:第一是微波在空气里传播受天气影响很大,刮风下雨都会导致通信受损,有时直接发生故障,所以需要有备用的光纤线路及监控天气;第二是带宽太小,如果是跨交易所的业务,不可能通过微波来转移大流量的市场数据,只能用来收发下单指令。针对这一方面有一些潜在发展空间,比如可以做一点有损压缩、传一个缩减版的市场数据,也能起到加快信息传递作用。

9.3　InfiniBand 互联结构

InfiniBand 技术不是用于一般网络连接的,它的主要设计目的是针对服务器端的连接问题的。因此,InfiniBand 技术将会被应用于服务器与服务器(比如复制、分布式工作等)、服务器和存储设备(比如 SAN 和直接存储附件)以及服务器和网络之间(比如 LAN、WANs 和 the Internet)的通信。

与目前计算机的 I/O 子系统不同,InfiniBand 是一个功能完善的网络通信系统。InfiniBand 贸易组织把这种新的总线结构称为 I/O 网络,并把它比作开关,因为所给信息寻求其目的地址的路径是由控制校正信息决定的。InfiniBand 使用的是网际协议版本 6 的 128 位地址空间,因此它能提供近乎无限量的设备扩展性。

通过 InfiniBand 传送数据时,数据是以数据包方式传输的,这些数据包会组合成一条条信息。这些信息的操作方式可能是远程直接内存存取的读写程序,或者是通过信道接收发送的信息,或者是多点传送传输。就像大型机用户所熟悉的信道传输模式,所有的数据传输都是通过信道适配器来开始和结束的。每个处理器(如个人电脑或数据中心服务器)都有一个主机通道适配器,而每个周边设备都有一个目标通道适配器。通过这些适配器交流信息可以确保在一定服务品质等级下的信息能够得到有效可靠的传送。

9.3.1 InfiniBand 如何工作

InfiniBand 是一个统一的互联结构,既可以处理存储 I/O、网络 I/O,也能够处理进程间通信(IPC)。它可以将磁盘阵列、SANs、LANs、服务器和集群服务器进行互联,也可以连接外部网络(比如 WAN、VPN、互联网)。设计 InfiniBand 的目的主要是用于企业大型的或小型的数据中心。目标主要是实现高的可靠性、可用性、可扩展性和高的性能。InfiniBand 可以在相对短的距离内提供高带宽、低延迟的传输,而且在单个或多个互联网络中支持冗余的 I/O 通道,因此能保持数据中心在局部故障时仍能运转。

如果深入理解,你会发现 InfiniBand 与现存的 I/O 技术在许多重要的方面都不相同。不像 PCI、PCI-X、IDE/ATA 和 SCSI 那样共享总线,因此没有相关的电子限制、仲裁冲突和内存一致性问题。相反,InfiniBand 在交换式互联网络上,采用点到点的、基于通道的消息转发模型,同时,网络能够为两个不同的节点提供多种可能的通道。

这些方面,InfiniBand 更像以太网,而以太网是构成 LANs、WANs 和互联网的基础。InfiniBand 和以太网都是拓扑独立的——其拓扑结构依赖于交换机和路由器在源和目的之间转发数据分组,而不是靠具体的总线和环结构。像以太网一样,InfiniBand 能够在网络部件故障时重新路由分组,分组大小也类似。InfiniBand 的分组大小从 256b 到 4KB,单个消息(携带 I/O 处理的一系列数据分组)可以达到 2GB。

以太网跨越全球,InfiniBand 则不同,其主要用于只有几间机房的数据中心,分布于校园内或者位于城市局部。最大距离很大程度上取决于缆线类型(铜线或光纤)、连接的质量、数据速率和收发器。如果是光纤、单模的收发器和基本数据速率的情况下,InfiniBand 的最大距离大约是 10km。

如同以太网一样使用交换机和路由器,InfiniBand 在理论上能够跨越更远的距离,尽管如此,其在实际应用中距离要受到更多的限制。为了确保数据分组的可靠传输,InfiniBand 具备诸如反应超时、流控等特点,以防止阻塞造成的分组丢失。延长 InfiniBand 的距离将降低这些特征的有效性,因为延迟超过了合理的范围。

为了超越数据中心的范围,其他 I/O 技术必须解决长距离的问题。InfiniBand 厂商通过能够连接到以太网和光纤通道网络的设备来解决这个问题(光纤通道的最大距离大约为 10km,因此桥接设备使得 InfiniBand 能够与现存的用光纤通道连接的校园网络和城域网络的分布式数据中心相兼容)。

9.3.2 更高的速度

InfiniBand 的基本带宽是 2.5Gb/s,这是 InfiniBand 1.x。InfiniBand 是全双工的,因此

在两个方向上的理论最大带宽都是 2.5Gb/s,总计 5Gb/s。与此相反,PCI 是半双工,因此 32 位、33MHz 的 PCI 总线单个方向上能达到的理论最大带宽是 1Gb/s,64 位、133MHz 的 PCI-X 总线能达到 8.5Gb/s,仍然是半双工。当然,任何一种总线的实际吞吐量从来没有达到理论最大值。

如果要获取比 InfiniBand 1.x 更多的带宽,只要增加更多缆线就行。InfiniBand 1.0 规范于 2000 年 10 月完成,支持一个通道内多个连接的网络,数据速率可提高 4 倍(10Gb/s)和 12 倍(30Gb/s),也是双向的。

InfiniBand 是在串行链路上实现超高速率的,因此电缆和连接器相对于并行 I/O 接口 PCI、IDE/ATA、SCSI 和 IEEE-1284 来说,接口小也便宜。并行链路有一个固有的优势,因为它的多个缆线相当于高速公路上的多个车道,但现代的 I/O 收发器芯片使串行链路达到更高的数据速率,并且价格便宜。这就是为什么最新的技术——InfiniBand、IEEE-1394、串行 ATA、串行连接 SCSI、USB 采用串行 I/O 而不是并行 I/O。

InfiniBand 的扩展性非常高,在一个子网内可支持上万个节点,而每个网络中可有几千个子网,每个安装的系统中可以有多个网络结构。InfiniBand 交换机通过子网路由分组,InfiniBand 路由器将多个子网连接在一起。相对于以太网,InfiniBand 可以更加分散地进行管理,每个子网内有一个管理器,其在路由分组、映射网络拓扑、在网络内提供多个链路、监视性能方面起决定性的作用。子网管理器也能保证在特别通道内的带宽,并为不同优先权的数据流提供不同级别的服务。子网并不一定是一个单独的设备,它可以是内置于交换机的智能部件。

9.3.3　虚拟高速公路

为了保证带宽和不同级别的服务,子网管理器使用虚拟通道,其类似于高速公路的多个车道。通道是虚拟的,而不是实际存在的,因为它不是由实际的缆线组成的。通过使用字节位元组,并根据不同的优先权,同一对缆线可携带不同分组的片断。

9.4　HTML5——外汇交易系统客户端技术的热点

HTML5,第五版超文本标记语言,于 2014 年 10 月由万维网联盟(W3C)发布,为正式推荐标准。它是 HTML 自 1991 年问世以来,最具变革价值的技术规范,历经多年修订与完善才制定完成。从发展的角度来讲,HTML5 不仅仅是 HTML4 的下一个版本,因为它同样支持 HTML4 之后的网页规范,是首个将 Web 作为应用开发平台的 HTML 标准。

广义的 HTML5 包括 HTML、CSS 和 JavaScript 在内的一套技术组合,其目标是减少浏览器对于插件的依赖,提供丰富的 RIA(富客户端)应用。所以 CSS3、SVG、WebGL、Touch 事件、动画支持等都属于 HTML5 技术范围,如图 9-4 所示。

它新增了如下主要特性:

9.4.1　语义特性

HTML5 赋予网页更好的意义和结构。更加丰富的标签将随着对资源描述框架

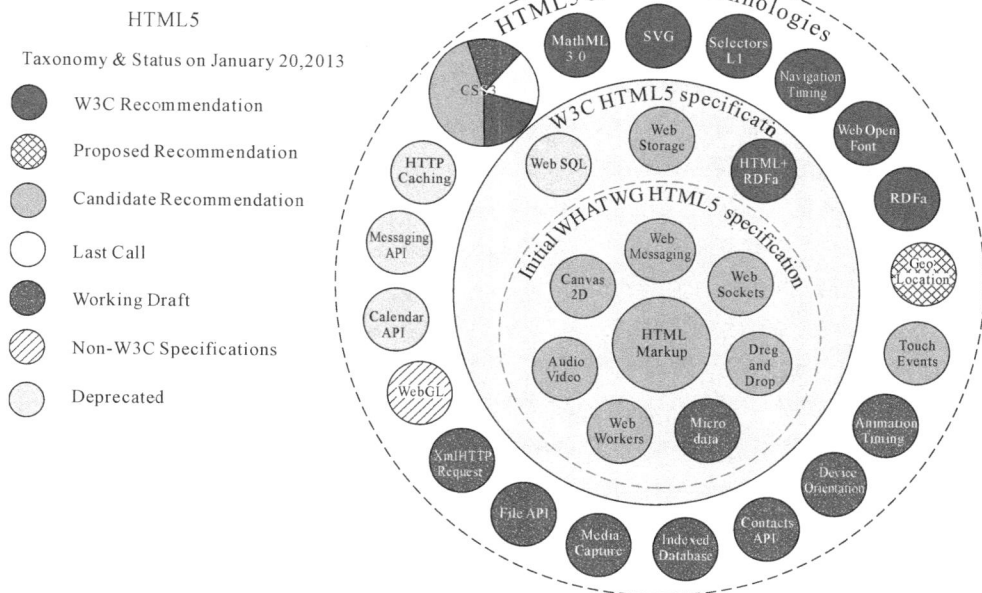

图 9-4　广义的 HTML5 范畴

（RDFa）、微数据与微格式等方面的支持，构建对程序、对用户都更有价值的数据驱动的 Web。

9.4.2　本地存储特性

基于 HTML5 开发的网页 APP 拥有更短的启动时间，更快的联网速度，这些全得益于 HTML5 APP Cache 以及本地存储功能。Web Storage 是 HTML5 引入的一个非常重要的功能，可以在客户端本地存储数据，类似 HTML4 的 Cookie，但可实现功能要比 Cookie 强大得多，Cookie 大小被限制在 4KB，Web Storage 官方建议为每个网站 5MB。

9.4.3　设备兼容特性

从 Geolocation 功能的 API 文档公开以来，HTML5 为网页应用开发者们提供了更多功能上的优化选择，带来了更多体验功能的优势。HTML5 提供了前所未有的数据与应用接入开放接口。

9.4.4　连接特性

更有效的连接工作效率，使得基于页面的实时聊天，更快速的网页游戏体验，更优化的在线交流得到了实现。HTML5 拥有更有效的服务器推送技术，Server-Sent Event 和 WebSockets 就是其中的两个特性，这两个特性能够帮助我们实现服务器将数据"推送"到客户端的功能。

9.4.5 网页多媒体特性

目前在浏览器中播放音频和视频这些多媒体文件需要通过使用 Adobe Flash 这样的插件实现,而插件的使用会增加浏览器的启动时间、增加内存消耗,甚至会导致浏览器崩溃,而插件本身的稳定性也存在一定问题,特别是 Flash,这个插件导致的诸多问题已经让它声名狼藉。HTML5 支持直接在浏览器中播放音频和视频文件,而不再需要使用插件,降低了多媒体网站开发难度的同时,又避免了因插件导致浏览器崩溃的问题。由于 HTML5 中Audio、Video 等多媒体元素的引入给多媒体的应用带来很大的便利性,同时与网站自带的APPS、摄像头、影音功能相得益彰。

基于上述新特性,使用 HTML5 开发系统具有如下优点:

(1)网络标准。HTML5 本身是由 W3C 推荐出来的,它的开发是通过谷歌、苹果、诺基亚、中国移动等几百家公司一起酝酿的技术,这个技术最大的好处在于它是一个公开的技术。换句话说,每一个公开的标准都可以根据 W3C 的资料库找寻根源。另外,W3C 通过的HTML5 标准也就意味着每一个浏览器或每一个平台都会去实现。

(2)多设备、跨平台。HTML5 技术具有极强的跨平台能力,其本质是网页,基本兼容PC、iPhone、iPad、Mac、Android、Windows Phone 等主流平台。对比 APP 提供商需要根据不同设备或操作系统开发不同原生 APP,HTML5 为开发者省去更多麻烦。此外,HTML5的强跨平台能力也意味着与众多第三方平台接口具有很好的兼容性,使得可选择的流量入口会更多,以实现更多的流量导入,并且多接口下的分发效率也将得到进一步提升。当然,HTML5 的开发成本也低于原生 APP。

(3)即时更新,持续交付。C/S 架构的系统在客户端安装以后,每当服务器端有更新,客户端也得随之更新,用户体验较差。手机 APP 也是如此。但统一使用 HTML5 开发的B/S 系统,无论是 PC 端还是移动端,都无须再次安装更新包,达到即时更新、持续交付的效果。

(4)用户体验更加友好。如今已然迈入了 Web 2.0 时代。在这个时代里,用户是主体,用户可以在网上发表观点、参与互动,可以分享、聚合信息。一个良好的用户体验有助于提升用户浏览的流畅性和内容呈现上的合理性。HTML5 的出现,解放了网页内容被插件禁锢的局面,开发者使用 HTML5 语言+JavaScript 就可以创造出丰富而多彩的网站,满足消费者的审美要求和交互要求,同时还会有比较好的性能和更加炫丽的效果,用户体验大大提升。

(5)更清晰的代码。由于 HTML5 较为规范的语义特性,它允许分开样式和内容,因此HTML5 代码很容易做到简洁、优雅,可读性强。具体而言,使用 HTML5 你可以通过使用语义学的 HTML header 标签描述内容来最后解决你的 div 及其 class 定义问题。以前你需要大量的使用 div 来定义每一个页面内容区域,但是使用新的<section>,<article>,<header>,<footer>,<aside>和<nav>标签,能让你的代码更加清晰、易于阅读。

(6)SEO 更加友好。相比于 Flash,搜索引擎的蜘蛛更容易爬取 HTML5 站点以及索引站点内容,所有嵌入到动画中的内容将全部可以被搜索引擎读取,在搜索引擎优化的基本理论中,这一方面将会驱动你的网站获得更多的点击流量。

随着网络架构的完善,宽带提升,网速满足实时交互需求,计算机结构也将发生变化,光驱消失,硬盘消失,内存增大,GPU 愈加重要,现在 B/S 结构的应用越来越多。而 HTML5 旨在富互联网应用,能够改善 B/S 结构应用的用户体验,是互联网应用的趋势之一。

正是由于 HTML5 技术的诸多领先优势以及令人期待的未来发展趋势,使得它成为外汇交易系统客户端技术的投资热点,近些年在国内外 Web 交易系统建设中得以广泛使用。毅联汇业集团(ICAP PLC,IAPLY)旗下的电子交易系统 EBS 是主要货币的最大交易平台,它的新一代平台将通过一种简单且客户定制化的展现方式无缝整合 EBS(包括 EBS Market、EBS Direct、EBS Select 在内的)交易平台,以及包括外汇即期、贵金属、NDF 及外汇掉期在内的各类外汇产品。

国际主流外汇交易平台正加大在 HTML5 领域的投入,交易中心新一代交易平台也将采用基于标准浏览器和工作站的 HTML5 架构实现登录浏览,提供了跨平台的解决方案。客户无须升级系统,便可通过 UI 逐步并无缝迁移至该平台,如图 9-5 所示。

图 9-5　交易中心外汇交易新平台 UI

正是由于计算机及网络技术不断创新,外汇交易无论从市场深度还是执行效率看都有了质的飞跃。相信随着时间的推移,新技术的出现,外汇交易系统也会引入许多新的特性。本章所介绍的四项较为前沿的技术也仅仅是外汇交易系统技术领域的一小部分,仅起抛砖引玉的作用,有兴趣的读者可以在交易系统的各个核心领域进行更加深入的研究。

参考文献

[1] [美]列维奇.国际金融市场:价格与政策[M].李月平,译.北京:机械工业出版社,2003.

[2] 王应贵,甘当善.外汇市场透视[M].北京:清华大学出版社,2006.

[3] 李方.关于国际货币体系演变与人民币国际化的研究[J].现代经济信息,2015(1):3,5.

[4] 卫薇.中国银行间外汇市场交易机制的改进——竞价制积做市商制的比较研究[D].上海:复旦大学硕士学位论文,2009.

[5] M L Bech. FX volume during the financial crisis and now.

[6] BIS Monetary and Economic Department. Triennial Central Bank Survey of Foreign exchange turnover in April 2013:preliminary global results.[EB/OL][2013-9-5]. http://www.bis.org/press/p130905.htm.

[7] [美]詹姆斯·J.麦克那提.全球外汇交易市场的发展与趋势[J].中国货币市场,2004(1):44-48.

[8] 赵美贞,罗翔.国际外汇电子交易平台的发展趋势及启示[J].中国货币市场,2009(6):22-26.

[9] 公衍照.外汇交易方式的演变、影响及启示[J].技术经济与管理研究,2016(1):93-97.

[10] 贾羽,李萌,鞠玮嘉,等.我国外汇市场产品结构的国际比较与发展建议.交易中心工作论文,2016(1).

[11] D Rime,A Schrimpf. The anatomy of the global FX market through the lens of the 2013 Triennial Survey[J]. BIS Quarterly Review,2013(12):27-43.